从想象到接触

中国故事的
跨文化对话研究

李华君　著

科学出版社
北京

内 容 简 介

本书以“中国故事的跨文化对话”为逻辑核心，通过理论梳理、案例验证、实证研究，重点回答中国故事的跨文化对话理论基础、价值矩阵、话语场域、生成路径、互动机制等问题。本书共分为五章，从主客体、路径、策略等多维度展开研究，构建了系统性的中国故事跨文化对话闭合环路。

本书可为高校师生、政府单位及科研院所工作人员进行中国故事跨文化传播研究与实践应用提供一套可以参考的原则规范和策略建议。

图书在版编目(CIP)数据

从想象到接触：中国故事的跨文化对话研究 / 李华君著. —北京：科学出版社，2023.3

ISBN 978-7-03-074001-4

Ⅰ. ①从… Ⅱ. ①李… Ⅲ. ①中华文化-文化交流-研究 Ⅳ. ①K203

中国版本图书馆 CIP 数据核字（2022）第 224660 号

责任编辑：王 丹 赵 洁 / 责任校对：贾伟娟
责任印制：赵 博 / 封面设计：蓝正设计

科 学 出 版 社 出版
北京东黄城根北街 16 号
邮政编码：100717
http://www.sciencep.com

北京建宏印刷有限公司印刷
科学出版社发行 各地新华书店经销
*
2023 年 3 月第 一 版 开本：720×1000 1/16
2024 年 3 月第二次印刷 印张：14 1/4
字数：231 000

定价：98.00 元

（如有印装质量问题，我社负责调换）

序　言

中国特色社会主义进入新时代，阻碍着中国文化复兴的观念、利益与权力在新的时代与格局中发生瓦解，关于中国的自我认识与世界认识也在逐步蜕变。对于日益走向全球政治经济舞台中心的中国，国际社会向来存在“威胁”（threat）与“友好”（friendship）两种对立观念。[①]如何理解、引导与平衡这些冲突，促使“中国以更加自信的姿态走向世界，世界以更加全面的视角审视中国”，成为重要的时代命题。

2013 年 8 月，习近平总书记在全国宣传思想工作会议上提出“讲好中国故事，传播好中国声音”[②]，正式从官方层面确立“讲好中国故事”这一概念在国家发展叙事蓝图中的重要地位。自此，“讲好中国故事”被视为国家重要传播实践与参与人类命运共同体建设的宏大议题。在全球价值链联动重组与国际话语耦合环流中，中国处于世界政治经济多边博弈的中间节点。面对“西方中心主义”的文化霸权和极端民族主义的抬头，讲好中国故事成为中国参与国际政治经济博弈和全球文化地理对话的重要实践范式。与此同时，文化间的对话、互动与交融已成为不可阻挡的历史趋势，引领着全球化与多元化的文明进程。跨文化对话逐渐成为中国故事全球叙事的新一轮学理转向。[③]

当前，我国正处于一个大有可为的历史机遇期，尤其随着以“一带一路”倡议为代表的中国方案逐渐得到世界范围的认同，中国对于讲好自身故事的决心与需求与日俱增。面向全球的中国故事以人类命运共同体为逻辑想象，

① Breslin, S. 2013. China and the global order: Signalling threat or friendship?[J]. *International Affairs*, 89(3): 615-634.

② 倪光辉. 2013. 习近平：胸怀大局把握大势着眼大事　努力把宣传思想工作做得更好[EB/OL]. http://jhsjk.people.cn/article/22636876[2013-08-21].

③ Aman, R. 2012. The EU and the recycling of colonialism: Formation of Europeans through intercultural dialogue[J]. *Educational Philosophy and Theory*, 44(9): 1010-1023.

以中国在国际治理中的文化公信力为价值外延，讲述中国如何在塑造人类共同价值的新文明中实现共赢共享的故事。面对新形势下的国际政治经济秩序，跨国性力量的日益增长使得话语争夺场域不断从传统民族–国家的边界溢出，如何在全球公共领域中准确有效地传递中国故事，如何通过讲述中国故事形塑公正合理的话语秩序，如何在跨文化对话表达实践中把握中国故事的传播走向，都是我们亟待解决的重要问题。

基于上述背景，本书以“中国故事的跨文化对话”为逻辑核心，通过理论梳理、案例验证、实证研究，重点回答中国故事的跨文化对话理论基础、价值矩阵、话语场域、生成路径、互动机制等问题。本书共分为五章。第一章借助可视化图谱系统性梳理并勘探中国故事传播理论地图与学术实践动态，向读者多维度展示中国故事跨文化对话议题传播景观。

第二章与第三章分别勾勒中国故事跨文化对话媒介实践图景与文本议题图景，立足国际社会公共话语场域，探究中国在全球文化地理环境中的媒介对话实践，探析国内外主流媒体对面向全球的中国故事的议题框架，为读者全方位剖析中国故事在海外公共话语空间的传播逻辑、效果、困境与出路。

第四章立足民间公共话语场域，围绕主体转向展开面向全球的中国故事的对话研究，向读者阐释面向全球的中国故事在海外空间的对话互动及其传播效果，并进一步提供中国故事在跨文化对话过程中的“破圈”传播思路。

第五章聚焦面向全球的中国故事进路勘探，以国家叙事为焦点，探究中国故事与国际话语秩序、跨文化对话与国家叙事之间的相互关系与互动机制，为中国故事的跨文化对话提供理论解释体系。

本书由2019年度教育部人文社会科学研究青年基金项目“从想象到接触：文化身份危机视域下中国故事的跨文化对话研究”（项目号：19YJCZH078）资助完成。从主客体、路径、策略等多维度展开研究，构建系统性的中国故事跨文化对话闭合环路；理论研究性强，整合文化人类学、国际关系学、政治传播学等多领域研究成果，综合多维研究视域以理解面向全球的中国故事与国际话语秩序、跨文化对话与文化权力结构间的关系；方法完整，涵盖思辨与实证研究，可为高校师生、政府单位及科研院所工作人员进行中国故事跨文化传播研究与实践应用提供一套可以参考的原则规范和策略建议。

鉴于笔者水平有限，难免会有纰漏之处，真诚希望专家学者给予批评指正。

目　录

第一章　图景勾勒：中国故事跨文化对话景观

第一节　基于中国知网数据的中国故事传播研究“十年学术地图”

迈入新时代，中国持续积极参与全球治理与构建国际新秩序，逐步走近国际舞台中央，构建人类命运共同体的中国方案充分展现了国家智慧与风范，大国崛起的故事正在被世界关注。囿于国际舆论格局失衡、信息流动“逆差”与传播“偏差”等因素，当前外部世界对中国故事存在许多误读、误解与误判，讲好中国故事成为中国向海内外陈述事实、消除误解的重要路径，也是新时代我国文化软实力充分展现与全面检视的良好契机。近年来，习近平总书记在不同场合多次提出“讲好中国故事，传播好中国声音”，中国故事传播成为对外交往、国际传播能力建设、国家形象塑造等一系列外宣工作的重要内容。尤其这两年，围绕“中国故事”学界涌现了一大批研究成果，呈现全面向好的发文态势，相关研究不断演进。但目前国内关于中国故事传播的研究散见于各期刊文献，亟待系统性梳理和分析。本书借助可视化知识图谱直观勾勒国内中国故事传播研究领域的学术图景，为中国故事传播研究的进一步发展提供参考。

本书在内容分析的基础上，引入文献计量学的方法，以文献体系和文献计量特征为对象，通过共现分析、聚类分析探析 2012—2021 年国内中国故事传播研究的发文趋势、前沿热点及研究脉络演进等，并运用 CiteSpace V（5.8 R3）形成一系列可视化知识图谱。CiteSpace 作为一种基于文献计量法的信息可视化分析软件，可定量、可视地反映某学科或知识领域在某一阶段的研究热点、演势和基本动向[1]，是分析文献知识网络的重要工具。

本书以中国知网（CNKI）为数据来源平台，选取中文社会科学引文索引（Chinese Social Sciences Citation Index，CSSCI）期刊与其他核心期刊为文献来源期刊。数据的检索式为：主题=“中国故事”并含“传播”、“国家故事”并含“传播”。检索时间跨度为2012—2021年（检索日期2022年1月）。在794条文献检索结果的基础上进行人工筛选，剔除无关键词、无摘要、无单位的文献，去除期刊征稿、写在前面、主持人语、活动纪要等类型文献，最终获取有效文献样本743篇，将数据导入CiteSpace进行转码，得到本书的样本数据库。

一、网络共现：中国故事传播研究时空分布

（一）年度发文量趋势分析

2012—2021年，国内期刊共刊发了以中国故事传播为主题的文章2558篇，其中CSSCI期刊与其他核心期刊刊发743篇，发文量总体呈上升趋势，且近年发展势头迅猛（图1-1）。从发展阶段来看，中国故事传播研究发文量经历了缓慢增长、快速增长、较平稳增长3个阶段，国家社科基金资助文章量呈伴随状态。2011年新华社国际部发表首篇关于中国故事的文章，2012—2013年为该领域的研究萌芽阶段。该阶段关注学者较少，发文量仅占研究样本总量的1.2%，主要围绕2009年中央对我国媒体加强国际传播能力建设的要求，探讨中国故事与国际传播之间的关系，将讲好中国故事作为对外传播的重要一环。

2013年8月，习近平总书记在全国宣传思想工作会议上的讲话上提出“讲好中国故事，传播好中国声音”，在政府政策导向下，中国故事传播迅速成为学术研究的一个热点问题，引起了国内学者的广泛关注和重视。如图1-1所示，2014—2018年该领域发文量增长迅速，年均增长率为63.6%，论文发表数量由18篇增至129篇，增加了约6.2倍。2019—2021年发文增速进入平稳期，发文量依旧可喜，总量达393篇，占比研究样本总量的52.9%。发

① Chen, C. 2006. CiteSpace Ⅱ: Detecting and visualizing emerging trends and transient patterns in scientific literature[J]. *Journal of the American Society for Information Science and Technology*, 57(3): 359-377.

文量 2020 年虽有所回落，但 2021 年达到了高峰值 140 篇，研究认为 2020 年新冠肺炎疫情的暴发衍生了相关发文热点，在一定程度上降低了学界对该领域的关注度。研究成果数量的持续增加、国家社科基金资助文章数量的指数增长，都体现了学界对中国故事传播研究领域的热切关注。

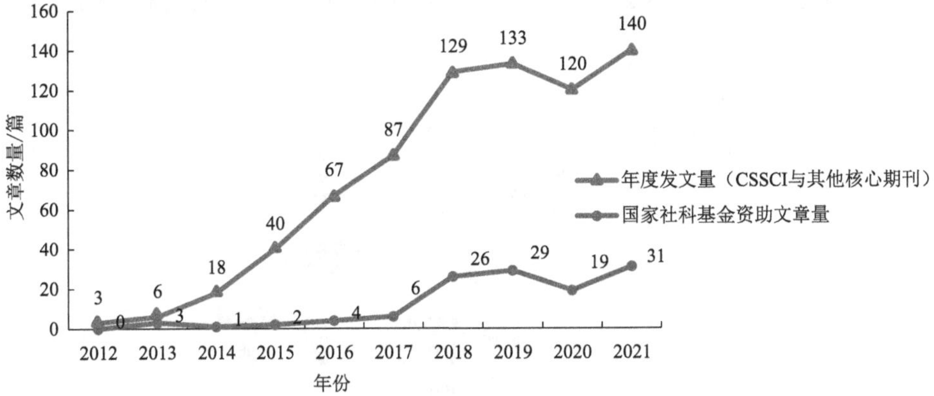

图 1-1　2012—2021 年中国故事传播研究年度发文量（CSSCI 与其他核心期刊）、国家社科基金资助文章量分布

（二）科研合作网络分析

1. 核心作者及合作网络分析

发文作者是科学研究的主体，对发文作者及其合作网络的结构特征分析，可以反映出该领域的核心作者群及其合作关系。运行 CiteSpace 生成核心作者合作共现网络图谱（图 1-2）：节点（node）=225，连线（link）=25，密度（density）=0.001。图谱数据显示，各节点分布松散，节点连接线稀疏且细，中国故事传播研究领域作者合作网络呈现小部分集中、大范围分散的特征：高晓虹与赵希婧团队、陈先红与宋发枝团队聚焦发文，形成核心合作节点，但总体而言，该领域作者共现网络密度较低，即作者间的合作联系强度弱，作者间单次的合作较多，未形成一定规模的研究合作团队，未来各作者之间有待加强联系与沟通。

本书对核心作者的发文量及文章最高被引频次进行统计梳理（表 1-1），数据显示，陈先红（n=7）、高晓虹（n=7）等学者是 2012—2021 年中国故事传播研究领域的核心作者，但大部分作者发文量为 1—2 篇，表明作者对这一议题关注的集中度、深入度较欠缺。被引量反映文章的影响力，数据显示（截至 2022 年 1 月 1 日），赵新利、史安斌、陈先红等学者文章最高被引频次分别为 61 次、49 次、38 次，主要关注国家叙事与中国形象的故事化传播策略，“一带一路”倡议下我国对外传播的创新路径，“讲好中国故事”的国家立场、话语策略与传播战略，在概念和理论上夯实了中国故事传播研究的基础。

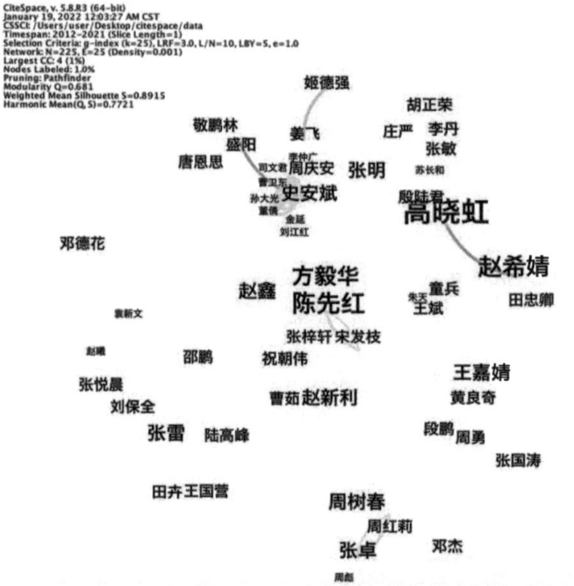

图 1-2　2012—2021 年核心作者合作共现网络图谱

表 1-1　核心作者发文量及文章最高被引频次统计表（前 10 位）

序号	作者	所属机构	发文量/篇	最高被引频次/次	首发年份
1	陈先红	华中科技大学	7	38	2018
2	高晓虹	中国传媒大学	7	9	2015
3	赵希婧	中国传媒大学	5	9	2015
4	方毅华	中国传媒大学	5	5	2015
5	赵新利	中国传媒大学	4	61	2013
6	史安斌	清华大学	3	49	2016
7	童兵	复旦大学	3	11	2017
8	张国涛	中国传媒大学	3	36	2013
9	王嘉婧	清华大学	3	11	2016
10	姜飞	北京外国语大学	3	9	2019

2. 研究机构及合作网络分析

研究机构为学术研究提供重要的平台基础，分析机构发文量及合作情况有利于明晰中国故事传播研究领域的核心力量。运行 CiteSpace 生成发文机构合作共现网络图谱（图 1-3）：节点=200，连线=45，密度=0.0023。图谱数据显示，大部分发文机构为独立的节点，节点连线稀疏，表明共现网络密度较低，目前领域研究机构之间的联系与合作强度较弱，未形成较为广泛、紧密的学术合作网络。从主要链接点来看，中国传媒大学表现出了较强的合作连接性，与中国国际广播电台、中央电视台西班牙语频道、北京师范大学文学院等均展开了不同程度的跨机构合作。

从机构的发文量来看，中国传媒大学新闻学院（*n*=16）、华中科技大学新闻与信息传播学院（*n*=11）、中国人民大学新闻学院（*n*=10）、暨南大学新闻与传播学院（*n*=9）等高校学院是近年主要的核心发文机构。通过合并同类机构节点发现，中国传媒大学总计发文 78 篇，占总发文量的 10.5%，呈现较强的中心中介性。从学科领域来看，目前中国故事传播研究主要集中在新闻传播学领域，马克思主义、公共管理等学科偶有介入，但十分薄弱。未来研究机构有待加强交流，尝试跨学科领域的合作，以期为中国故事传播研究提供新方向、新思路。

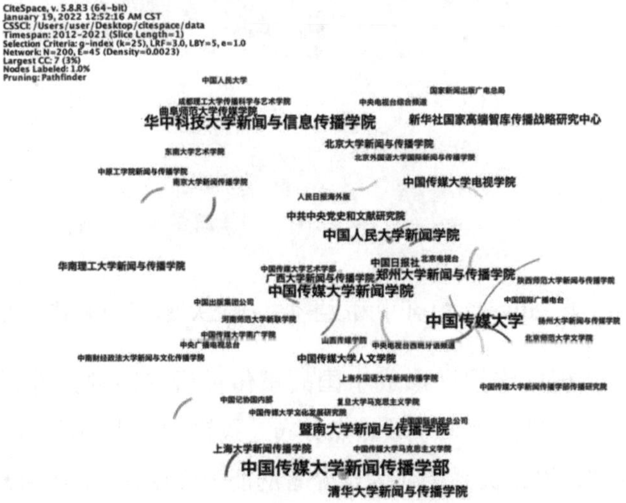

图 1-3　发文机构合作共现网络图谱

二、热点聚焦：中国故事传播研究主题分析

（一）关键词共现网络图谱及聚类分析

关键词作为文章主题的高度概括，出现的频率与关联程度可揭示某一领域研究的热点和内在联系。本书通过 2012—2021 年中国故事传播研究关键词共现网络图谱（图 1-4）可视化呈现词与词之间的关系，展现该领域的研究热点和主题分布。节点的大小表示关键词出现的频次，节点之间的连线表示共现的强度。图谱显示：节点（nodes）=296，连线（links）=428，密度（density）= 0.0098。相较于作者与机构的共现网络，关键词共现网络的结构形态和性能已有较大的优化和提升，但总体而言，共现网络密度不高，未形成系统研究结构，未来有待在拓展新研究视野的同时，进一步加强相关研究的专注度和深入性。

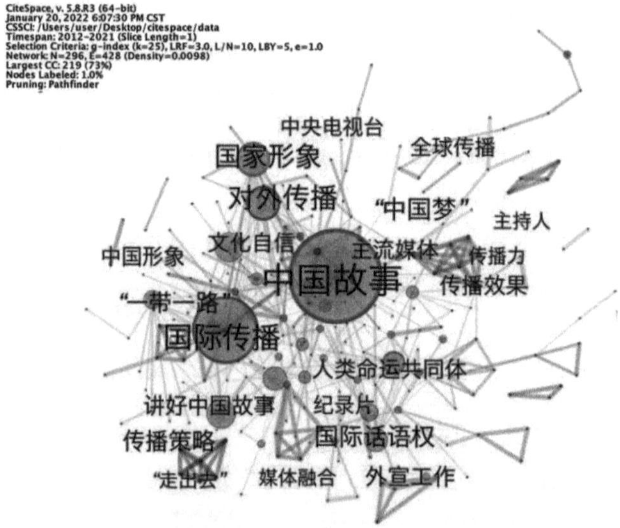

图 1-4　2012—2021 年中国故事传播研究关键词共现网络图谱

本书结合共现网络图谱形成中国故事传播研究高频关键词统计表（表 1-2），以更加全面地展现该领域热点分布。关键词的中心性（centrality）表示该关键词在共现网络关系中作为媒介者的能力强度，一般认为，中心性≥0.1 的节点为关键节点，表示其在网络结构中占有相对重要的位置，与其他节点

紧密联系。[①]数据表明，2012—2021 年，中国故事传播研究主要围绕着国际传播（98，0.30）、对外传播（38，0.21）、国家形象（34，0.13）、“一带一路”（28，0.18）、人类命运共同体（16，0.11）、国际话语权（16，0.10）、传播策略（13，0.11）等议题进行了多方位的讨论。

表 1-2　2012—2021 年中国故事传播研究高频关键词统计表（前 20 个）

序号	关键词	频次/次	中心性	序号	关键词	频次/次	中心性
1	中国故事	214	0.55	11	国际话语权	16	0.10
2	国际传播	98	0.30	12	主流媒体	14	0.08
3	对外传播	38	0.21	13	传播策略	13	0.11
4	国家形象	34	0.13	14	媒体融合	12	0.07
5	“一带一路”	28	0.18	15	海外传播	12	0.11
6	新时代	26	0.04	16	中国形象	11	0.06
7	文化自信	22	0.06	17	叙事策略	9	0.03
8	习近平总书记	18	0.08	18	传播效果	8	0.03
9	纪录片	17	0.04	19	话语体系	8	0.02
10	人类命运共同体	16	0.11	20	中国梦	7	0.09

为更精准地把握中国故事传播研究的主要研究主题与热点讨论领域，本书通过 CiteSpace 对关键词进行聚类分析，生成 2012—2021 年中国故事传播研究关键词聚类图谱（图 1-5），并形成#0 中国故事、#1 国家形象、#2 新时代、#3 国际传播、#4 文化自信、#5 传播学、#6 主流媒体、#7 传播策略、#8 全球传播等聚类。聚类由多个紧密相关的关键词组成，其中包含的关键词数量随序号从小到大依次增多。中国故事传播研究关键词聚类图谱数据显示：Modularity Q（聚类模块值）=0.681>0.3，表示图谱网络聚类结构显著，Weighted Mean Silhouette S（聚类平均轮廓值）=0.8915>0.7，表明图谱网络同质性较高，聚类结果合理。

① 陈悦，陈超美，胡志刚，等. 2014. 引文空间分析原理与应用：CiteSpace 实用指南[M]. 北京：科学出版社：12.

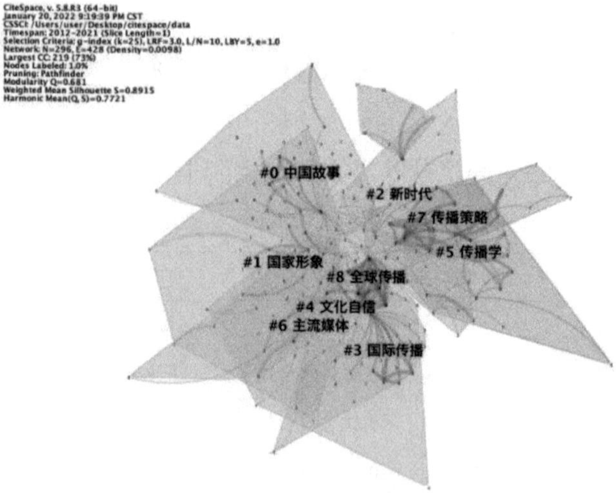

图 1-5　2012—2021 年中国故事传播研究关键词聚类图谱

（二）主要研究热点知识群与讨论

由于聚类标识词中有许多含义相近或相同的词，为进一步细化分析该领域研究热点，本书将聚类标识词中的同类词进行合并。对高频及高中心性关键词与合并后的聚类标识词进行联系归纳，总结并梳理 2012—2021 年中国故事传播领域研究的 2 个主热点知识网络及 5 个子热点知识群。

1. 国际传播视野下的中国故事研究

1）中国故事对外传播价值议题

这一主题的研究主要围绕习近平总书记关于对外宣传工作的新思想、新论断展开，着力强调新时代中国故事的对外传播意义，从国家战略传播视角集中探讨中国故事传播与增强中国文化软实力、提升中国国际传播能力、塑造国家良好形象、提高国际话语权等方面的作用与关系。

2）中国故事国际传播困境议题

中国在国际传播体系与话语空间中的声音常处于“弱、小、少”的边缘状态[①]，且受制于平台、内容、文化、受众等壁垒，中国故事难以有效传播。一是平台壁垒。从外部环境来看，长期以来，国际传播格局受西方媒体主导，

① 徐占忱. 2014. 讲好中国故事的现实困难与破解之策[J]. 社会主义研究，（3）：20-26.

我国媒体的对外传播缺乏自己的理论话语体系，话语表达能力略显不足。①从内部平台来看，国内缺乏与各对外传播机构间的协调融合机制以及成熟的中国故事创作环境和传播平台。②二是内容壁垒。有研究指出，中国故事内容存在宣传意味浓厚、形象陈旧、缺乏现代观念③、人文关怀缺位等问题。④三是文化壁垒。有研究指出，国内形象与国际形象产生偏差的根源是内外有别的文化认同⑤，对外讲述中国故事实质为异质文化间的交互与融通，中国故事的跨文化传播始终面临难以实现内化认同的问题⑥，且传播过程中时常遭遇“文化折扣”现象，部分西方受众甚至对故事进行误读与对抗性解读。⑦四是受众壁垒。在“对谁讲述中国故事”的环节中，我国部分媒体缺乏对传播对象的基本了解⑧，尤其是缺乏对海外公众的关注点、价值观和思维模式的研究，“自说自话”的现象较为严重。⑨总体而言，国内现有研究显现出对中国故事“宣传”式国际传播的广泛批评。

3）中国故事国际传播效果议题

中国故事对外传播效果在近几年开始受到一些研究关注，强调主流媒体在国际传播中讲中国故事要带着强烈的效果意识，以呈现更真实、全面的中国形象。⑩在具体研究当中，学者偏向将海外受众的认可度作为中国故事国际传播效果研究的主要评判标准。张小娅认为“讲好中国故事”与否的评判者既非从业者也非研究者，而是潜在的海外受众。⑪ 王敏、王令瑶对来自八

① 史安斌，廖鲽尔. 2016. 国际传播能力提升的路径重构研究[J]. 现代传播（中国传媒大学学报），38（10）：25-30.

② 胡正荣. 2015. 中国如何把握机会在国际话语体系中争取一席之地[J]. 理论导报，（8）：36-39.

③ 聂树江. 2016. 国际传播如何讲好中国故事[J]. 新闻战线，（23）：107-109.

④ 赵新利，张蓉. 2014. 国家叙事与中国形象的故事化传播策略[J]. 西安交通大学学报（社会科学版），34（1）：97-101.

⑤ 孟娇娇. 2016. 讲故事 塑形象：建构国家形象的公共外交叙事研究[J]. 上海对外经贸大学学报，23(1)：68-78.

⑥ 徐明华，李丹妮. 2019. 情感畛域的消解与融通：“中国故事”跨文化传播的沟通介质和认同路径[J]. 现代传播（中国传媒大学学报），41（3）：38-42.

⑦ 唐润华，郑敏. 2021. 文化间性视域下出版业“讲好中国故事”的效果提升路径[J]. 新闻爱好者，(3)：50-52.

⑧ 胡正荣. 2015. 中国如何把握机会在国际话语体系中争取一席之地[J]. 理论导报，（8）：36-39.

⑨ 王敏，王令瑶. 2020. 中国故事的传播中介、传受偏差与传声纠偏——以在华留学生为中介的研究[J]. 新闻记者，（12）：56-68.

⑩ 何临青. 2015. 增强效果意识 讲好中国故事——谈如何提高中国主流媒体的国际传播力[J]. 电视研究，（8）：69-71.

⑪ 张小娅. 2015. 对话的重要性：国际传播中的理解与接受[J]. 清华大学学报（哲学社会科学版），30（1）：129-136，183.

大文化圈的50位在华留学生访谈后发现，中国故事的国际传播存在传受双方的信息结构性偏差，传者所强调的中国经济成就、国情战略并未引起在华留学生的足够兴致，他们对中国发展模式、制度理念的固有认知偏见依旧存在。[①]中国故事海外传播面临许多难题，传播效果不尽如人意，史安斌、廖鲽尔认为中国声音难以在国际传播中有效传达，主要受制于话语体系的差异、故事讲述方式单一等结构性因素。[②]未来，中国故事传播应采用符合不同传播场域和我国海外各国、各地区受众信息采纳习惯的叙事策略，以提高传播效果。[③]

2. 叙事视阈下的中国故事传播路径研究

讲好中国故事是当下中国媒体，尤其是主流媒体新的历史使命。[④]这一主题的研究主要立足于主流媒体，从国家叙事层面梳理“讲什么故事好与怎样讲好故事”的传播机理和叙事结构。

1）内容研究：“讲什么故事好”

各学者对中国故事内容类型、内容特征做相关探讨。中国故事既要讲包含新时代中国共产党治国理政和“一带一路”国际合作在内的国家故事[⑤]、以主流媒体为代表的媒体故事[⑥]，也要讲以普通人为主体的国民故事[⑦]、以基层为阵地的地方故事。[⑧]在此基础上，学者们尝试建构中国故事指标体系，为科学评估中国故事内容质量提供有效依据。段淳林、林泽锟从国家品牌角度切入研究，基于品牌叙事理论，以“故事塑造”与“故事原则”2个层次、6个维度、17个具体问题，对“中国故事”进行体系化建构。[⑨]陈先红、于运全聚焦选故事、写故事、讲故事3个实践环节，构建了共95项指标的中国

① 王敏，王令瑶. 2020. 中国故事的传播中介、传受偏差与传声纠偏——以在华留学生为中介的研究[J]. 新闻记者，（12）：56-68.

② 史安斌，廖鲽尔. 2016. 国际传播能力提升的路径重构研究[J]. 现代传播（中国传媒大学学报），38（10）：25-30.

③ 刘瑞生，王井. 2019. “讲好中国故事”的国家叙事范式和语境[J]. 甘肃社会科学，（2）：151-159.

④ 蒋升阳，赵鹏. 2017. 用马克思主义新闻观讲好“中国故事”[J]. 新闻战线，（5）：93-96.

⑤ 陈先红，宋发枝. 2019. 讲好中国故事的融合叙事策略[J]. 新闻与写作，（5）：43-47.

⑥ 郑越，陆浩. 2018. 讲好海外社交媒体上的中国故事——以我国三家主流媒体“一带一路”Facebook报道为例[J]. 电视研究，（9）：7-9.

⑦ 苏仁先. 2016. 讲好中国故事的路径选择[J]. 中国广播电视学刊，（2）：43-45.

⑧ 雷璐荣. 2018. “中国故事”语境下地方纪录片的话语表述策略[J]. 电视研究，（4）：86-88.

⑨ 段淳林，林泽锟. 2018. 基于品牌叙事理论的中国故事体系建构与传播[J]. 新闻与传播评论，71（2）：71-84.

好故事评价指标体系，进一步拓展了原有指标体系的系统性与层次性。[①]

2）策略研究："怎么讲好故事"

学者们主要围绕中国故事叙事主体、叙事方式、叙事对象等方面进行探讨。在故事叙事主体上，《人民日报海外版》（*People's Daily Overseas Edition*）、海外华文媒体等主流媒体被赋予极高的关注度。有学者指出中国故事叙事主体是多元的，包括政府、媒体、企业、社会组织和个人[②]，尤其是在"微"时代背景下，个体化身天然媒介，成为讲述中国故事的"微"主体[③]，但在传播过程中，需要多主体共同发力，整合协同传播中国声音。在叙事方式上，研究一致强调"讲好中国故事"要从宣传思维转向故事思维。王昀、陈先红创新性引入"互文性"的概念，提出构建"讲好中国故事"的互文叙事模型，提倡关注中国在深入全球化进程中的代表性故事如何与自身在全球治理中国际话语权与文化软实力形构互文叙事。[④]随着互联网技术和社交媒体的兴起，中国故事的叙事话语有了更丰富的表现形式。段淳林、林泽锟指出中国故事对外传播应尝试跟进当前新媒体生态演变，借助大数据、人工智能、虚拟现实（Virtual Reality，VR）等新技术助力中国故事叙事模式创新。[⑤]此外，微纪录片、短视频等作为新媒体时代的视听媒介产品，被视为讲好中国故事、建构国家形象的重要载体，大受研究关注。[⑥]在叙事对象上，研究强调讲好真实、立体、全面的中国故事传播要具有受众意识[⑦]，并引入"他者"视角，指出中国故事传播要以"他者"身份为参照[⑧]，以文化对话寻求认同。近年来，研究开始面向东盟国家[⑨]、东南亚地区[⑩]、"一带一路"沿线国家来华留学生[⑪]

---

① 陈先红，于运全. 2019. 中国好故事评价指标体系的建构[J]. 新闻与写作，（7）：19-23.

② 陈先红，宋发枝. 2019. 讲好中国故事的融合叙事策略[J]. 新闻与写作，（5）：43-47.

③ 刘彤，于宁. 2014. 从"大时代"到"微时代"看中国故事的群众表达[J]. 四川戏剧，（7）：93-97.

④ 王昀，陈先红. 2019. 迈向全球治理语境的国家叙事："讲好中国故事"的互文叙事模型[J]. 新闻与传播研究，26（7）：17-32，126.

⑤ 段淳林，林泽锟. 2018. 基于品牌叙事理论的中国故事体系建构与传播[J]. 新闻与传播评论，71（2）：71-84.

⑥ 徐和建. 2019. 讲好中国故事：主流媒体微纪录片的场域、视角与叙事[J]. 新闻与写作，（12）：49-53.

⑦ 罗自文. 2021. 讲好中国故事的四大支柱：对象、内容、主体和策略——基于对美文化交流的分析[J]. 青年记者，（24）：62-64.

⑧ 周翔，仲建琴. 2020. 智能化背景下"中国故事"叙事模式创新研究[J]. 新闻大学，（9）：79-94，122.

⑨ 廖俊玉. 2018. 西南边疆地区对东盟讲好中国故事的叙事策略[J]. 新闻爱好者，（12）：48-50.

⑩ 刘健，冯红骄，姚露露. 2020. 数字出版与 IP 剧融合在东南亚的传播[J]. 青年记者，（11）：88-89.

⑪ 王敏，王令瑶. 2020. 中国故事的传播中介、传受偏差与传声纠偏——以在华留学生为中介的研究[J]. 新闻记者，（12）：56-68.

展开中国故事传播相关议题探讨。

三、历时演进：中国故事传播研究脉络分析

为进一步廓清中国故事传播研究热点群的演进状况与波动特征，本书利用 CiteSpace 将 2012—2021 年切分为 10 个时段，生成关键词共现可视化图谱（图 1-6），并结合重要节点关键词、分布状态及重点关键词突现情况（表 1-3），以历时性视角呈现中国故事传播研究的热点主题动态和知识演进脉络。

（一）领域初现：基础性探讨阶段（2012—2013 年）

该阶段发表在 CSSCI 期刊与其他核心期刊上的中国故事传播研究文章数量少，连线稀疏，研究进程发展缓慢且研究主题相对单一。2012 年，中国国家形象成为国内学界乃至社会各界的热议话题，相关研究呈全面向好发展态势，研究视角不断外延。[①]在这一背景下，该阶段的中国故事传播研究主题始终聚焦高频关键词“中国故事”与“国际传播”，着力辨析中国故事与中国形象之间的逻辑关联以及中国故事国际传播的价值立意，部分研究开始从文化传播视角思考如何讲述中国故事的实践问题[②]，研究领域逐步显现。

（二）融合转向：多元视角研究阶段（2014—2017 年）

继 2013 年 8 月“讲好中国故事”成为国家最高领导人首提概念后，该领域研究出现拐点。该阶段中国故事传播研究的关键节点数量增多，节点之间的连线密集，出现了一系列以“外宣工作”“传播实践”“传播效果”“叙事策略”为代表的突现词（表 1-3），以及以“主流媒体”“媒体融合”“文化自信”“国家形象”为主体的高频关键词（图 1-6），研究主题与视角趋于多元化。研究议题从“为什么要讲故事”逐步转向“讲什么故事好”、“如何讲好中国故事”与“故事讲得好不好”，研究视角从传播学延伸至叙事学、修辞学、文化人类学等。随着研究实践的拓展，部分研究引入理论探讨，借助框架理论、使用与满足理论、把关人理论等大众传播学经典理论，马克思

① 冯正斌，郭铖. 2020. 基于 Citespace 的中国国家形象研究[J]. 技术与创新管理，41（5）：516-526.

② 胡晓明. 2013. 如何讲述中国故事？——“中国文化走出去”的若干理论与实践问题[J]. 华东师范大学学报（哲学社会科学版），45（5）：107-117，155.

主义新闻观与叙事理论等辨析中国故事国际传播实践问题，案例研究、内容分析等方法开始在研究中得到运用。

（三）聚焦视野：深入性研讨阶段（2018—2021 年）

2017 年 10 月，“讲好中国故事”被写进党的十九大报告，再次成为研究热点。2018 年后，中国故事传播研究进入聚焦研讨的阶段，研究主题紧跟时事发展与政策导向，以“新时代”“海外传播”为高频关键词（图 1-6），主要议题更为突出，出现“传播技巧”“纪录片”“文化传播”“他者”等突现词（表 1-3）。关于“讲什么故事好”的内容研究、“如何讲好中国故事”的策略研究以及“故事讲得好不好”的效果研究依旧是这一阶段的主要议题，相关研究呈聚焦化、具象化特征。“中国故事”不再是抽象的概念符号，而是具化为中国共产党治国理政故事、中国文物故事、中国春节故事、中国抗疫故事等一系列“子故事”以及河南故事、广西故事、重庆故事等区域性“地方故事”。故事传播载体的研究结合媒介融合态势持续创新，微纪录片、短视频成为新宠儿。《人民日报海外版》、海外华文媒体等海外主流媒体依旧是研究关注的中国故事传播渠道的主要焦点。研究视野聚焦的同时，理论研究同步深入，叙事理论细化为品牌叙事、叙事传输、叙事认同等一系列二级理论，文化间性、文化自信等理论逐步出现。聚焦化的研究在深入探讨主题的同时，进一步丰富了该领域研究的层次性。

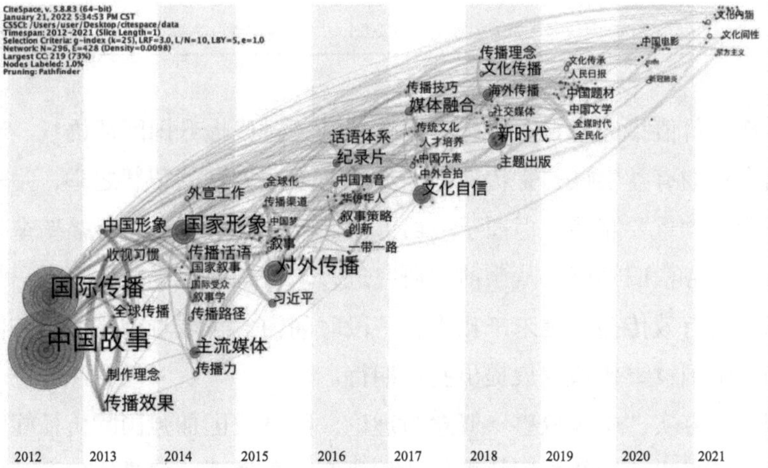

图 1-6　2012—2021 年中国故事传播研究关键词共现可视化图谱

表 1-3　2012—2021 年中国故事传播研究重点关键词突现情况（前 20 个）

关键词	突显度	起始年份	终止年份	2012—2021 年突现情况
传播价值	0.71	2012	2017	
全球传播	1.44	2013	2016	
中国形象	1.4	2013	2014	
外宣工作	1.62	2014	2016	
传播话语	1.53	2014	2017	
外宣媒体	1.5	2014	2016	
传播实践	0.67	2014	2018	
公共外交	1.09	2015	2016	
中国声音	1.92	2016	2017	
传播格局	1.42	2016	2017	
传播效果	1.22	2016	2017	
话语体系	1.12	2016	2018	
叙事策略	0.77	2016	2017	
中国特色	1.26	2017	2018	
传播技巧	0.84	2017	2018	
纪录片	1.68	2018	2019	
全球化	1.37	2018	2019	
传播创新	1.03	2018	2019	
文化传播	1.87	2019	2021	
他者	1.08	2019	2021	

从现实价值指向来看，讲好中国故事是新时代提升国际话语权、有效传播中国声音的有益尝试，是传递中国理念与中国方案的智慧之举，是塑造良好大国形象的重要路径，但囿于中西方跨文化差异等一系列传播壁垒，中国故事传播任务依旧艰巨。从当前的研究进程来看，如何建构故事话语体系以及故事如何有效传播仍是未来相当长一段时间内该领域着重关注的方向，研究对未来中国故事传播发展提出些许期待。

第一，夯实“中国故事”概念与理论。随着我国加强国际传播能力建设要求的不断提出，围绕中国故事传播的研究不断涌现。但具体何谓“中国故事”，各研究对其内涵界定不一，尚未形成相对权威的概念定义，且对比发现不同的学科研究对“中国故事”基本概念体系内涵认识各异，概念本体所指差别较大，亟待夯实“中国故事”基本概念，以期消弭概念体系缺失给领域内学术交流带来的障碍。此外，当前领域研究多呈现破题立论式的经验探讨与政策解读，无理论研究（n=685）占比 92.1%（表 1-4），亟须强化学理支撑。讲好中国故事作为跨文化传播的重要实践，以文化区隔为首要困境，如何与他国异质文化相融相涉，与不同文化主体间共生共存，需要经典大众传播理论指导，也呼吁引入多学科理论分析。

第二，创新中国故事传播研究方法。当前中国故事传播研究以逻辑思辨为主要研究范式（n=430），研究方法以案例分析（n=249）为主体，现有的定量研究（n=42）一定程度弥补了纯思辨的缺陷，但占比较少，仅占发文总量的 5.7%。传播效果是检验中国故事内容质量、传播渠道与传播策略效度的重要指标，尽管当前大多研究开始关注这一主题，但主要是结合现状和策略进行质性探讨，实证逻辑不足，应鼓励更多研究以问卷、内容分析等量化方法对传播效果进行实际测量。与此同时，大数据和推荐算法的媒介语法持续推动文本创作模式创新，赋予了中国故事更为鲜活的内容主题和传播载体，使得“讲什么”的内涵和层次更加丰富多元，未来应乐见有更多混合性研究以丰富研究视角。

表 1-4　2012—2021 年中国故事传播研究理论与研究方法统计表

研究理论	篇数/篇	占比/%	研究方法	篇数/篇	占比/%
叙事理论	11	1.5	访谈	7	1.0
马克思主义新闻观	5	0.7	民族志	0	0.0
场域理论	2	0.3	案例分析	249	33.5
框架理论	2	0.3	文本分析	9	1.2
关联理论	2	0.3	实验法	0	0.0
共情理论	1	0.1	调查法	4	0.5
文化间性理论	1	0.1	内容分析	38	5.1
其他理论	34	4.6	二手资料	6	0.8
无理论	685	92.1	逻辑思辨	430	57.9

第三，拓展中国故事传播研究场域。目前中国故事传播研究主要集中在新闻传播领域，虽然不断有不同学科的研究力量注入，但学科壁垒依然存在。讲好中国故事是一个跨学科的理论和实践命题，在互联网化、智能化和全球化的背景下，局限于传播学的研究范式难以解决和认识中国故事传播发展过程中出现的新问题、新概念、新思想，亟须打破学科壁垒，以跨学科研究方法寻找多元研究取向。此外，近年来，新华社国家高端智库传播战略研究中心、中国国际电视台、中国国际广播电台等机构也积极参与该领域研究，成为中国故事海外传播的重要媒介。未来，研究也应尝试与海外媒体及媒体从业者进行直接对话，以多方力量推动中国故事传播实践。

第二节　跨文化传播视阈下的“中国叙事”图景

严格意义上的“讲好中国故事”概念的提出源自我国国家层面而非学术界，2013 年 8 月，习近平总书记在全国宣传思想工作会议上首次强调要“讲好中国故事，传播好中国声音”。自此，“讲好中国故事”不再只是某一个体或组织自发进行的对外宣传活动，而是被纳入中国对外宣传整体格局之中，也成为学术研究的一个重要命题。

一、理论偏向：中国叙事的理论研究图谱梳理

（一）中国故事的跨文化传播偏向

1. 跨文化传播学的学术脉络梳理

跨文化交流与传播现象在人类进行迁徙之时就已出现，而后产生的贸易往来、战争交锋、海外走访及留学等更促进了不同文化群体之间的交流与融合。在跨文化传播学被正式视为一个独立的研究领域之前，欧洲的哲学家、社会学家就对这种不同文化之间交流碰撞的现象进行过分析与探讨。但是直到第二次世界大战后，美国人类学家霍尔在负责对外交人员进行跨文化沟通技能培训时，才开始有目的地进行跨文化传播的学术思考，在 1959 年出版了首部跨文化传播学术著作《无声的语言》，首次提出了 intercultural communication（跨文化传播）一词，被学界视作跨文化传播研究的开端。①

20 世纪 60 年代，传播学者聚焦人际层面的跨文化传播。②20 世纪 70 年代以后，伴随着交通与通信技术的发展，不同文化背景的人际交流、文化交流、贸易往来等更加密切，跨文化传播学也越来越关注到语言学、心理学、社会学、文化人类学等领域的研究。其后十年，跨文化传播学得到飞速发展，学术研究和实际应用逐渐独立开来，学术研究方法更加明确，理论基础也逐步系统化。这一时期，跨文化传播研究领域逐步拓宽，包括语用学、心理学等。在理论研究以外，跨文化传播学在国际贸易、国家外交等重要实践领域也得到了广泛应用。冷战结束后，不同文化之间的交流与共存变得更加频繁，跨文化传播学的研究范围扩展到文化霸权、文化多样性、文化身份认同危机等多个方面。

20 世纪 80 年代中国学术界开始关注跨文化传播。最早一批研究学者是从国际关系领域对其进行探索研究的，偏向于语言翻译等方面的研究。随后新闻传播学专业的学者也关注到了这一研究领域。早期的跨文化传播研究多是对西方已有的研究著作和成果进行翻译、引进并逐步结合中国实际深入探讨的，但此时学界关注的重点还只是对外传播中的文化问题。

2. 讲好中国故事中的跨文化传播理论

回归跨文化传播的本质。跨文化传播的研究源自“文化差异和信息误读”③。霍尔在《超越文化》中，根据文化中主流交际方式的不同将文化分为高语境文化和低语境文化。④中美文化作为高低语境文化的典型例证，前者注重直觉意向、语言含蓄，后者注重理性逻辑、表达直接，不同语境下的信息编译的显著差异是跨文化传播中误解、隔阂的重要成因。以电影为例，中国有许多主旋律电影所传达的宏大历史背景与标志性政治符号，在对外传播中都形成了文化折扣，大部分国外观众缺少与中国人相同的历史文化背景与集体记忆，因此难以充分理解电影的话语模式和文化内涵。⑤应对高低语境传播困境，需

① 爱德华·霍尔. 2010. 无声的语言[M]. 何道宽译. 北京：北京大学出版社.

② 孙英春. 2015. 跨文化传播学[M]. 北京：北京大学出版社.

③ 明海英. 2018-02-05. 跨文化传播学：推动不同文化和谐共荣[N]. 中国社会科学报，（1）.

④ 爱德华·霍尔. 2010. 超越文化[M]. 何道宽译. 北京：北京大学出版社.

⑤ 陈璐明. 2019. 迁移·定位·发展——新世纪中国新主流电影话语的跨文化传播[J]. 电影新作，（6）：125-130.

要在了解差异的基础上彼此尊重，从对方的文化语境出发进行话语重组。

经济信息全球化时代，世界不同民族文化之间的碰撞与交融日益激烈，在一些学者发出“文化同步”的担忧时，文化差异却也更加明显。[①]这些可被感知的文化差异刺激了民族自我意识，强化了人们对自身文化认同的需要。民族文化身份是一种相对稳定的结构，“一个民族的共同历史记忆、共同语言、共同信仰、共同文化习俗、共同行为模式等构成了该民族的文化身份认同”[②]。但在中西方国家价值标准、行为方式、利益诉求不同的今天，中国的民族文化身份认同面临着某些集团、群体乃至个体恶意“污名化”的威胁。讲好中国故事则是交流、沟通以消除偏见的最好途径。薛军等认为新时代中国武术文化的全球传播对促进民族文化认同、增强民族凝聚力有重要意义，此外大力推动武术文化外交可以提炼武术的人类共同价值，推动中外文明交流互鉴。[③]

全球化时代以前，人类大部分时间都生活在封闭的文化、社会空间中，形成了固定的语言、风俗、文化。当全球范围内的跨文化交流开始之后，文化间的差异带来了误解、痛苦和冲突，身处陌生文化环境中的人面临着“跨文化适应”的问题。美国人类学家雷德菲尔德在《文化适应研究备忘录》中首次对“文化适应”的概念进行了界定，即“异质文化群体在长时间接触的过程中出现了文化模式的变化”[④]。跨文化适应人群是讲好中国故事的重要“中介、桥梁人群”和目标对象。王敏等指出，新中国成立之前的中国形象是由来华外籍人士基于自身的文化体验和情感见闻撰写的札记、小说、报道等内容主导的，新时代在华留学生是新的“中国故事布道者”，通过向来华留学生展现中华文化的吸引力、真善美的共情力，能够减轻异质文化对留学生的压力。[⑤]

---

① Herdin, T.，郑博斐，李双龙，等. 2015. 全球化背景下中国的价值观变迁与跨文化差异传播[J]. 新闻大学，（1）：43-48.

② 苏勇. 2009. 文化身份认同与建构中的文化主体性[J]. 贵州师范大学学报（社会科学版），（1）：93-97.

③ 薛军，武冬. 2022. 我国武术外交历程、实践经验与发展路径[J]. 体育文化导刊，（1）：40-46.

④ Redfield, R., Linton, R. & Herskovits, M. J. 1936. A memorandum for the study of acculturation[J]. *American Anthropologist*, 38(1): 149-152.

⑤ 王敏，王令瑶. 2020. 中国故事的传播中介、传受偏差与传声纠偏——以在华留学生为中介的研究[J]. 新闻记者，（12）：56-68.

此外，胥琳佳等在“文化折扣”理论的基础上提出了“文化增值”理论，认为文化产品在跨文化传播的过程中受到不同地域消费者的生活习惯、社会背景和认知模式的影响，反而会实现一种文化增值，也就是文化产品在异域文化中的传播效果要优于本地。[①]哈贝马斯提出“文化间性”，强调人类正是在异质文化的交流和借鉴中产生创造力和革命力，文化间性是异质文化可沟通的哲学基础。黄珞等从文化间性的视角出发，认为跨文化不是对异质文化的单向跨越，而是“以对话为根本，以沟通为旨归”的交往对话过程。[②]跨文化传播应该追求精准高效，邵全红等认为传递好中国声音应该精准把握受众需求，精心选择易于被世界理解和接受的传播符号，精准选择能够反映中国精神的事实，在寓情于理的过程中精确传达真实的中国。[③]中国制造走向世界，外出务工人员组成的聚落是对话讲好中国故事的重要接口，刘洪等通过对外派劳务人员的拟态家园进行研究后发现，国外务工拟态家园存在“内部通畅、外部受限”的沟通模式，外派劳务人员对外的文化身份适应能力较弱。[④]

如今，跨文化传播的实践形式日益丰富，跨学科的理论资源不断引入，产生了一系列跨文化传播的经典理论。在讲好中国故事这一跨文化传播创新实践中，学者对经典的跨文化传播理论进行了检验和延伸，丰富和拓展了跨文化传播的理论边界。

（二）讲好中国故事的叙事偏向

1. 叙事学的学术脉络梳理

叙事是人类社会的普遍现象，社会主体通过叙事来建构生活秩序并进行自我身份的确立[⑤]，中国叙事的本质是对“中国故事”这一叙事主题的讲述。

---

① 胥琳佳，刘建华. 2014. 跨文化传播中的价值流变：文化折扣与文化增值[J]. 中国出版，（8）：8-12.

② 黄珞，李明德. 2021. “中国故事”的生成逻辑与叙事策略[J]. 山东社会科学，（2）：150-154.

③ 邵全红，辜朵儿. 2021. 维度与范式：提升中国声音表达质量的双重路径——基于精准传播理论的考察[J]. 新闻爱好者，（11）：29-32.

④ 刘洪，黄昊. 2019. 拟态家园：一种群体独特的跨文化适应模式研究[J]. 现代传播（中国传媒大学学报），41（12）：21-25.

⑤ 刘子曦. 2018. 故事与讲故事：叙事社会学何以可能——兼谈如何讲述中国故事[J]. 社会学研究，33（2）：164-188，245.

叙事学诞生于20世纪60年代，早期叙事学被称为经典叙事学，在研究方法上深受结构主义语言学的影响。经典叙事学者将叙事文本视作一种语言现象，希望能够归纳出一套能够适用于叙事文本分析的科学精密叙事法则。①

经典叙事学把“故事”和“话语”作为叙事研究的两大支点，故事与话语的区分是叙事研究的基础。热奈特认为，故事只通过叙事存在，通常由构成因果关系的事件组成，话语则是读者阅读到的文字②；查特曼则认为，故事包括事件、人物、背景，话语是内容借以被传达的手段③。亦步亦趋地跟随使得叙事学研究的范畴与概念愈加碎片化，变成了一种符号游戏，该领域也始终没能出现一位能够整合所有概念和范畴的学者，伴随着结构主义浪潮的衰退，经典叙事学也陷入沉寂。

后经典叙事学在后结构主义和历史主义的孕育下产生。从经典叙事学到后经典叙事学最重要的变化有两点。其一，与结构主义脱钩，使得叙事学不再局限于单一语言学研究范式，实现了从叙事方法到叙事意义的拓展。其二，叙事学的研究范畴和体系建构实现了跨学科拓展，外学科的叙事元素被发掘并纳入叙事学的研究领域，扩张了研究边界。④同时，叙事学在发展的过程中，吸收借鉴了其他学科的理论优势，为学科建设注入了新的生机。后经典叙事学的研究范畴在这一过程中得到了极大的拓展，其成为研究各种叙事内容的综合学科。

后经典叙事学并不是经典叙事学的否定。赫尔曼认为后经典叙事学是经典叙事学持续的、有时令人震惊的变形⑤，国内学者申丹认为两者是互为补充的关系，后经典叙事学是在经典叙事学的基础上进行的发展和开发，借用了很多经典叙事学的模式和概念。⑥无论后经典叙事学如何变形、拓展，都没有脱离经典叙事学的轨迹，它只是在已有基础上所进行的范式调整与转换。⑦

---

① 傅修延. 2014. 从西方叙事学到中国叙事学[J]. 中国比较文学，（4）：1-24.

② 热拉尔·热奈特. 1990. 叙事话语 新叙事话语[M]. 王文融译. 北京：中国社会科学出版社.

③ 西摩·查特曼. 2013. 故事与话语[M]. 徐强译. 北京：中国人民大学出版社.

④ 申丹. 2003. 叙事学[J]. 外国文学，（3）：60-65.

⑤ Herman, D. 1999. Narratologies: New Perspectives on Narrative Analysis[C]. Columbus: Ohio State University Press.

⑥ 申丹. 2003. 经典叙事学究竟是否已经过时?[J]. 外国文学评论，（2）：92-102.

⑦ 谭君强. 2007. 发展与共存：经典叙事学与后经典叙事学[J]. 江西社会科学，（2）：27-33.

2. 讲好中国故事与国家叙事

“讲故事，是国际传播的最佳方式”，讲好中国故事就是建立我国自己的国家叙事体系。日本学者岸田秀认为国家叙事在一定程度上形塑了国民性格和国民价值，应该能够激发民族自信心和荣誉感，同时对外也应该尽可能得到其他国家的认可。[①]国内学者从叙事学的视野出发，大多认同“国家叙事”（national narrative）是叙事学的视野下以民族国家为主体的政治性传播，对内求共识，对外展形象。[②]总体来看，学者们大多认同国家叙事具有对外展现国家形象、获取别国认同的功能。

赵新利等认为国家叙事与国家形象密不可分，在对外讲好中国故事，塑造国家形象的时候，应该注重中国形象的故事化传播，从人入手，增强人性化和故事化。[③]刘瑞生等从中国国家叙事的内容、语境和话语路径出发，提出讲好中国故事要合理调节话语能力和话语控制力，既做好逐步深入的线性叙事又做好多维整合展现立体形象。[④]王昀等认为全球化时代，国家叙事应该以更加广阔、创新、务实的视角展开，并提出“讲好中国故事”互文叙事模型，描绘出“讲故事—话语权—软实力”的动态生成机制，强调国家叙事在全球治理中的功用。[⑤]栾轶玫指出脱贫攻坚故事既能全面反映中国现代化成就，又能与世界实现议题共通，将减贫议题作为新时代中国国家叙事的重要内容，既具有政治意义也具有传播价值。[⑥]周翔等认为媒介智能化加速了媒介与社会的互动，从而改变了“中国故事”的叙事模式，平台、算法、机器等非人类主体共同构筑了新的叙事景观。[⑦]

在国家叙事的视域下，讲好中国故事是一种建立在叙事内容基础上的国家战略传播，通过对关涉中国的多元叙事对象的分析抽象，以求触碰中国社

---

① 岸田秀. 1977. ものぐさ精神分析[M]. 東京：青土社.

② 赵新利，张蓉. 2014. 国家叙事与中国形象的故事化传播策略[J]. 西安交通大学学报（社会科学版），34（1）：97-101.

③ 赵新利，张蓉. 2014. 国家叙事与中国形象的故事化传播策略[J]. 西安交通大学学报（社会科学版），34（1）：97-101.

④ 刘瑞生，王井. 2019. “讲好中国故事”的国家叙事范式和语境[J]. 甘肃社会科学，（2）：151-159.

⑤ 王昀，陈先红. 2019. 迈向全球治理语境的国家叙事：“讲好中国故事”的互文叙事模型[J]. 新闻与传播研究，26（7）：17-32，126.

⑥ 栾轶玫. 2020. 新时代中国国家叙事脱贫攻坚的对外传播[J]. 编辑之友，（9）：5-14.

⑦ 周翔，仲建琴. 2020. 智能化背景下“中国故事”叙事模式创新研究[J]. 新闻大学，（9）：79-94，122.

会内在运行基本逻辑和外在形象整体特征，对内凝聚共识、引导社会意识形态，对外展现国家形象、寻求世界认同。

3. 讲好中国故事与品牌叙事

品牌叙事是品牌营销领域的概念，广义上的品牌叙事是指通过讲故事的形式，向受众阐述和传播品牌内涵和核心价值观等意义，以期引起受众的共鸣，形成良好品牌形象的实践活动。唐一帆等认为“国家品牌=国家+可识别信息”，其中可识别信息可以分为：①表层信息，国家的一切有形的综合国力信息；②外化信息，本国已有或正在形成的国家特性在外界形成的国家形象；③深层信息，长期社会经济运行过程中所形成的意识形态等国家文化内核。[①]“讲好中国故事”在某种程度上就是要通过“讲故事”的方式，挖掘国家的可识别信息，塑造国家形象，进而实现国家品牌化。

段淳林等将“品牌叙事理论”的理论框架运用到“讲好中国故事”的研究中，提出中国故事“一致性、差异性、简洁性、整体性”的创建原则，并从“故事塑造”与“故事原则”出发，对“中国故事”进行体系化建构。[②]蒙胜军等也借用品牌叙事理论对陕西文化旅游品牌故事的建构和对外传播进行了分析。[③]伴随着媒介技术的发展，国内学者对传统品牌叙事进行了理论拓展与创新。曹玉月认为在以沉浸传播为特征的第三媒介时代，品牌叙事也应因时、因地、因需而新，讲好中国故事应该以实现共情为目标，通过沉浸式传播，实现中国故事与受众的全场景匹配。[④]白志如等也对新媒介语境下民族非遗品牌叙事的拓展和优化进行了探索，在对外传播的过程中更加注重品牌生态建设和可持续传播的问题。[⑤]

① 唐一帆，胡晓鹏. 2015. 企业品牌与国家品牌的关联机理与价值互动——基于品牌等式的逻辑解构[J]. 南京社会科学，（11）：32-39.

② 段淳林，林泽锟. 2018. 基于品牌叙事理论的中国故事体系建构与传播[J]. 新闻与传播评论，71（2）：71-84.

③ 蒙胜军，王晨，郭璇. 2021. 基于品牌叙事理论的陕西文化旅游品牌故事构建与对外传播研究[J]. 西部学刊，（24）：22-26.

④ 曹玉月. 2020. 场景和共情：品牌叙事理论的观念创新及实践探索[J]. 传媒观察，（7）：52-59.

⑤ 白志如，苏士梅. 2020. 新媒介语境下民族非遗的品牌叙事与传播取向[J]. 湖北民族大学学报（哲学社会科学版），38（4）：128-135.

总体而言，品牌叙事视域下的讲好中国故事，是将中国或中国的某一具体面向，视作品牌塑造和传播的对象，从中提炼出故事元素和符号特质，综合运用品牌营销领域的理论和手段，传播中国故事、传递中国价值、塑造中国全球品牌形象。

二、现实指向：中国叙事传播价值路径剖析

国际舆论格局西强我弱的格局下，加快建设中国话语和中国叙事体系，早日形成同综合国力和国际地位相匹配的国际话语权是当代外宣工作的重中之重。从现实价值指向来看，讲好中国故事是新时代塑造良好国家形象、提升国家软实力、提高中国国际话语权的重要尝试。

（一）塑造良好国家形象

讲好中国故事，传播好中国声音，就是要展示真实、立体、全面的中国，努力塑造可信、可爱、可敬的中国形象。[①]姚旭、展姿认为，讲好中国故事有助于消除国外公众对中国的误解，消除“中国威胁论”产生的理论基础。[②]赵新利、张蓉从当前国家叙事存在的问题出发，认为国家形象传播应当增强人性化和故事化，特别是从地方形象的故事化，国家领导人演讲的故事补充以及个人故事、地方故事的中国故事汇聚三方面着手，增加中国故事叙事的故事性和趣味性。[③]王嘉婧指出故事的生动性、形象性和情节性的特征，更有利于民众主动接收信息，进而实现跨文化传播鸿沟的弥合。[④]

总体而言，当学者谈及中国故事和国家形象时，往往强调“故事”作为一种更加软化的叙事方式能够在信息本质之外承载更多的情感价值，进而弥合交流的鸿沟，增加叙事主体的亲和力、吸引力，使国家形象真实、全面、立体交映。

---

① 新华社. 2021. 习近平在中共中央政治局第三十次集体学习时强调 加强和改进国际传播工作 展示真实立体全面的中国[EB/OL]. https://www.12371.cn/2021/06/01/ARTI1622531133725536.shtml[2021-06-01].

② 姚旭，展姿. 2017. 讲好中国故事 塑造国家形象[J]. 新闻爱好者，（2）：79-81.

③ 赵新利，张蓉. 2014. 国家叙事与中国形象的故事化传播策略[J]. 西安交通大学学报（社会科学版），34（1）：97-101.

④ 王嘉婧. 2016. 国家形象塑造中的“中国故事”内容选择[J]. 新闻界，（18）：2-6.

（二）提升国家软实力

20 世纪 90 年代，约瑟夫·奈最早提出了软实力（soft power）理论，建构出全新的国家竞争和国家综合能力的分析框架。[①]刘献君认为国家文化软实力来自对文化资源的深度开发和能量转化[②]，故事是国家文化的重要组成部分，精彩的中国故事是国家文化软实力的象征。[③]讲好中国故事，是对中国文化资源的挖掘和开发，也是提升国家文化软实力的重要方式。范红等认为，国家形象是国家最重要的文化软实力和最深刻的国际竞争力[④]，讲好中国故事在展现良好国家形象的同时，也能够提升国家文化软实力。

总体而言，学者将讲故事视作文化资源转化的巧妙工具，把国家文化软实力的提升作为讲故事的目的。通过讲好中国故事实现对中国文化资源的挖掘与转化，进而提升国家文化软实力，获得在国际竞争中的优势。

（三）提高中国国际话语权

国际话语权是一个国家综合实力的重要体现，中国谋求国际社会秩序和格局的重建，进行负责任大国的身份建构，就必须要谋求国际话语权。[⑤]我国面临着一些“失语”问题，主要表现为在一定程度上缺乏国际舆论议题设置能力、国际话语权缺失。

2016 年 2 月，习近平总书记在党的新闻舆论工作座谈会上强调“增强国际话语权，集中讲好中国故事”[⑥]，直接指明了“讲好中国故事”是增强国际话语权的重要途径。聂书江发现国家领导人亲自讲述中国故事可以更好地在国际舆论场中心设置议题。[⑦]邵鹏、陶陶认为通过提供生动鲜活的故事内容，引导他国民众和媒体参与到“讲好中国故事”的行动中来，能够更加直

① Nye, J. S. 1990. Soft power[J]. *Foreign Policy*, (80): 153-171.

② 刘献君. 2013. 论文化育人[J]. 高等教育研究，34（2）：1-8.

③ 姚旭，展姿. 2017. 讲好中国故事 塑造国家形象[J]. 新闻爱好者，（2）：79-81.

④ 范红，胡钰. 2016. 论国家形象建设的概念、要素与维度[J]. 人民论坛·学术前沿，（4）：55-60.

⑤ 胡荣涛. 2019. 习近平新时代国际话语权建设的结构分析[J]. 安徽师范大学学报（人文社会科学版），47（1）：8-15.

⑥ 杜尚泽. 2016. 习近平在党的新闻舆论工作座谈会上强调：坚持正确方向创新方法手段 提高新闻舆论传播力引导力[J]. 新闻前哨，（3）：1-2.

⑦ 聂书江. 2020. 全球治理下中国话语权提升的路径创新[J]. 甘肃社会科学，（5）：7-13.

接有效地提升中国的国际话语权。[①]陈方刘认为挖掘中华文化，讲好中国故事，不仅可以坚定文化自信，而且能够从文化上解构西方中心主义，打破西方对国际话语和思想的垄断，推动国际话语权和思想的多元化。[②]部分学者同样认为讲好中国故事和提升中国国际话语权是相互促进的关系。[③④]

整体来看，讲好中国故事对国际话语权的提升作用主要表现在中国议题的全球设置和传统西方中心主义的消解两个方面。但讨论内容主要集中在文化领域，缺少对其他领域的实践和学术探索。

三、文本内容：中国叙事研究范畴体系概览

（一）讲好中国故事的叙事主体

中国故事的叙事主体是多元的，目前学者主要关注到政府、智库、企业和民众。其中，政府是中国对外传播战略的制定者和决策的讲述者，在国计民生的各个方面，中国政府都发挥着重要作用，是中国故事议程设置的最主要力量。当前阶段的研究主要集中于国家领导人[⑤]、政府官员以及官方新闻发布会。[⑥]

智库学者在观念创设、舆论引导以及国家重要政策的制定上发挥着重要的作用。智库产生的专业和学术话语易被世界各国关注，不同国家之间学术理论的交流探索是跨文化交流的重要组成部分，同时中国的智库也承担着建构中国学术话语体系、打破西方话语垄断的重任，因而也是重要的传播主体。[⑦]

经济全球化时代，企业是中国故事对外传播中最鲜活的素材，是外国了解中国智慧、中国速度和中国发展最直接的窗口。此外，社会公众是中国故

① 邵鹏，陶陶. 2018. 新世界主义图景下的国际话语权——话语体系框架下中国国际传播的路径研究[J]. 新疆师范大学学报（哲学社会科学版），39（2）：105-110.

② 陈方刘. 2021. 运用中华文化提高国际话语权[J]. 人民论坛，（29）：42-45.

③ 刘海春. 2020. 论新时代中国国际话语权的建构[J]. 社会科学家，（1）：8-14.

④ 赵月枝. 2014. 什么是中国故事的力量之源——全球传播格局与文化领导权之争[J]. 人民论坛·学术前沿，（24）：34-43，45.

⑤ 曲昌荣. 2016. 用跨文化交流视角讲好中国故事——从习近平访问美国脸谱平台报道看领导人出访国际传播新趋势[J]. 新闻大学，（3）：54，55-60，148-149.

⑥ 王国庆. 2016. 新闻发布与讲好中国故事[J]. 国际公关，（4）：33-34.

⑦ 钟社科. 2021. 用学术表达向世界讲好中国故事——以中国社会科学出版社为例[J]. 出版参考，（3）：27-29.

事对外传播中最直接的渠道，海外华人和在华留学生是中国故事的直接感触者也是最佳传递者[①②]，应该让他们愿意并且能够讲好中国故事，既要帮助中介人群建立与中国文化和中国故事的情感联系，又要将中国文化、价值、精神总结凝练成一个个易于讲述的故事，实现借筒传声。

（二）讲好中国故事的叙事渠道

当前讲好中国故事的叙事渠道主要有四种。一是媒体，官方主流媒体受到广泛的关注[③]，特别是中央广播电视总台、新华社和《人民日报》三家国家级主流媒体，它们从传播领域设置了讲好中国故事的框架和议题。二是文化与文艺作品，既有戏剧、传统武术、茶文化等优秀传统文化[④]，又有以电影[⑤]、纪录片[⑥]、动漫作品[⑦]为代表的现代影视文化作品，它们在讲好中国故事中扮演着润物细无声的角色。三是国际舞台，世界百年未有之大变局中，中国在国际舞台上扮演着越来越重要的角色，在 G20 峰会、金砖会议等国际会议上，中国声音越来越重要。四是全球媒介事件。既包含狭义上的由官方事先策划的具有一定表演性质、仪式化特征和象征意义的活动，又包含广义上的某个国家或地区发生的吸引了更广范围内受众注意力的事件；既包含国庆阅兵[⑧]、政治会议等传统政治媒介事件，又包含奥运会、世界锦标赛等全球体育盛会。此外，新冠肺炎疫情暴发后中国快速控制住疫情，也吸引了全球目光，属于突发性全球媒介事件。[⑨]

---

① 张娟. 2019. 海外华人如何书写“中国故事”——以陈河《甲骨时光》为例[J]. 文学评论，（1）：85-94.

② 王敏，王令瑶. 2020. 中国故事的传播中介、传受偏差与传声纠偏——以在华留学生为中介的研究[J]. 新记者，（12）：56-68.

③ 钱蔚. 2015. 坚持特质 讲好中国故事——央视综合频道主流价值观传播的创新之路[J]. 中国记者，（4）：24-25.

④ 黄宗贤. 2016. 用艺术的方式重构文化记忆讲好中国故事——观中华文明历史题材美术创作工程作品所想到的[J]. 美术，（11）：111-114.

⑤ 肖文红. 2021. 新主流电影如何“讲好中国故事”：现状探微与路径探索[J]. 电影评介，（9）：29-34.

⑥ 刘晶，陈世华. 2017. “讲好中国故事”：纪录片的“中国叙事”研究[J]. 现代传播（中国传媒大学学报），39（3）：106-109.

⑦ 罗自文. 2018. 新时代视觉传播研究的使命与担当——从“讲好中国故事”说起[J]. 新闻与传播研究，25（A1）：115-117.

⑧ 张兵娟. 2010. 全球化时代的仪式传播与国家认同建构——论国庆阅兵仪式的传播意义及价值[J]. 郑州大学学报（哲学社会科学版），43（5）：147-150.

⑨ 潘登，胡正荣. 2020. 中国国际传播讲好抗疫故事的三重内涵[J]. 当代传播，（3）：54-57.

“中国观”是讲好中国故事的先验和前提，也是世界理解中国故事的基础和背景，将中国故事的讲述置于“中国观”的统摄之中，既能够让讲述有所依托，也便于受众进行文化联想。

（三）讲好中国故事的叙事内容

讲好中国故事的前提是“好的故事”，做好故事的挖掘才能够言之有物、传之有据。

1. 讲好文化中国故事

讲述文化中国的故事，既要讲述中华优秀传统文化的复兴与传承，又要讲述中华文化和世界文化的美美与共；既要讲述自我的灿烂多彩，又要在与他者的对照中实现文明互鉴。陈先红从文化信仰、文化理念、文化仪式、文化符号、文化产品五大文化维度出发，建构中国文化对外传播的五元话语体系，并提出了中国故事国际传播的“元故事”样本。[①]刘婉婉认为中国的民族传统体育文化是中国文化的重要组成部分，具有鲜明的民族性，同时也被世界广大人民喜欢，讲好中华民族传统体育文化故事是提升国家文化软实力、增强民族文化自信和自觉的重要举措。[②]游迎亚等认为现代体育承载着政治、文化和外交属性，讲好中国体育故事是展现中国精神面貌、反映社会变迁的重要手段。[③]

2. 讲好面向全球的中国故事

面向全球的中国故事主要表现为中国融入全球化，积极参与全球治理，构建人类命运共同体。中国在国际社会上扮演着重要角色，积极为世界人民谋和平、谋发展，维护国际公平正义，为建立更加平等的国际政治经济新秩序而努力。人类命运共同体是对事关人类终极命运问题的中国式智慧回答与社会主义未来命运的世界性展望，是负责任大国的顶层理念设计。[④]讲好人

---

① 陈先红. 2021. 中华文化的格局与气度——讲好中国故事的元话语体系建构[J]. 人民论坛,(31):31-35.

② 刘婉婉. 2021. 民族传统体育文化传播中“讲好中国故事”的困境与破解[J]. 喀什大学学报，（3）：87-93.

③ 游迎亚，王相飞，宋菲菲. 2021. 讲好中国体育故事提升国际话语权的价值维度与叙事策略[J]. 武汉体育学院学报，55（5）：12-19.

④ 陈金明，张艳艳. 2022. 人类命运共同体理念国际传播研究的回顾与展望[J]. 三峡大学学报（人文社会科学版），44（2）：34-40.

类命运共同体故事是诠释中国方案、展示中国形象，又契合人类共同愿景的重要举措。[①]“一带一路”倡议是中国的顶层合作倡议，与人类命运共同体议题高度关联、相互映照，共同展示中国的负责任大国形象。

3. 讲好中国地方故事

当前中国地方故事主要以中国城市和中国乡村为脉络，进行中国故事的挖掘。中国城市故事主要是讲述城市的灿烂历史文化和中国特色城镇现代化。其中典型的是历史名都故事[②]、特区建设故事[③]，此外还有学者借助重要媒介事件，如体育赛事、国际会议进行城市故事的讲述，新冠肺炎疫情暴发后，武汉作为一座英雄城市也受到学者的广泛关注。中国乡村故事主要是讲述清新质朴的乡村生活、独具特色的民族文化以及举世瞩目的乡村振兴。乡村故事保留了最原始的中国味道，同时也是以往国际传播中被忽视的边缘故事，从微观乡村视角切入的中国故事更加鲜活。

4. 讲好中国人的故事

讲好中国人的故事，既可以挖掘历史人物身上的现代价值和文化内涵，如孔子代表的中国儒学、花木兰身上巾帼不让须眉的精神，又可以讲述现代中国的典型人物如“共和国勋章”获得者的爱国情怀等，还可以从普通人的视角着手，讲好普通人的生活、普通人的梦想。

总体而言，讲好中国故事是我国对外话语表达方式的创新，故事能够更好地把“陈情”和“说理”结合起来，兼顾国外不同受众的信息接收习惯和特点；讲好中国故事也是中国理论解释中国实践的积极尝试，中国开创了一条不同于资本主义世界的现代化道路，西方理论和概念难以对中国实践进行全面解释，亟须中国故事阐释中国道路和中国实践。

---

① 侯衍社，侯耀文. 2019. 价值、基础和方法：人类命运共同体话语体系的构建逻辑[J]. 求索，（5）：46-54.

② 姚利权，李悦. 2018. 杭州故事的“国际表达”——全媒体时代城市形象宣传片的策略分析[J]. 中国广播电视学刊，（12）：115-117.

③ 李连璧. 2020. 城市品牌故事如何讲述？——从深圳 40 周年城市宣传片说起[J]. 国际品牌观察，（32）：75-76.

第二章　媒介实践：中国故事跨文化对话的媒介叙事

第一节　中国环境议题跨文化对话的媒介叙事

伴随着人类社会经济的快速发展，全球变暖、资源枯竭、白色污染、生物多样性减少等环境问题日益严重，环境风险的加剧使环境议题成为世界瞩目的公共议题。各国政府高度重视，普通民众环保意识普遍加强，各国媒体环境新闻的报道量也大幅上升。自党的十八大将生态文明建设纳入“五位一体”总体布局以来，中国大力探索以生态优先、绿色发展为导向的高质量发展新路径，并日益成为全球生态文明建设的重要参与者和贡献者。然而，随着环境问题日益成为国际话语权博弈的重要领域和对外战略中的重要议题，以美国为首的西方国家戴着有色眼镜和带着政治偏见，抛出“中国环境威胁论”“中国掠夺论”等论调，在国际舆论场塑造“要发展不要环境”和“不负责任”的负面中国形象，不但损害了中国的环境形象，更是成为气候协议、碳排放、环境外交等国际谈判中同中国讨价还价界定“责任”的重要筹码。因此，提升对外传播能力，讲好中国环境故事显得尤为重要。

一、中国环境议题跨文化对话的媒介叙事现状

本书的英文资料选取自《人民日报海外版》、《环球时报》英文版（*Global Times*）、《中国日报》（*China Daily*）三家主流媒体，这三家媒体是外国受众了解中国的重要窗口，也是中国对外传播体系的重要组成部分。英语的国际通用地位，使得英文新闻网站尤为重要。英文新闻网站所提供的内容、所采取的叙事策略深刻地影响着外国受众对中国的认知和看法。本书根据三家主流媒体2019年“环境议题”报道占样本总量的比例，随机抽取了300篇报道（表2-1），

通过对其议题设置、报道来源、叙事主体及形象、叙事方式、报道调性 5 个维度进行分析，从而总结中国媒体环境议题对外传播的叙事现状与困境。

表 2-1 三家主流媒体抽样样本分布情况①

新闻媒体	各季度报道/篇				合计/篇
	一季度	二季度	三季度	四季度	
《人民日报海外版》	23	22	30	25	100
《环球时报》英文版	22	36	21	21	100
《中国日报》	0	35	30	35	100
合计	45	93	81	81	300

（一）议题设置

1. 议题内容类别

本书结合相关研究的议题分类，将三家主流媒体的报道议题分为国际责任、政策法规、环保工作、技术创新、社会力量、价值文化、人物类、绿色经济等八大类别。通过对选取样本内容进行分析，进而观察主流新闻媒体对环境议题开展新闻报道的侧重点。在细分议题中，新闻报道更加侧重环保工作与绿色经济，报道占比分别为 28.3%、21.7%，详见表 2-2。

表 2-2 八大类别议题分布情况

议题类别	国际责任	政策法规	环保工作	技术创新	社会力量	价值文化	人物类	绿色经济	合计
新闻报道/篇	40	38	85	31	28	2	11	65	300
占比/%	13.3	12.7	28.3	10.3	9.3	0.7	3.7	21.7	100

涉及国际责任类议题的新闻报道 40 篇，占全部样本的 13.3%。环境保护已经成为全球共同关心的一大主题，我国历来高度重视环保议题国际合作，并设立中国气候变化事务特别代表，为全球气候治理提出中国方案。主流媒体作为党和人民的喉舌，报道中的国际责任类议题着重宣传中央政府的国际主张，聚焦于加强国际合作，共同落实行动计划。

① 数据是对三家主流媒体的英文资料统计所得，下同。

涉及政策法规类议题的新闻报道 38 篇，占全部样本的 12.7%。依法治国是党领导人民治理国家的基本方略，为适应国际国内环保形势发展，我国近年来不断修订环保相关法律法规。主流媒体对于国内法律法规类的内容报道更具权威性，政策法规类议题作为环境新闻报道的重要素材，宏观上涉及国家层面《中华人民共和国环境保护法》修订及相关司法解释等，微观上涉及环境污染刑事犯罪相关案件查办等。

涉及环保工作类议题的新闻报道 85 篇，占全部样本的 28.3%。党的十八大以来，生态文明建设被纳入“五位一体”总体布局，环保工作作为环境保护的日常内容，其报道频次相应最高。在中国，各类环保工作大多与政府管理相关，样本 85 篇报道中有 69 篇涉及中央与地方政府，主流媒体获取相关新闻内容渠道更加顺畅。报道中环保工作类议题涵盖内容丰富，既有环保政策执行督察，也有各类公共环保设施与环境污染治理工程建设。

涉及技术创新类议题的新闻报道 31 篇，占全部样本的 10.3%。科技是第一生产力，环境保护若要取得事半功倍的效果，科技进步是重要推动力。在中国，环保技术创新与应用已蔚然成风，科技机构与企业已经成为环保技术创新的两大主体，这从报道内容涉及主体可以得到验证，样本 31 篇报道中，涉及科技机构的 12 篇、涉及企业的 11 篇。主流媒体对技术创新的报道主要集中于两点：一是太空探测、海洋探测等环境科技前沿技术，二是核电、太阳能等新能源科技进步。

涉及社会力量类议题的新闻报道 28 篇，占全部样本的 9.3%。环境保护是全人类的事业，需要广大民众积极参与，中国消费者虽然消费不断升级，但也越来越关注自己的环境足迹，环保意识迅速提高。主流媒体在新闻报道中亦十分关注中国普通民众以及各类环保组织在环境保护工作中的积极贡献。

涉及价值文化类议题的新闻报道 2 篇，占全部样本的 0.7%。环境保护作为一种历史已久的社会发展理念，影响力无远弗届，在各国政府与民众心中都处于重要位置。因此，环境保护的价值与理念已不处于主流媒体报道的优先议程，本次选取样本中仅有 2 篇相关报道即可印证这一点。

涉及人物类议题的新闻报道 11 篇，占全部样本的 3.7%。环境保护作为一项伟大事业，需要用榜样人物事迹来激励公众，同时就新闻报道自身而言，其也需要挖掘环保人物背后的故事来增强传播的故事性与趣味性。主流媒体在新闻传播中开展人物报道时，一方面挖掘人物在环保事业中的积极作为，另一方面也注重展现随着时代发展人物环保意识逐步提升的过程，从而用历史的、发展的眼光来看待环保事业的演进与延伸。

涉及绿色经济类议题的新闻报道 65 篇，占全部样本的 21.7%。在环境保护已成为主流风尚的今天，环境保护已不是单方面资源投入，而是一个具备实实在在投资收益的产业门类，一方面政府着眼促进绿色低碳可持续发展，另一方面企业着力发展绿色产业（如新能源、电动汽车等）。据统计，样本 65 篇报道中涉及政府与企业的分别有 24 篇、28 篇。主流媒体对绿色经济的报道主要集中于绿色能源、绿色供应链、绿色金融以及新能源汽车开发等内容。

2. 议题话语结构

新闻叙事不同于文学叙事，它是人类运用一定的语言系统，叙述、重构新近发生的新闻事实的活动，它的编码方式满足的是人类对新闻信息取舍和信息效益最大化的需要，从而形成了一种独特的叙事话语类型——新闻话语。[①]通过分析新闻的话语结构，我们可以一窥叙事主体和传播主体是如何建构新闻意义的。

本部分将对上述各类别议题的话语结构进行详细分析，如表 2-3 所示。

表 2-3 八大类别议题的话语结构分析

议题类别	话语结构	行文体现
国际责任	着重说明中国所采取的实际行动、为承担国际责任所做的贡献，积极开展与他国合作	中国将转变发展方式，促进绿色发展，遏制污染，加强国际合作
政策法规	重点描述中国在环保法律法规立法以及环保执法方面的系列进展、远景规划与超前谋划	中国颁布了生态环境保护领域第一部党内法规；中国有效地加强了对环境违法行为的打击
环保工作	集中阐述中国各级政府采取的治理措施与治理效果，并给予赞赏	中国在恢复生物多样性方面取得了显著进展
技术创新	详细列举中国在环保领域技术创新的巨大进步，并将之运用到改善环境中	中国已经成为绿色能源发展的主要驱动力和该领域技术进步的主要领导者
社会力量	着力表现中国民众环保意识的提高、环境行为的不断改善，以及官方的引导	中国消费者消费不断升级，同时也越来越关注自己的环境足迹
价值文化	致力于推行可持续发展理念，推进全球合作	全球应携手应对环境挑战，共同努力应对全球性环境问题

① 齐爱军. 2006. 关于新闻叙事学理论框架的思考[J]. 现代传播（中国传媒大学学报），（4）：142-144.

续表

议题类别	话语结构	行文体现
人物类	重点表现中国环保先进榜样人物在环保工作中所做出的巨大贡献，彰显普通人的力量	毕家培在湖北宜昌黄柏河上与杂草丛生的水生植物和漂浮的垃圾作斗争长达 15 年
绿色经济	详细列举中国政府与企业发展环保产业的各项措施与成就，凸显中国绿色经济活力	中国推广绿色供应链，抓住最新的绿色产业机遇

从表 2-3 中可以看出三家主流媒体着重突出中国政府超前谋划的工作作风、勇于承担的工作态度、卓有成效的治理措施、启蒙与引导民众觉醒的主动作为，并且不断强调中国已经取得巨大进步与成就，相关环境问题已得到很大程度的解决。这实际上沿用了主流媒体的一贯新闻报道手法，即采用政策叙事框架，积极肯定工作成绩，从而帮助贯彻党和政府的方针与政策。

（二）报道来源

1. 新闻来源

结合三家主流媒体定位与样本的实际情况，本书将媒体新闻来源主要分为中央政府、环保部门、地方政府、环保组织、媒体自采、企业、国际力量等七个渠道，如果一篇报道出现了多个来源，则选择占主导地位的新闻来源。新闻来源数量及占比详细情况见表 2-4。

表 2-4 三家主流媒体的新闻来源

议题类别	中央政府	环保部门	地方政府	环保组织	媒体自采	企业	国际力量	合计
数量/篇	71	17	46	6	120	14	26	300
占比/%	23.7	5.7	15.3	2.0	40.0	4.6	8.7	100

从表 2-4 可知，来自政府部门（包含中央政府、地方政府和环保部门）的新闻最多，为 134 篇（占比 44.7%）；其次为媒体自采新闻，为 120 篇（占比 40.0%）；其他来源（环保组织、企业与国际力量）共计 46 篇（占比 15.3%）。

综合而言，《人民日报海外版》、《环球时报》（英文版）与《中国日报》作为官方开展宣传的主流媒体，政治性显著强于其他媒体，其自身负有宣传官方各类主张的使命，因而政府部门为其第一大新闻来源。这说明了主流媒体偏好将政府话语作为环境议题的核心材料，其对政府话语的使用也已形成依赖。

2. 稿件来源

新闻来源有直接来源和间接来源两种，从其他报刊转载，也是新闻材料的重要来源。因此，新闻媒体的稿件来源可以分为“自发稿”和“转发稿”两大类。根据对样本中新闻报道内容来源的分析，《人民日报海外版》、《环球时报》英文版与《中国日报》的稿件来源主要分为本报自采、其他中央媒体、国际媒体、其他四类。稿件来源具体情况见表 2-5。

表 2-5　三家主流媒体的稿件来源

报纸		稿件来源				合计
		本报自采	其他中央媒体	国际媒体	其他	
《人民日报海外版》	新闻报道/篇	27	68	0	0	95
	占比/%	28.4	71.6	0	0	100
《环球时报》英文版	新闻报道/篇	16	50	6	2	74
	占比/%	21.6	67.6	8.1	2.7	100
《中国日报》	新闻报道/篇	99	31	0	1	131
	占比/%	75.6	23.6	0	0.8	100
合计	新闻报道/篇	142	149	6	3	300
	占比/%	47.3	49.7	2.0	1.0	100

注：其他中央媒体主要为新华社，国际媒体主要为 AFP（法新社）、Reuters（路透社）。

从表 2-5 可知，在环境议题报道中，《人民日报海外版》和《环球时报》英文版的稿件主要来源于其他中央媒体（新华社），占比分别为 71.6%、67.6%；《中国日报》的稿件主要来源于自采稿件，占比为 75.6%，其引用其他中央媒体（新华社）的稿件占比为 23.6%。此外，《环球时报》英文版还引用了部分国际媒体稿件，占比为 8.1%。

由此可见，《中国日报》作为创刊于 1981 年的国家英文日报，作为中国了解世界、世界了解中国的重要窗口，是唯一有效进入国际主流社会的中国报纸，由于业务需要，其建立了一套比较成熟完善的英语采编体系，拥有一支熟练专业的记者编辑队伍，其自采的环境议题相关报道完全可以满足自身稿件刊发的需要。《人民日报海外版》与《环球时报》英文版的采编体系与队伍主要还是从事中文类报道,其英语宣传主要引用新华社相关新闻报道。此外，《环球时报》英文版由于具有商业属性，相比其他两份报纸，还较为注意引用国际媒体相关报道。

（三）叙事主体及形象

根据三家主流媒体对环境议题的相关报道，经归纳总结，本书将环境议题新闻报道的叙事主体划分为六类：①政府；②企业；③环保组织；④普通公众；⑤国际主体；⑥科技机构。若某篇新闻报道涉及主体不止一类，则选择占据主导地位的涉及主体。

在对上述主体形象的建构中，由于新闻报道中涉及的主体较为丰富，本书按照内容分析法所规定的程序，对各行为主体的形象进行归纳整理，并从中提炼最能表现主体形象的若干形容词，样本报道内容多，则形容词多，样本报道内容少，则形容词少。以“企业”为例，在新闻报道中，根据报道内容，其形象形容词主要有四个：①节能减排；②技术创新；③服务社会；④环保处罚。具体情况见表 2-6。

就叙事主体及其形象而言，在 300 篇环保新闻样本中，政府被塑造为环保事业的引领者与推动者，新闻报道主要阐述其治理措施，措施类议题已成为三家主流媒体的主要报道内容，同时，采取治理措施之后需要评估治理效果，政府采取环保措施后的治理效果也被重点关注报道。此外由于环境保护的全球关注特性，主流媒体对政府在环保方面开展的国际合作也进行了较多报道。企业方面，企业既是排污与能耗主体，也是技术创新与节能减排的主要力量，其中节能减排立竿见影的效果获得了最多报道。环保组织在各类论坛与活动中提出的各类合理化建议获得了最多关注。普通公众则在改变生活方式等环保行为方面得到了大篇幅报道。对国际主体的报道主要侧重于国际合作和治理措施，这也反映了全球民众的期待。对科技机构的报道集中在技术创新领域。

表 2-6　三家主流媒体叙事的主体及形象

政府			企业			环保组织			普通公众			国际主体			科技机构		
形象形容词	篇数	占比/%	形象形容词	篇数	占比/%	形象形容词	篇数	占比/%	形象形容词	篇数	占比/%	形象形容词	篇数	占比/%	形象形容词	篇数	占比/%
领导会议	4	2.7	节能减排	23	47.9	参与监督	3	17.6	环保意识	6	18.8	政策解读	8	19.5	技术创新	13	86.6
政策解读	10	6.8	技术创新	18	37.5	组织活动	2	11.7	环保行为	23	71.9	技术创新	1	2.5	国际合作	1	6.7
监管效果	5	3.4	服务社会	5	10.4	身体力行	1	5.9	参与活动	2	6.2	国际合作	16	39.0	参与治理	1	6.7
完善法规	7	4.8	环保处罚	2	4.2	提出建议	8	47.1	参与监督	1	3.1	治理措施	11	26.8	/	/	/
治理措施	85	57.8	/	/	/	宣传教育	2	11.8	/	/	/	公众参与	1	2.4	/	/	/
治理效果	16	10.9	/	/	/	倡导呼吁	1	5.9	/	/	/	污染情况	4	9.8	/	/	/
宣传教育	4	2.7	/	/	/	/	/	/	/	/	/	/	/	/	/	/	/
国际合作	16	10.9	/	/	/	/	/	/	/	/	/	/	/	/	/	/	/

（四）叙事方式

因议题设置、报道来源、叙事主体及形象等多有不同，新闻报道的叙事方式也呈现多元化特点，大致可分为注重思想性与逻辑性的理性表达以及情感色彩浓厚的感性表达，前者高度概括，以求反映事物本质规律，后者关注报道的故事性与趣味性，注重受众的阅读体验。总体而言，新闻报道叙事方式主要有：①直接陈述事实；②数据图表呈现；③类比；④人文关怀；⑤诉诸情感；⑥展现价值观。具体情况见图 2-1。

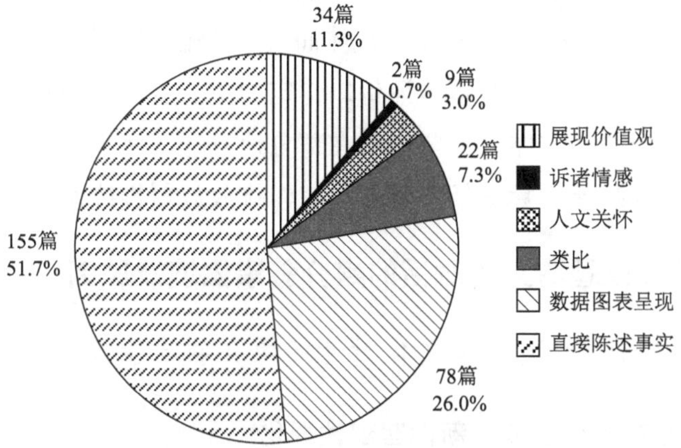

图 2-1　三家主流媒体环境议题叙事方式分布情况

在对《人民日报海外版》、《环球时报》英文版与《中国日报》的新闻叙事方式进行详细分析后发现，其对外传播话语模式基本与对内传播模式保持一致。从图 2-1 中可知，“直接陈述事实”与“数据图表呈现”分别占比51.7%、26.0%，均属于理性表达范畴。新闻报道对“诉诸情感”“人文关怀”等感性表达方式使用严重偏少。

（五）报道调性

报道调性根据报道内容的感情色彩可分为正面报道、中立报道与负面报道。正面报道主要表现涉及主体的正面形象，集中阐述各类主体在环境议题中的成就与效果；中立报道主要阐述各类主体在环保事业中所发挥的作用、所采取的措施、所实行的政策等，不带明显倾向与立场；负面报道主要表现涉及主体的负面形象，着重阐述环境保护事业面临的问题与障碍，如环境污染频发等，其感情色彩较为悲观。具体情况见表 2-7。

表 2-7　三家主流媒体报道调性的分布情况

报道调性	正面报道	中立报道	负面报道	合计
数量/篇	152	137	11	300
占比/%	50.6	45.7	3.7	100

所选取的 300 篇新闻报道样本均对环境议题做出了相关评价，从表 2-7 可以看出，正面报道、中立报道与负面报道分别为 152 篇、137 篇、11 篇，分别占比为 50.6%、45.7%、3.7%。整体而言，主流媒体对环境议题的报道以积极正面为主，对环保事业整体评价以肯定为主。少数负面报道主要集中于国际主体与政府两类主体，主要体现在部分地方环境污染刑事犯罪依然频频发生、部分国家缺乏国际责任感随意向海洋排放放射性废水。

二、中国环境议题跨文化对话的媒介叙事困境及原因

（一）中国环境议题跨文化对话的媒介叙事困境

1. 信源依赖单一主体，新闻客观性弱化

消息来源在新闻生产中有着重要的意义。对新闻传播而言，若要达到“可信”的传播效果，保持新闻客观性是必由之路。一般来说，媒体需要通过引用数量多且具有多元性的信源来实现对新闻事件的真实性报道，避免把某一信源的声音当作主导甚至唯一的声音来传播，从而实现对复杂事件的客观报道。

从图 2-2 可以看出，三家媒体的新闻来源主要来自政府部门（包含中央政府、地方政府及环保部门），占比达 44.7%，其他来源（环保组织、企业与国际力量）的仅占 15.3%；从稿件来源来看，《人民日报海外版》和《环球时报》英文版的稿件主要来源于官方通讯社——新华社，占比分别为 71.6%、67.6%，《中国日报》则以自采为主。因此，总体而言，三家媒体在环境议题的对外传播上，新闻信源严重依赖政府主体所提供的新闻事件。政府部门的文件与宣传稿成为环境议题建构的核心要件。过于单一的新闻信源，会导致新闻报道的偏颇，也会削弱新闻报道的客观性，从而削弱对外传播在

受众心中的可信度，导致传播效果事倍功半。

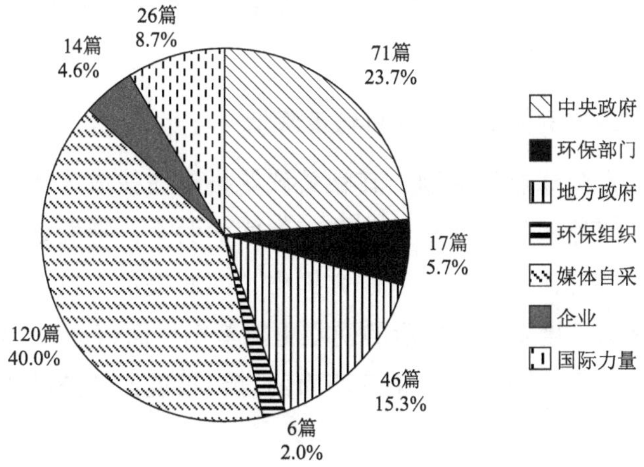

图 2-2 三家主流媒体新闻来源统计分布

2. 新闻叙事方式单一，报道缺乏吸引力

议题类别不同、信源不同、关涉主体及形象多元，议题的叙事方式自然也应该多元化。但对《人民日报海外版》、《环球时报》英文版与《中国日报》的环境议题叙事方式进行详细分析后发现（图 2-1），三家主流媒体对环境议题的相关报道中，叙事方式主要以直接陈述事实为主，占比达 51.7%，而诉诸感情、体现人文关怀的叙事方式分别只占 0.7%和 3.0%。

这样的叙事方式固然秉承了新闻的客观性原则，但却降低了新闻的可读性和情感的共鸣。“叙事”最重要的特征就是它的“故事性”，包括叙事文本中的人物、背景、时间和情节编排等。现代生活中，人们获得信息的渠道十分广泛，因此也提高了对新闻的要求，单纯满足信息需要的新闻很难获得人们的青睐。只有那些有特色的、能够给人们阅读带来愉悦和快感体验的新闻方能在竞争中脱颖而出，抓住人们的眼球，获取人们的忠诚。“好的新闻故事可以将媒介与读者连接起来”，并且，“在面对各种媒体竞相兴起的时代，只有‘好的’新闻故事才能帮助媒介在竞争中存活”。①另外，不可忽视的是，叙事的主角首先是人物。忽略人物的故事，会大大降低新闻价值的

① 蔡琰，臧国仁. 1999. 新闻叙事结构：再现故事的理论分析[J]. 新闻学研究，（58）：8.

“接近性”和“趣味性”。[①]但在三家主流媒体的报道中，我们发现报道涉及主体中，普通公众的报道样本非常少，这在一定程度上降低了新闻报道的“故事性”，缺乏对受众的吸引力。

3. 负面报道比例偏低，新闻可信度降低

环境保护为全球热门话题，其相关议题报道往往成为新闻热点。媒体的新闻报道必须处理好正面新闻与负面新闻的关系，把握好新闻的报道基调。著名传播学者霍夫兰的说服研究提出“两面提示”技巧，认为接受两面提示的受众比只接受一面提示的受众更能抵御反面信息，更能站稳立场，这意味着在传播中，同时进行正反两面的宣传报道比单纯的正面报道更易被受众接受。

本书通过对《人民日报海外版》、《中国日报》与《环球时报》英文版的报道调性进行分析后发现，三家媒体对环境议题的正面报道占比达 50.6%、负面报道仅占 3.7%（表 2-7）。完全正面的新闻报道难以吸引公众的注意力，而且长此以往，还会导致公众的疲倦和逆反心理。从受众传播的心理角度分析，正面报道比例过高，负面报道比例偏低，这与民众对社会的认知是脱节的，没有哪个国家是只有好事没有坏事的，这样的传播报道会让受众认为中国媒体的报道内容都是在“宣传”，这就会在长期接受西方新闻价值观熏陶的国外受众中引发“宣传抵消”效应，新闻报道的公信力也将荡然无存。

（二）中国环境议题跨文化对话的媒介叙事遭遇困境的原因探析

1. 中国媒体的双重属性

李良荣教授提出中国传媒业具有上层建筑和信息产业双重属性的概念。“事业性质，企业化运作”是传媒业双重属性的具体运作模式。作为事业单位，中国的传媒业必须以党性原则统帅一切，接受党政机关的直接领导，完成上级领导所确定的宣传任务。[②]因此，我国媒体在对外传播中，即使在报道中

① 薛可. 2017. 中国对外传播的几个关键点[J]. 人民论坛，（23）：131.

② 李良荣. 2003. 论中国新闻媒体的双轨制——再论中国新闻媒体的双重性[J]. 现代传播（中国传媒大学学报），（4）：1-4.

有民间声音或观点，也都是以符合于支持官方观点的形式出现的。

在中国，政府信源是媒体新闻的主要来源，政府是新闻报道范围调控者。① 因此，《人民日报海外版》、《中国日报》、《环球时报》英文版的报道来源才会相对单一，主要以政府部门为主。

2. 内宣报道框架的外延

1974 年，社会学家戈夫曼在其著作《框架分析》中将框架界定为“个人组织事件的心理学原则与主观过程”②。20 世纪 80 年代，框架理论被引入新闻与传播研究领域，新闻框架成为新闻媒体对新闻事实进行选择、处理以及建构新闻事件意义的内在规律。③

对《人民日报海外版》、《环球时报》英文版与《中国日报》的话语结构进行分析后发现，对外传播延续了国内传播的框架，且叙事方式、文本建构基本也延续了国内的报道风格。三家媒体虽不能反映所有中国媒体环境议题新闻报道的议程设置，但也具有一定的典型性和代表性，因而所揭示出来的问题也是其他媒体普遍存在的问题。

刘继南等也曾指出中国媒体国际传播的议程设置有跟着国内传播走的倾向④。

有研究指出外宣工作要遵循“内外有别”“原则性与灵活性相统一”的方针。⑤但事实上，中国的对外传播常常忽略内外宣传对象的差异，从而在传播内容的组织与表达形式的选择方面，对内对外“一个样”。国内公众追求社会主义的主流价值，而国外的传播受众，其生活的社会环境、意识形态、文化习惯以及对世界和社会的认知均与国内公众有着差异，所以，同样的新闻报道，同样的新闻信息与内容，也许国内公众能够接受和理解，但国外的读者、听众、观众或网民未必会接受、理解。⑥

① 吴立斌. 2011. 中国媒体的国际传播及影响力研究[D]. 中共中央党校.

② 孙彩芹. 2010. 框架理论发展 35 年文献综述——兼述内地框架理论发展 11 年的问题和建议[J]. 国际新闻界，32（9）：18-24，62.

③ 吕丽. 2015. 主流媒体生态环境报道的框架与流变研究——基于三大主流报纸 14 年生态环境报道的分析[J]. 理论与改革，（2）：122-125.

④ 刘继南，等. 2002. 国际传播与国家形象[M]. 北京：北京广播学院出版社.

⑤ 姜飞，张楠. 2019. 中国对外传播的三次浪潮（1978—2019）[J]. 全球传媒学刊，26（2）：39-58.

⑥ 张昆. 2013. 当前中国国家形象建构的误区与问题[J]. 中州学刊，（7）：168-171.

3. 语言转换的文化差异

语言符号的使用在国际传播中极为重要。沈苏儒指出“对外传播是跨国境、跨文化、跨语言的传播”[①]。明安香也认为，国际传播中，新闻的发稿时效性与沟通的有效性通常受制于东西方语言文化的差异。[②]翻译作为跨文化交流的中介，同时具有文化和传播的双重性质。[③]翻译既然是沟通语言的桥梁，就必然与两种语言及其所属的文化打交道，而语言本身与文化密不可分，因此，翻译既是语言的传通，又是文化的交融。但在我国对外传播报道中，能用西方思维方式写作，并用准确恰当的语言表述中国生态文明建设理念以及绿色文化的文章少之又少。因此，要跨越文化的藩篱，提升对外传播的效果，语言是一个极大的障碍。

三、中国环境议题跨文化对话的媒介叙事建议

（一）创新内容生产，加强环境报道的故事性

随着新媒体时代的到来、传播技术的革新，信息量呈现几何式增长，各种各样的信息充斥着人们的眼球，使得受众越发挑剔，给媒体环境议题的对外传播带来了新的挑战，因此，媒体必须把握好内容的生产，创新内容的叙事方式及叙事技巧等。

1. 创新内容叙事方式

当前，新兴媒体传播呈现移动化、碎片化、个性化特征，更偏好微传播、轻应用的内容。特别是随着移动网络的发展及智能电子产品的普及，以短视频、H5、图片、动漫为代表的影像传播前景广阔。据美国思科公司统计，2018年，视频流量占全美网络流量的 84%。[④]因此，我国媒体在对外传播时应与时俱进，针对海外受众的阅读习惯，生产更多的轻量化、可视化产品，从而

① 沈苏儒. 2009. 有关跨文化传播的三点思考[J]. 对外传播，（1）：37-38.

② 明安香. 2008. 传媒全球化与中国崛起[M]. 北京：社会科学文献出版社.

③ 麻争旗. 2001. 翻译与跨文化传播[J]. 北京第二外国语学院学报，（6）：52-56.

④ CISCO. Cisco Visual Networking Index Predicts Annual Internet Traffic to Grow More Than 20 Percent (Reaching 1.6 Zettabytes) by 2018[EB/OL]. https://newsroom.cisco.com/c/r/newsroom/en/us/a/y2014/m06/cisco-visual-networking-index-predicts-annual-internet-traffic-to-grow-more-than-20-percent-reaching-1-6-zettabytes-by-2018.html.

更好地适应受众需求的变化。例如，中国网《中国习观》栏目采用融媒体报道手段，推出《碰词儿》《中国精神》等中英双语微视频，通过动画结合影像的方式，面向全球宣介习近平总书记在重要讲话中的“塞罕坝精神”[①]“红船精神”[②]“开放型世界经济”[③]等重要提法和创新观点，取得了良好的传播效果。

2. 改进新闻叙事技巧

“新闻学的本质是故事。”这是美国新闻学者提出的一个全新的新闻理念。普利策新闻奖得主富兰克林曾指出：“用故事式手法写新闻，就是采用对话、描写、场景设置等，细致入微地展现事件中的情节和细节，突出事件中隐含的能够让人产生兴奋感、富有戏剧性的故事。”[④]新闻的故事式写作也符合我国目前对外传播的新理念。党的十八大以来，习近平总书记多次强调要“讲好中国故事”。这充分说明，讲好中国故事，让世界了解一个真实、立体、全面的中国，意义重大，也是宣传思想工作的重要职责使命。

3. 突出属性议程设置

由于我国媒体的双重属性，我国媒体的议程设置能力和媒体报道的话语结构受到一定的限制。但媒体除了能够告诉受众“想什么”，也能告诉受众“怎么想”，这便是议程设置理论的第二个层次——属性议程设置。因此，中国媒体在对外传播中，可以通过调整报道框架，改进叙事方式与叙事技巧，进而提升对外传播效果。在环境议题方面，由于普通受众每天遇到环境问题的可能性较小，媒体在选择报道议题时，可以通过突显某个环境议题提高公众对环境问题的关注度，进而提升媒介议程设置的效果。例如，我国塞罕坝林场建设者获联合国“地球卫士奖”的故事，为全球荒漠化治理提供了宝贵的中国经验，支付宝“蚂蚁森林”模式在海外获得普及，这些都是中国梦和

① 习近平：发扬塞罕坝精神，在新征程上再建功立业[EB/OL]. http://www.xinhuanet.com/politics/leaders/2021-08/24/c_1127789970.htm[2021-08-24].

② 弘扬“红船精神” 习近平这样说[EB/OL]. http://cpc.people.com. cn/n1/2021/0602/c164113-32119864.html[2021-06-02].

③ 独家视频丨习近平：共建开放型世界经济 让开放的春风温暖世界[EB/OL]. https://baijiahao.baidu.com/s?id=1715502345810348044&wfr=spider&for=pc[2021-11-04].

④ 转引自覃丽君. 2011. 浅议新闻故事化[J]. 新闻世界，（4）：24-25.

人类命运共同体理念的生动实践。

（二）拓展传播渠道，构建媒体对外传播矩阵

1. 利用海外媒体拓展传播渠道

渠道建设是新兴媒体传播的重要组成部分。近年来，我国外宣媒体建立了一批自主掌控的传播终端，但是，海外受众获取新闻一般还是以本国媒体为主。据调查，美国民众了解中国信息的主要渠道中，美国媒体占 84%，中国媒体占 7%。[①]这启示我们，借助海外成熟的传播平台加强对外宣传，可以收到事半功倍的效果。从 2015 年 3 月起，新华社加强在推特（Twitter）、脸书（Facebook）、YouTube 等国际知名社交媒体上的新闻报道工作，开设统一官方账号。此外新华社还向区域性重要社交媒体拓展，已开设法、西、俄、阿、葡、日、缅、越、泰等 15 个语种的 30 多个账号。因此，我国媒体一方面要加强对外传播的新媒体建设，另一方面，要加强与国外媒体的合作，拓展传播平台。

2. 推进海外社交媒体平台建设

2018 年，美国独立性民调和智库机构皮尤研究中心的调查数据显示，社交媒体已成为重要新闻资讯渠道，68%的美国成年人会从社交媒体上获取新闻资讯。[②]因此，推进海外社交媒体平台建设是加强对外传播的有效途径。目前，以新华社、《人民日报》和中央广播电视总台等为代表的主流媒体正在引领媒体融合新时代，不仅建立了对外传播的移动终端，而且不断创新传播技术，综合运用文字、图表、音视频、VR 全景等多种手段，打造适合网络传播的融媒体新闻产品。2015 年 3 月 1 日起，新华社在海外社交媒体平台的官方统一账号 New China 正式运行。截至目前，中国网在覆盖脸书、推特、YouTube、照片墙（Instagram）、领英（LinkedIn）、VK（VKontakte）等六大主流海外社交平台都开设了账号；《人民日报》也在海外社交媒体脸

① 蔡名照：加强国际传播能力建设 讲好中国故事 传递中国声音[EB/OL]. http://www.cac.gov.cn/2015-12/02/c_1117324405.htm?from=timeline[2015-12-02].

② 2018 美国社媒使用报告：不同人群使用社媒偏好竟如此大！[EB/OL]. https://www.sohu.com/a/244655510_688471[2018-08-01].

书和推特上持有运营账号。各大主流媒体均把海外社交平台作为对外传播能力建设的重要突破口。

3. 以开放提升对外传播效果

有效的对外传播需要大量的优质内容作为支撑，单纯依靠国家级媒体的力量难以产生最大的传播效果。“开放”是实现对外传播供给侧结构性改革的根本途径。我们有必要建立开放化的生产平台，以大数据、云计算等技术为支撑，通过定制、分享的方式，调动和发挥包括各类媒介内容生产机构、自媒体、写作机器人在内的多样化生产主体的积极性和创造力，开展内容生产。只有开放的、全新的内容和信息生产方式，才有可能兼顾“多样化”的需求与“精准化”的传播，真正实现对外传播能力的全面提升。在融媒体时代，内容、渠道、平台、运营和管理紧密联系在一起，我们需要进一步打造面向全国、甚至全球的对外传播开放平台，通过建立相关运行机制和信用机制，促进信息共享、资源共享、渠道共享，在发挥国家级媒体的旗舰作用的同时，以多种声音、多种方式提升国际传播的效果和价值。

（三）加强队伍建设，提升环境议题报道能力

1. 大力加强记者队伍建设

相比其他社会新闻而言，环境议题的新闻报道对信息本身的科学性要求较高（比如环境法规、环境调查等），国际社会对环境问题的关注度也颇高。因此，为确保环境议题新闻报道的真实性与专业性，媒体记者、编辑等新闻生产人员应提升环境议题报道的专业能力。同时，要加强高校环境传播的专业和学科建设，根据环境传播学科的跨专业特点，进行跨专业与跨学科教学，培养高素质人才。此外，加快国际新闻的人才培养，大力推进人员国际化、本土化，创新人才引进机制，提升对外传播中的语言转换能力，以使真实、立体、全面地展示中国的环境保护实践以及生态文明建设理念。

2. 优化调整力量布局

我国外宣媒体在海外建立了分布广泛的分支机构，在 2016 年，仅新华

社就有 180 个驻外分社，但在使用效能方面还有提升空间。要围绕中央总体对外战略，调整完善全球力量布局，在巩固现有资源的基础上，重点加强在欧美发达国家的外宣，加大人员配备和资源投入，同时，也要兼顾周边国家及第三世界国家，实现传播渠道和传播阵地的新突破。

3. 深入推进技术创新

全媒体时代，媒体要实现生存与发展，必须坚持“技术优先”。纵观国际各大媒体，无不把技术建设作为未来发展的重要支点。当前大数据、云计算、人工智能均可应用到新闻精准报道中，算法系统根据受众在大数据平台上的个人信息，通过受众的选择性接触、选择性理解、选择性记忆和选择性行为，迅速记录各项数据的发展变化。根据数据反馈，媒体更有针对性地设置和编排内容，从而实现个性化分发。2018 年两会期间，新华社的“媒体大脑”通过文本分析、综合计算分析舆情等人工智能技术，从 5 亿网页中梳理两会材料，用时仅 15 秒，就生产发布了全球首条关于两会内容的机器生产内容（MGC）视频新闻。[①]5G 技术的到来让媒体迎来“信息随心至，万物皆可及”的智媒时代，这为外宣新闻网站的建设提供了机遇。中国媒体的对外传播应比以往任何时候都更加注重技术研发与应用，顺应移动化、社交化、视频化、互动化的传播趋势。

纵观全球传播历史，国际传播格局历经了资本主义全球扩张、第二次世界大战后的两次浪潮，形成了“西强东弱”的局面，发达国家既是世界话语的主要“生产者”，又是传播渠道的主要“控制者”，这种双重操控塑造了国际传播中的西方主导地位。在互联网革命和融合发展的浪潮中，作为发展中国家,我们的媒体历史性地第一次同发达国家媒体站到了同一条起跑线上。《人民日报海外版》、《中国日报》、《环球时报》英文版等主流媒体在对外传播中具有先天的资源优势，在环境议题的报道中，应把握历史机遇，讲好中国故事，让国外受众听懂中国声音，了解中国实际，进而改善中国环境形象，提升中国在全球环境治理中的话语权。

① 新华社：“媒体大脑”赋能 重塑传播格局[EB/OL]. http://www.cac.gov.cn/2018-09/10/c_1123406855.htm[2018-09-10].

第二节　中国扶贫故事跨文化对话的媒介叙事

一、中国扶贫故事跨文化对话的媒介呈现

（一）样本选择及类目建构

1. 样本选择

中国日报网作为我国六大重点媒体网站之一，是我国最大的英文资讯门户网站，是海外人士了解中国的主要渠道之一，是沟通连接中国与世界的重要桥梁，在对外传播中具有重要地位。本书选取中国日报网上 2011—2020 年关于扶贫议题的新闻报道作为研究样本。

编写 Python 程序，在中国日报网（http://global.chinadaily.com.cn/），进行数据挖掘。以“扶贫”的英文相关翻译 poverty alleviation、poverty reduction、poverty relief 为关键词进行数据爬取，选取范围为 2011—2020 年。通过对标题的逐条翻译，去除与扶贫议题不相关的报道，共收集相关报道 934 篇，按照时间顺序，梳理了《中国日报》2011—2020 年十年来的扶贫报道样本量及每个年份报道量占总量的比例，如表 2-8 所示。

表 2-8　2011—2020 年总样本量分布情况

年份	2011	2012	2013	2014	2015	2016	2017	2018	2019	2020	合计
数量/篇	25	17	33	24	46	73	134	109	138	335	934
占比/%	2.7	1.8	3.5	2.6	4.9	7.8	14.3	11.7	14.8	35.9	100

由于样本量较大，且不同阶段具有非均衡性，本书将抽样样本定为 300 篇，采用分层抽样的方法分阶段进行抽样。依据每个年份报道量占总量的比例计算分层抽样的数量，使用 Excel 中的 Rand 函数形成随机数字表，以此来进行随机抽样，完成每个年份的样本抽取，最终形成 300 篇的分析样本。具体如表 2-9 所示。

表 2-9　2011—2020 年抽样样本分布情况

年份	2011	2012	2013	2014	2015	2016	2017	2018	2019	2020	合计
数量/篇	8	5	11	8	15	23	43	35	44	108	300

2. 类目建构

根据研究主题和文本特征，设置四个类目，进行类目构建。分别为：报道数量、报道主题、报道体裁、报道主体。

报道数量：主要为了衡量《中国日报》2011—2020年十年来扶贫报道数量的整体情况和变化趋势。

报道主题：报道主题能够体现一篇新闻报道主要涉及的内容及中心思想，通过分析新闻媒体关于扶贫报道的主题选择，进而分析媒体在进行扶贫报道时的侧重点，有利于了解新闻媒体关于扶贫报道的呈现情况，以及该主题下暗含的价值观。本书以政治、经济、文化、法律、医疗、教育、生态、科技八个主题进行分析统计，详见表2-10。

表2-10　报道主题类目表

类目	内容
政治	包括扶贫相关政策发布、重要会议召开、政府工作报告等；领导干部视察慰问及带领群众脱贫；世界其他地区贫困现象；中国对其他国家进行贫困援助；各方声音肯定中国扶贫成果
经济	包括国家针对贫困地区的经济政策及资金扶持；贫困地区经济发展及脱贫事例；经济发展限制因素
文化	文化领域关于扶贫的报道，包括国家在贫困地区的精神文明建设、对扶贫人物的相关报道等
法律	贫困地区社会安定情况；国家对贫困对象进行法律援助
医疗	贫困地区医疗状况；国家对贫困地区的医疗保障扶持
教育	贫困地区教育情况；国家对贫困地区的教育扶持
生态	贫困地区生态环境状况；国家对贫困地区的生态治理
科技	利用科技对贫困地区进行扶持

报道体裁：通常根据新闻内容的不同来选择报道体裁，将扶贫议题的报道体裁分为以下类目，详见表2-11。

表2-11　报道体裁类目表

类目	含义
消息	篇幅较短，“短、平、快”地概括事件全貌
通讯	篇幅较长，语言生动，可以较为详细地进行描写刻画

续表

类目	含义
评论	发表意见，对有较大影响的事件或人物进行评议
调研专访	翔实的纪实类调研报告或人物专访
理论文章/政策文件	学者或政府官员的思想见解、相关的政策文件

报道主体：报道主体即新闻报道涉及的主要对象，通过分析扶贫报道的报道主体，能够了解到媒体在扶贫报道中的关注点与侧重点。本书将报道主体划分为：政府或政府官员、贫困地区或贫困者、企业、专家学者、国际主体、记者、其他。

（二）中国扶贫故事对外传播的报道特征

1. 报道数量：总体增长，偶有降低

本书选取《中国日报》中关于扶贫议题的新闻报道，时间跨度为 2011—2020 年，按照时间分层抽样获得样本，共获得有效样本 300 篇。图 2-3 以折线图的形式，直观地呈现出《中国日报》扶贫报道的年份分布情况及报道数量变化趋势。

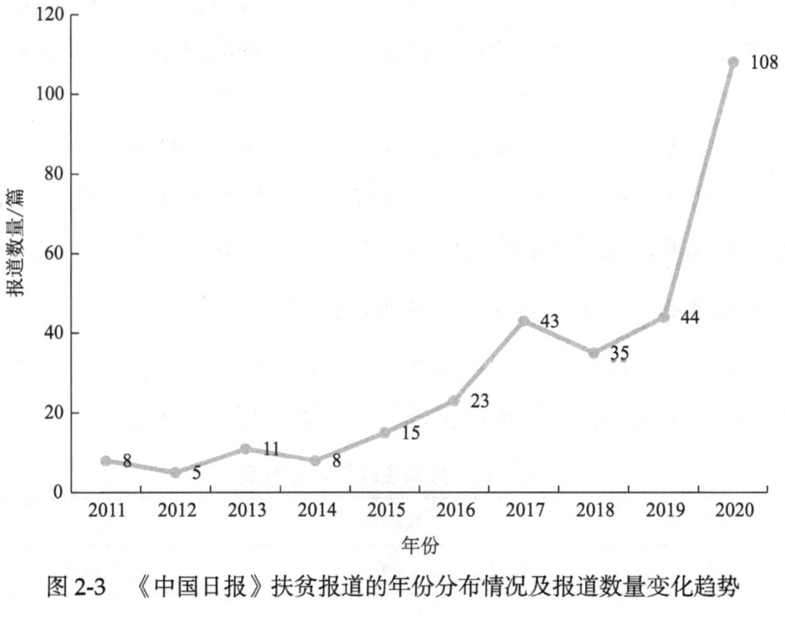

图 2-3　《中国日报》扶贫报道的年份分布情况及报道数量变化趋势

由图 2-3 可以看出，《中国日报》对扶贫的报道数量整体呈上升趋势，虽然中间有些许波动，但幅度不大，直到 2020 年呈现出爆发式增长的趋势。说明扶贫问题越来越受到重视，社会各界的关注日益增多，成为媒体报道的一个重要议题。

媒体具有议程设置的功能，媒体报道反映政府相关政策及社会关注的热点话题。我国扶贫工作的开展有几个重要的时间节点。2011 年 12 月中共中央、国务院印发《中国农村扶贫开发纲要（2011—2020 年）》，纲要规定了反贫困工作的总体要求、目标任务、对象范围以及相关措施。2015 年 11 月中共中央、国务院颁发《关于打赢脱贫攻坚战的决定》，提出 2020 年确保我国现行标准下农村贫困人口实现脱贫，贫困县全部摘帽，解决区域性整体贫困。2016 年 12 月国务院印发《“十三五”脱贫攻坚规划》，阐明国家脱贫攻坚的总体思路、基本目标、主要任务和保障举措。2020 年，是中国全面建成小康社会目标实现之年，全面打赢脱贫攻坚战收官之年。

2011 年到 2014 年扶贫报道数量较少，一方面，我国扶贫政策颁布不久，处于政策准备阶段，相关举措尚未得到实践的检验，扶贫成果尚未体现，缺少新闻素材。这一时期媒体报道的议题多集中在政策解读和国际合作两个方面，关于扶贫举措和成果的相关内容比较少。另一方面，脱贫工作难度大、需要时间长、效果显现慢，也是该阶段扶贫报道内容较少的社会现实因素。2015 年之后，精准扶贫上升为国家战略，精准扶贫战略部署逐渐细化，我国扶贫工作不断推进，媒体对扶贫领域的关注度不断提高，关注范围也不断拓宽，从单一领域拓展到多个领域。2020 年作为我国全面打赢脱贫攻坚战收官之年，媒体加强对扶贫的报道，重视外宣工作，针对扶贫工作进行总结，展现我国扶贫成果，扶贫议题成为国家叙事的重要内容。

2. 报道主题：政治经济为主，内容趋向多元

通过对《中国日报》2011—2020 年扶贫新闻报道主题进行分析统计，发现政治、经济主题的扶贫报道占比最大。具体情况见表 2-12。

表 2-12　报道主题统计分布表

报道主题	数量/篇	占比/%
政治	99	33.0

续表

报道主题	数量/篇	占比/%
经济	151	50.3
文化	13	4.3
法律	1	0.3
医疗	5	1.7
教育	6	2.0
生态	8	2.7
科技	17	5.7

政治主题报道占比 33.0%，主要有以下几类，一是相关扶贫政策的解读、扶贫思想的阐释，二是关于扶贫工作的会议类报道，三是相关政府工作人员的访谈、调查扶贫工作的进展情况，四是各方声音对中国扶贫工作的肯定、中国扶贫经验的分享。扶贫工作的顺利开展离不开政策措施的上传下达，无论是前期的扶贫政策制定、中期扶贫工作的实施，还是后期对扶贫工作的评估，都离不开政策的支持和保障，因此扶贫议题作为一个重要议题，与政治关系密切。从精准扶贫到脱贫攻坚，中国的扶贫工作取得越来越多的成果，各方也逐渐对中国为扶贫事业做出的贡献表示积极肯定。

贫困人口收入的提高、贫困地区经济的发展直接反映了扶贫工作的成效。经济主题是扶贫报道中的另一重要的议题，所占比例最大，占比为 50.3%。主要包括贫困地区的经济发展情况、国家对贫困地区采取的经济方面的帮扶政策以及贫困地区经济发展的困境。

文化主题报道占比 4.3%，主要包括关于扶贫工作的精神文明建设，如中国采用纪录片、电影、舞台剧等形式展示中国在反贫困斗争中所做出的努力；还包括贫困地区的传统文化习俗的介绍。

科技主题报道占比为 5.7%，科技在扶贫方面发挥的重要作用日益凸显，《中国日报》逐渐关注科技在扶贫工作中所起到的作用，利用科技帮助贫困地区获得发展、摆脱贫困，如微博、微信、抖音等社交媒体，电商直播等科技手段在扶贫中的应用。

随着扶贫工作的推进与不断深入，议题内容不断丰富，呈现出多元化的趋势。其中教育、法律、医疗、生态等方面都有所涉及。教育主题报道占比2.0%，主要包含国家对贫困地区开展的教育扶持工作。改善贫困地区的教育环境有助于贫困地区的可持续发展，是从根本上解决贫困问题的前提。法律主题报道涉及较少，占比0.3%，主要体现为国家对贫困地区进行法律方面的援助。医疗主题报道占比1.7%，主要是国家层面的医疗建设。生态主题报道占比2.7%，主要体现在《中国日报》逐渐重视对贫困地区生态开发、环境保护与可持续发展相关内容的扶贫新闻报道。

3. 报道体裁：消息为主，思辨性报道总体占比较低

记者一般根据新闻内容来确定新闻报道的体裁，不同的新闻体裁呈现出不同的叙事风格与报道效果。扶贫报道中消息类数量占据绝对优势，所占比例为52.0%（图2-4）。消息具有简短快速的特点，能够简洁明了地对新闻事件进行快速报道，有利于扶贫政策的迅速传达，反映扶贫工作的最新进展，让受众在第一时间了解新闻事件的核心内容，符合当下快速阅读的习惯，因此在扶贫报道中被广泛采用。但是消息类报道在深度解读相关扶贫政策、全面反映贫困地区和贫困人民的现状等方面有所不足。

其次是通讯类，占比20.0%。通讯类报道一般篇幅较长，内容较为丰富，主要集中于报道贫困地区的扶贫举措和脱贫成果、扶贫工作的典型案例和先进事迹等。通过采访贫困人民，采用丰富的细节描写，表达故事人物的真情实感，呈现出更为全面丰富、真实立体的新闻事实，增强扶贫报道的感染力，有助于为扶贫工作的开展营造良好的舆论氛围。

评论类的报道占比18.0%。主要包括国内外政府官员的访谈、知名学者的署名文章、评论员文章等，对扶贫政策进行深度解读，对扶贫工作给予认识反馈。评论中包含着人民对新闻事件的价值判断，能够反映出作者的所思所想，有着较为直接强烈的表达效果，能够起到引发读者思考的作用。扶贫议题与民生息息相关，运用新闻评论的形式，更加全面地关注到扶贫问题的各个方面，通过观点的表达引发讨论深思，能使民众对扶贫问题有更全面深刻的认识，从而有助于扶贫工作的顺利开展。由图2-4可知，消息类和通讯类占绝大部分，带有观点意见的评论类总体占比不多。

调研专访、理论文章或政策文件也较少出现在《中国日报》2011—2020年关于扶贫议题的新闻报道之中。调研专访占比6.0%，通过对贫困地区及贫困人口的深度访问，可以对其真实情况进行深刻描绘，真实地反映贫困地区的扶贫现状。理论文章或政策文件占比4.0%，从理论的高度对扶贫政策、扶贫问题进行专业解读，有助于扶贫政策、扶贫思想的准确传达，引导扶贫工作顺利开展，该体裁在深度性方面具有优势。

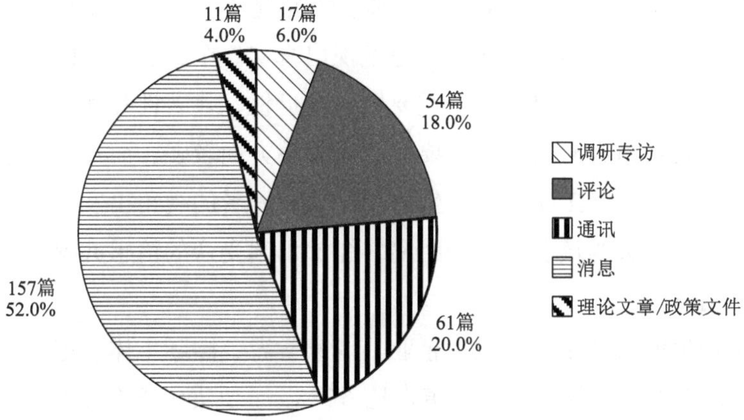

图2-4　报道体裁统计分布

4. 报道主体：主要围绕政府和官员展开

关于《中国日报》的报道主体的统计情况见表2-13。

表2-13　报道主体统计分布表

报道主体	数量/篇	占比/%
政府或政府官员	114	38.0
贫困地区或贫困者	110	36.7
企业	20	6.7
专家学者	9	3.0
国际主体	15	5.0
记者	22	7.3
其他	10	3.3

通过表2-13可以清晰看出：以政府或政府官员为主体的扶贫报道占比

38.0%。政府作为扶贫政策的发布者，政府官员作为扶贫政策的实施者及扶贫工作的执行者，是扶贫事业的一大主体。包括扶贫政策、扶贫思想的宣传，以及扶贫工作进展的报道等。

贫困地区或贫困者作为扶贫的作用对象，能直接体现扶贫政策是否得到落实、扶贫工作是否取得成效，也是扶贫报道中的一个重要主体，占比为36.7%。以贫困者作为报道主体进行叙事，通过报道贫困人民的生活状态与变化，再现贫困地区的真实场景，反映扶贫措施如何改变贫困者的生活，以更全面地反映新闻事实，使扶贫报道呈现出真实、全面、立体的特点。从新闻价值要素来看，包括时新性、重要性、接近性、显著性和趣味性。以官方为主体的扶贫报道在时新性、重要性、显著性方面较强，而在接近性与趣味性上有所欠缺。扶贫工作涉及民生问题，从贫困者的视角出发，接近性、趣味性更强，能拉近与读者之间的距离，能够引起受众的情感共鸣，使扶贫报道更具人情味。

扶贫报道的报道主体还包括企业、专家学者、国际主体、记者和其他五个类别。以企业为主体的扶贫报道占比 6.7%，主要集中于企业扶贫，主要涉及产业扶贫、电商扶贫等方面，突出企业对贫困地区及贫困人民所起到的帮扶作用。以专家学者为报道主体占比 3.0%，专家学者在自己的专业领域具有权威性与话语权，以专家学者为报道主体，能够对扶贫相关问题进行深入解答。以国际主体为报道主体的扶贫报道占比 5.0%，主要集中在关于扶贫的国际声音方面。中国呼吁建立人类命运共同体，消除贫困是全球的共同目标，扶贫报道需要来自各方的声音。还有一些扶贫报道是以记者为第一人称展开叙述的，这类报道占比 7.3%，一般表现为记者去往贫困地区实地调研，通过采访贫困人民，亲身体验他们的生活而写出的所思所想。由报道主体统计分布表可知，以政府或政府官员为主体的报道占比最高，其次是以贫困地区或贫困者为主体的报道。

5. 报道倾向：正面为主，宣传色彩较浓

从图 2-5 中可以看出，扶贫报道整体基调以正面为主，正面报道占比高达 84.0%，具有绝对优势，中立报道占比 10.3%，负面报道占比最小，为 5.7%。

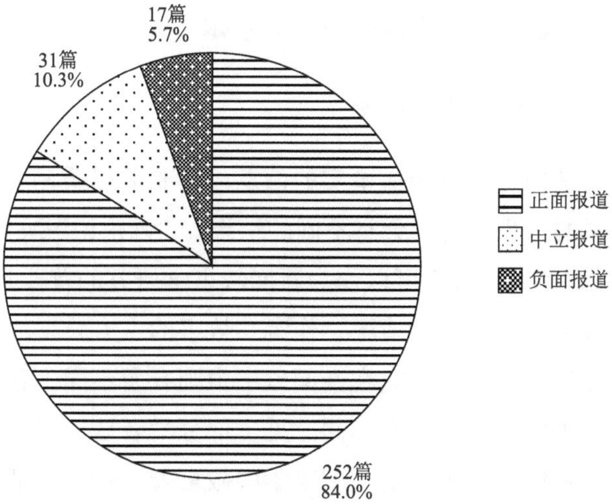

图 2-5　报道倾向统计分布

正面报道数量最多，主要包括中国脱贫攻坚中取得的巨大成就、贫困地区扶贫工作取得的进展、贫困人民生活水平的提高及生活环境的变化、扶贫思想的宣传、典型人物事迹的报道、扶贫经验的分享以及各国对中国扶贫成就的肯定与赞扬等方面。正面的宣传报道较多，一方面，是因为中国的扶贫工作取得了好的成绩，这为新闻报道提供了丰富的素材。另一方面，《中国日报》作为对外传播的一个重要窗口，是传播中国故事、塑造中国良好大国形象的重要渠道。尤其是 2020 年作为全面打赢脱贫攻坚战的收官之年，扶贫报道数量剧烈增长，正面宣传报道也不断增加，积极宣传中国扶贫工作取得的伟大成就，充满了各国对中国扶贫事业肯定的声音。正面的宣传报道有助于为扶贫工作营造良好的舆论氛围，对社会有正向的激励作用，也有利于在国际社会塑造中国的正面形象。中立报道多数集中在对政策信息及会议内容的传达与解读、报道贫困地区的发展情况、报道扶贫工作取得的进展等方面。这些报道以客观中立的态度进行新闻事实的描述，只是单纯地传递信息，而不是带有个人意见倾向的表达，最大限度地向受众提供真实客观的信息。负面报道占比最小，一般集中在部分扶贫干部的不作为、腐败行为、官僚主义及不良的工作作风对扶贫工作造成的不良影响等方面。

总的来看，扶贫报道中正面和中立的报道居多，负面报道较少。整体的报道基调以正面为主，存在较为浓厚的宣传色彩。

二、中国扶贫故事跨文化对话的媒介主体

（一）中国扶贫报道之叙事者

新闻的本质是通过叙事传递事实的信息，其要求遵循客观公正的原则。一个事实由不同的人来叙述，会有不同的结果。“谁来说”决定着“说什么”和“怎么说”。因此，叙事者可以作为新闻叙事学研究的首要且重要的层面。文学叙事中，叙事者存在多种情况，作者、故事的主人公、故事内的各类人物等都可以充当叙事者的角色。在新闻叙事中则有所不同，我国学者对新闻中的叙事者是否等同于作者持有不同意见。部分学者认为新闻叙事者可以等同于记者，如学者何纯指出，新闻叙事学中叙事者一般指的就是新闻叙事文本的作者。①另一部分学者认为强调记者与叙事者的区别有助于我们去探寻新闻叙事活动的规律，更好地去理解在新闻叙事中出现的不同的声音。本书认为叙事者可以包括记者和新闻事件中的人物。记者担任着发出叙述声音的角色，不仅记者本人可以叙述发声，作品中的其他人物也可以发声。记者难以直接参与新闻事件发生的过程，需要借助事件中的人物进行叙事。本书将从记者、新闻人物（包括政府、企业、扶贫对象等）、记者和新闻人物三个方面来进行叙事者分析，进而分析扶贫报道的叙事主体，详见表 2-14。

表 2-14　叙事者统计分布表

叙事者	数量/篇	占比/%
记者	102	34.0
新闻人物	15	5.0
记者和新闻人物	183	61.0

表 2-14 统计分析结果显示：300 篇扶贫议题新闻报道中，记者作为叙事者的有 102 篇，占比为 34.0%；新闻人物作为叙事者的有 15 篇，占比为 5.0%；记者和新闻人物共同作为叙事者的有 183 篇，占比为 61.0%。

1. 记者作为叙事者

当记者单独作为叙事者时，主要表现为由记者独自讲述新闻事件，根

① 何纯. 2003. 关于新闻叙事学研究的构想[J]. 湘潭大学社会科学学报，（4）:112-115.

据记者介入故事的程度，可以分为缺席的叙事者、公开的叙事者、隐蔽的叙事者。

当记者作为缺席的叙事者时，记者就像一台摄像机一样，只进行客观记录，让受众意识不到有人在发出声音，只是进行客观呈现。报道中，记者态度保持中立，不表达自己的情感态度，让读者只能看到新闻事实，而感受不到叙事者的存在。如“Evaluating Poverty Relief Progress in Villages”就是一篇典型的“缺席的叙事者”的新闻作品。通过图片直观地展示出24个贫困村庄的经济发展情况，配以简单的图片文字介绍，以平铺直叙的方式呈现新闻事实，不掺杂个人的主观色彩，让读者感受不到叙事者的存在，以更好地体现新闻事实的真实可感。通过对《中国日报》报道进行文本分析发现，这种叙事方式通常会以图片新闻配以简短介绍文字的形式出现。这类新闻报道以清晰明了的方式向受众传达事实信息，而不带有价值态度，更能体现新闻的客观性。

公开的叙事者是指作者公开表达自己的观点，表明自己的态度。在传递事实的同时，具有舆论引导、价值传递的作用。公开的叙事者在进行叙事时，充分表达自己的观点态度，带有强烈的价值倾向，在情感表达上极具感染力。在“Xi's Sincerity in Poverty Eradication”中，记者讲述自己在江西省井冈山市的一个乡村的访问经历，完善了对习近平总书记的认识。“After much reflection I concluded President Xi is determined, sincerely focused to eradicate poverty by 2020 in China. He attaches as much importance to the challenges of rural people in his country as much he does about the global issues. He has kept alive the revolutionary spirit, the struggle of the people and wants to live in the heart of the people, taking good care of them.”①记者作为公开的叙事者，公开表达自己的观点，有利于读者产生情感上的共鸣。

隐蔽的叙事者是指叙事者将自身隐藏在新闻事实之后。在新闻报道中，为了体现新闻报道的客观真实性，记者通常不会直接表达自己的观点，而是将自己的态度巧妙地隐藏在对新闻事实的叙述之后，通过对新闻事实进行选

① 见：http://www.chinadaily.com.cn/opinion/2017-10/12/content_33164081.htm。

择和梳理，使读者在潜移默化之中接受自己的观点。记者通过弱化主观评判的声音，从而使新闻报道更加具有说服力；多通过直接引用或转述新闻人物的话语，增强新闻的客观性。如在“Putin Says Job Creation, Poverty Reduction Will Happen But Not Overnight”一文中，记者采用了隐蔽的叙事者的方式，全文没有表达自己的观点看法，而是全部借助故事内人物普京的话语，表示俄罗斯政府将创造就业机会，增加实际收入，减少贫困，发展基础设施，但这种改变并非一朝一夕就能完成。将自己的观点隐藏在叙事之中，故事人物的看法即为作者要传递的主观内容。这种叙事方法的选择，能使文章更容易被读者信服。

2. 新闻人物作为叙事者

除了记者，新闻人物也可以单独作为叙事者进行叙事。在《中国日报》的扶贫报道中，政府及政府官员是主要的叙事者。因为贫困者一般不作为单独的叙事者出现在新闻报道中，所以这里主要分析政府和政府官员作为单独叙事者的情况。

“Quotable Quotes of Xi on Poverty Alleviation”这篇新闻中，引用了习近平总书记关于扶贫的重要发言，“No single poor area or individual shall be left behind.” “It is imperative to try all possible means to consolidate achievements in poverty alleviation and then focus on rural vitalization to ensure a better life for rural residents.”[①]习近平总书记高度重视扶贫工作，对中国扶贫工作起着重要的领导和推动作用。以习近平总书记作为叙事者完成叙事，表达了其对我国全面消除贫困的坚定信心。

“Poverty Rate in Tibet Drops Sharply Over 4 Years”这篇报道中，全文以中国官员作为叙事者，完成对扶贫西藏新闻事实的建构。政府和政府官员是扶贫政策的发布者、扶贫工作的执行者，同时具有一定的代表性和权威性，可划分为可靠的叙事者。因此把政府及政府官员作为扶贫报道的叙事主体是一种常见的方式，通过引用政府官员的话语发出关于扶贫的声音，从而表达文章的主题，其传达的人物思想、价值判断也正是作者隐含的信息内容。

① 见：http://www.chinadaily.com.cn/a/202005/13/WS5ebb8ee8a310a8b241155675.html。

3. 记者和新闻人物共同作为叙事者

除了记者和新闻人物单独作为叙事者之外，大部分的报道以记者和新闻人物共同作为叙事者来进行叙事。这种叙述的方式可以转换叙事主体，改变新闻报道的叙述视角，多元的叙事者可以从多个角度来展现新闻事实，丰富新闻内容，使新闻报道更加立体、饱满，从而增强扶贫报道的可读性，提高传播的效果。

记者和政府官员共同作为叙事主体进行叙述的方式，在扶贫报道中使用较为广泛。如“Hechi's Poverty Alleviation Efforts Pay Off”中，记者的叙述和政府官员的叙述同时进行。记者的客观描写，加上政府官员对河池市十大扶贫产业发展情况的介绍，能帮助读者了解河池市扶贫工作的进展情况及成果成效，有助于新闻事实全貌的展现。

企业也可以作为叙事主体与记者共同叙事，“JD Founder Becomes Village Director to End Poverty”一文中，京东集团董事局主席刘强东，担任河北省平石头村的名誉村主任一职，通过电子商务帮助村庄发展产业经济和乡村教育。“I cannot forget the pain caused by poverty during my childhood, thus helping grassroots as possible as I can has always been a cause for me.”[①]表达了刘强东对扶贫事业的支持，也表明了互联网与扶贫工作相结合的发展趋势。

“County Cooks up Noodles to Fight Poverty”一文，采用了记者和贫困者共同叙事的方式。一方面，记者通过客观描述传达出青海一个贫困县的居民通过做拉面摆脱贫困的新闻事实；另一方面，通过贫困者叙述自己的真实经历，为文章增添情感色彩。“Lamian now is not only the noodle that helped us get rid of poverty but also the noodle that is helping us achieve prosperity.”[②]通过故事人物真情实感的表达，让读者产生一种情感上的共鸣，使新闻报道更具感染力。

记者作为叙事者时可以根据叙事需求进行自身身份的转变调整。作为缺席的叙事者时，记者保持中立客观的态度，只进行新闻事实的呈现，在最大

---

① 见：https://www.chinadaily.com.cn/a/201712/05/WS5a27711ea3107865316d4732.html。

② 见：https://www.chinadaily.com.cn/a/202009/15/WS5f601e1ca3101ccd0bee0664.html。

限度体现新闻客观性的同时，容易使报道给人一种冷冰冰的感觉。记者作为公开的叙事者直接公开表明自身的态度观点，让受众能够感受到其所思所想，具有一定的个人主观色彩，但容易造成新闻报道的客观性失衡。记者作为隐蔽的叙事者时，可以通过新闻人物的话语传达自己所要表达的观点态度。新闻人物单独作为叙事主体的新闻报道比较少，多与记者一起共同完成叙事。单一的叙事者容易使新闻报道内容单薄，缺乏多元化的视角分析，令扶贫报道单调乏味，新闻人物与记者共同作为叙事者时更容易兼顾新闻报道的客观真实与全面充分。《中国日报》的扶贫报道多采用多个叙事者共同叙事的策略，从多个角度展示新闻报道的事实，丰富报道的细节，增强扶贫报道的真实性，有助于读者对扶贫工作进行全方位、立体化的了解。

（二）中国扶贫报道之叙事视角

叙事中，故事通过不同的视角来叙述，所呈现的画面和传达的意义会有很大的出入。真实是新闻的生命，在新闻叙事的过程中，选择恰当的表达视角对新闻真实性的建构有着重要的作用。叙事视角是报道主体针对报道客体而获取选择叙事材料的立足点，涉及叙事人与本事、叙述行为、叙述话语之间的关系，即叙事者是站在什么方位去感知本事的。叙事视角决定着叙事者站在何种角度去感知新闻事实，与新闻报道存在亲疏关系。叙事视角为我们提供了观察问题的角度，并且这种角度本身就包含着叙事判断、明显或隐蔽的情感倾向。热奈特采用三分法对叙事视角进行分类，将叙事视角分为零聚焦、内聚焦、外聚焦。本书参照这种方式对扶贫报道的叙事视角进行分类。除此之外，还可分为单一视角和多元视角、第一人称视角和第三人称视角。视角是动态的，各个种类之间的视角往往存在交叉、渗入、转换的关系。叙事中，采用内聚焦或外聚焦的叙事方法，并不意味着排斥另一种相对的方法，而只是有所侧重。

1. 洞悉全局的全知视角

全知视角又称零聚焦视角，指叙事者全知全能，无固定视角，可以洞察一切，不受时空的限制。若从新闻应如实全面地传播事实信息的角度来看，新闻叙事应选择全知视角；若从新闻应客观地报道事实的角度来看，应从客观的、处于故事之外的客观视角来进行叙事。但在实际运用中，远非如此简单。采用全知视角，叙事者可以自由出入人物的内心，自由表达自己的观点看法。但是在新闻叙事中，一般要求评论与报道分开，报道新闻事实的文本中不宜直接出现评论性的话语。因此在使用全知视角进行叙事时，要把握好度。例如“Despite Student's Remarks, Poverty is Not to be Thanked”这篇新闻报道，讲述了主人公出身贫困家庭却意志坚定，通过自己的努力去改变命运，高考成绩优异被北京大学录取的励志故事。故事的主人公表示“尽管它缩小了我的视野，刺伤了我的自尊，甚至间接地夺走了我所爱的人的生命，但我仍然要说，谢谢你，贫穷”。一些媒体利用这一故事进行“心灵鸡汤”的传播，认为贫穷是激励她成功的原因。作者则表达了自己的看法，认为主人公高考表现出色，并不是因为她来自一个贫穷的家庭，而是因为她自身做出的不懈努力。贫困不应该被感谢，国家应该加大扶贫力度，为贫困儿童提供更好的教育资源环境。作者深入故事人物内心，呈现出不同的观点，并表达了自己对此的意见看法，采用全知视角进行写作，以呈现新闻事实的全貌。

在新闻报道的实际操作中，全知视角的运用要具有合理性，不当运用全知视角容易使读者对报道内容的真实性产生怀疑。一般来说，当记者采访充分、对新闻事件把握充分或强调新闻报道的宣传教育作用时，适合采用全知视角。

2. 多点聚焦的限制视角

限制视角可以理解为内聚焦、内视角，叙事者是作品中的人物，只能叙述自己感知到的东西，表达自己的所见所感。内视角的亲历性让新闻报道看起来更加逼近事实原本的状态。尤其是突发性事实的报道，新闻记者很多时候都不在现场，为了实现新闻事实的再现，需要采访那些在现场的当事人和目击者，通过他们的描述来构建事实。这种具有亲历色彩的叙事属于内聚焦叙事，通过叙事人的眼光去看，创造一种不受中介阻碍而直接逼近事实的感觉，呈现一种“有出处”的真实。如“Wuhan Pledges to Meet Poverty Alleviation Goals Despite Outbreak”，这篇新闻报道采用了限制视角，以武汉市副市长的视角来描述新冠肺炎疫情对武汉扶贫工作的影响，“武汉的疫情确实对武汉在年底之前消除贫困的目标产生了不利影响，市政府正在采取积极措施，以减轻这种不利影响。在良好控制和预防病毒传播的前提下，恢复农业及其他企业的工作。尽管武汉是中国受疫情打击最严重的城市，但是它有信心和决心实现 2020 年设定的扶贫目标”。通过引用政府人员的话语，以内视角来完成新闻事实的建构，增强文章的真实性与可信性。

一方面，内聚焦能为读者营造一种真实感，让故事更加真实可信，但另一方面，其不利于故事全局的呈现。

3. 外聚焦的纯客观视角

纯客观视角叙事也叫作外聚焦、外视角叙事。指叙事者置身于故事之外，只进行客观的描述，不涉及人物内心活动，也不发表评论见解，如镜头一般充当一个客观的记录者。叙事者知道的信息小于人物所知信息，不能了解人物的内心活动，叙事语言具有冷静客观的特点。

例如“Guiyang Helps 510, 000 People Shake Off Poverty”这篇报道以纯客观视角进行叙事，记者用旁观者的眼光，令观察位置处于故事之外，客观地报道了贵阳市向 13 个贫困县提供了扶贫援助，在改善民生、产业发展和人员培训方面做出了不懈的努力，使 51 万人口摆脱了贫困的新闻事实。外视角的叙事者由于没有卷入事件本身的旋涡之中，因此较为容易对事件本身进行宏观把握和客观报道，使新闻报道具有冷静、客观、可靠的特点。

通过对《中国日报》的扶贫报道文本进行分析，发现其在报道贫困地区的经济发展进步情况和扶贫工作成就时，常采用纯客观视角叙事，多以消息类的硬新闻为主。虽然采用纯客观的视角进行新闻叙事，能够与故事保持一定距离，体现新闻报道的真实性和客观性，但在情节较为复杂、人物较多的报道中，完全地选择单一外聚焦的视角来叙述，限制了对事件的全方位把握，因而常与其他两种视角结合起来共同完成对新闻事实的建构。

全知视角的运用可以深入挖掘故事细节，使新闻事实的呈现更加全面，但需要把握好与新闻事件之间的距离，避免影响新闻的真实感。限制视角由于借助故事人物构建新闻事实，更能拉近与受众的距离、获得信任感，同时会具有一定局限性，不利于故事全面具体地呈现。纯客观视角避免了记者个人主观因素的影响，体现真实客观性的同时，也容易使新闻报道变得冷漠晦涩。在《中国日报》的扶贫新闻报道中，叙事视角的运用并不限制在单独的某一种上，全知视角、限制视角、纯客观视角也会存在交叉重叠使用的情况，多元复合视角的运用，合理安排视角的切换，能够丰富新闻文本的表现形式，增强新闻报道的可读性，使新闻叙事呈现得更加真实、立体、全面。

（三）中国扶贫报道之叙事模式

“叙述并非产生于一个社会政治、经济的真空里，新闻话语并不是一种纯净、透明的话语，而是一种再现、建构的话语。”[①]因此我们要理解叙事本身是具有一定意识形态的。从叙事方式来看，一定的叙事写作模式形成一定的写作风格，而种种风格背后的制约要素之一就是意识形态。学者曾庆香将新闻作为一种话语进行分析，从微观的新闻事实建构、中观的新闻神话建构、宏观的意识形态建构三个层面来分析新闻话语。作为第一符号系统，新闻话语应该是客观、真实、公正、全面的报道，是一种事实叙述；作为第二符号系统，它在事实背后其实隐藏着一种文化意义、一种意识形态。[②]叙事受到意识形态的影响和制约，叙事过程中，叙事者需要一套叙事技巧以及手段进行叙事，这就可以称为叙事模式。新闻的叙事过程中，叙事者会遵循共同的框架、结构和篇章样式等，因而呈现出共同的叙事模式。笔者对《中国日报》2011—2020年的扶贫报道进行分析，总结出以下三种叙事模式：新闻模式、故事模式、宣传模式。新闻模式主要通过对新闻事实的叙述完成新闻报道，通过介绍何时、何地、何人、何事、何因这五个新闻要素，呈现新闻事实。故事模式主要以讲故事的方式呈现，通过设置悬念、体现冲突等方式展开情节与组织叙事结构。宣传模式主要通过选择最能够体现叙事者意图的形式进行内容与结构的呈现，主要表现为正面的宣传。

1. 新闻模式：新闻事实的报道

新闻是对新近发生事实的报道，新闻以客观事实为基础，在进行叙事的过程中，应将事实摆在首要地位。新闻叙事必须叙述真实之事，并通过叙事反映客观事物的原貌。新闻具有五个基本要素：时间（when）、地点（where）、人物（who）、事件（what）、原因（why）。这些是构成新闻事实的要素，同时也是新闻叙事的要素。新闻叙事的过程中，要将这些要素准确表明，交

---

① 曾庆香. 2005. 新闻叙事学[M]. 北京：中国广播电视出版社.

② 曾庆香. 2005. 新闻叙事学[M]. 北京：中国广播电视出版社.

代清楚何时何地何人因何故发生何事。

《中国日报》的扶贫报道中，采用新闻模式进行叙事的大多是消息类新闻，这类新闻具有时效性强、内容简短的特点，直接有效地点明新闻五要素。如 2020 年 10 月 15 日的一则新闻“Huanjiang, Shenzhen Hold Poverty Alleviation Job Fair”，以一则消息的形式报道了深圳环江举行扶贫招聘会以帮助贫困劳动力稳定就业的新闻事件，以精练的文字内容，完成新闻事实的叙述工作，让读者在短时间内获取重要的新闻事实信息。这种传播方式较为直接有效，但过多运用新闻模式进行写作，容易使新闻报道趋于模式化、同质化，造成扶贫报道千篇一律的现象，可读性不强，难以吸引受众的阅读兴趣。

新闻模式中采用最多的是倒金字塔的写作结构，将新闻事件的相关要素按照重要性递减的原则进行排列，一方面使读者快速获得最重要的信息，另一方面通过使用倒金字塔组装的模式逐步凸显新闻主题。如 2020 年 9 月 23 日的报道“Vending Machines Sell Poverty Alleviation Products”，文章开篇首先点出了主题，中国重庆市一地区在扶贫工作中创新性地使用自动售货机销售贫困地区产品，先交代了最重要的事实信息，随后补充说明事件的背景及未来发展趋势。在高层次信息之后补充低层次的细节信息，是典型的倒金字塔结构。这符合读者的阅读习惯，是一种常用的叙事结构。

2. 故事模式：故事化的叙事

在新闻实践中，新闻工作者一方面是事实的提供者，另一方面还担任故事的讲述者，在新闻叙事学中，故事模式也是叙事的一种方式。故事模式通常采用二元对立的形式展开故事情节、设置悬念，突破事件中原有的时间次序，通过事件的冲突性展开情节并进行叙述结构组织。通过分析《中国日报》的扶贫报道，发现采用故事模式叙事的报道不在多数，大多还是采用新闻模式进行报道。比起以消息体裁为主、形式较为单一的新闻模式来说，故事模式更容易吸引读者的阅读兴趣，更具感染力，可读性更高一些。“Reporter's log: Guangxi County Alleviates Poverty Through Sustainable Tourism, Technology”一文中，记者以日志的形式，讲述了自己在广西壮族自治区的程阳八寨参加百家宴的故事。

“At the feast, young Dong women adorned in traditional clothing and jewelry deliver course upon course of delicious local dishes, occasionally breaking to dance, sing and pour strong spirits down the throats of thirsty guests. Diners seem to revel in the experience, posing for photos with their hosts and joining the dancing and drinking without prompting."[①]记者描绘了百家宴的盛况，配以图片，使故事变得更为生动立体，让新闻报道不再枯燥无味、千篇一律。在百家宴上，当地村民向游客们分享他们的特色美食与文化活动，这不仅保护了他们的传统生活方式，也为当地带来了经济上的效益。

另有 2016 年的一则新闻"Poverty 'Main Suspect' Behind Death of Family of 6 in NW China"令人印象深刻，讲述了中国西北甘肃省的一个小村庄发生的一起神秘"谋杀案"。一家六口人全部死亡，据称是一位母亲对自己的四个孩子下毒后自杀身亡，孩子的父亲得知消息后也服毒死亡，疑似自杀。是什么导致了一个家庭六条生命的悲剧？是贫困。这个家庭是贫困的严重受害者，由于贫穷，这个家庭过着节俭和痛苦的生活，最终，家庭成员感到绝望，走入绝境。这则新闻报道对一个悲痛的故事进行讲述，让受众深刻感受到了贫困对贫困人民的生活乃至生命造成的严重影响。这篇报道采用了故事模式进行叙事，在情感上与受众产生共鸣，具有极强的感染力。

故事模式一般通过讲述贫困人民的亲身经历，讲述他们如何同贫困进行斗争的故事来完成叙事。如 2020 年 10 月 19 日的报道"WFP and Kuaishou Join Hand to Combat Hunger and Alleviate Poverty"中，一位曾经的建筑工人摔伤脚踝，通过短视频应用"快手"成了一名在网上拥有 390 万粉丝的小有名气的泥塑家。他通过快手分享由动画泥塑人物主演的短视频，重现经典电影中的场景，使传统艺术再次在全国流行起来。他凭借着更大的泥塑雕像客户群体，进行实时直播，帮助村里的一百多位雕塑家卖出 10 多万件总价值 120 万元的泥塑雕塑。借助"短视频+扶贫""直播+扶贫"的模式帮助贫困地区的人民分享推广自己的想法与产品，帮助他们创造更好的生活。通过故事化的叙事，讲述中国扶贫故事，使扶贫报道生动形象、真实立体，优化了受众的阅读体验。

---

① 见：https://www.chinadaily.com.cn/a/202010/29/WS5f9a1412a31024ad0ba81bf1.html。

3. 宣传模式：正面典型的宣传

学者陈力丹指出："宣传是运用各种符号传播一定的观点，以影响和引导人们的态度、控制人们行为的一种社会性传播活动。"[①]宣传的中心不是接受者而是传播者，宣传的最终目的是说服读者接受观点。所以当采用宣传模式进行新闻事实的叙事时，并不是按照事物原有的时间顺序来叙述，而是选择最能够体现叙事者意图的形式来组织文章的内容结构以完成叙事。宣传模式多用于正面的典型报道。

"Gansu: 70 years on"这篇报道介绍了甘肃省70年来取得的巨大成就，自1949年中华人民共和国成立以来甘肃的地区生产总值增长了600多倍,581万人摆脱了贫困，贫困率从33.2%降到了5.6%，36个贫困县"摘帽"。基础设施、生态环境、教育资源、医疗保障等各方面都有了很大的改善，人民的生活水平不断提高。这篇报道采用了宣传模式，呈现甘肃省70年来的巨大变化，对扶贫工作取得的成就给予肯定与赞扬。

从《中国日报》的扶贫报道叙事模式分析来看，采用最多的是新闻模式，故事模式和宣传模式占比较低。新闻模式通常使用消息体裁，能快速有效地告知受众最为重要的信息，更能突出新闻的时效性、重要性，但在趣味性方面有所欠缺，适用于报道扶贫工作的最新进展。故事模式采用讲故事的叙事方式传达信息，使扶贫报道内容更加生动立体，可读性更强，有助于提升读者的阅读兴趣，丰富阅读体验。宣传模式具有引导舆论导向的作用，常用于报道扶贫工作中的正面典型,有助于为扶贫工作的开展营造良好的舆论氛围，增强人们战胜贫困的信心。根据不同的新闻事实和叙事需要可以选择合适的叙事模式以达到更好的传播效果，但应避免扶贫报道过度模式化，防止出现扶贫报道千篇一律的现象。

（四）中国扶贫报道之叙事时间

时间是故事的先决条件，时间是新闻的五要素之一，故事时间与叙事时间又存在着种种的变形，时间便成为叙事学分析中的一个重要研究范畴。新闻叙事存在两种时间，本事时间和叙事时间。本事时间即故事时间，文中事

① 陈力丹. 2008. 新闻理论十讲[M]. 上海：复旦大学出版社.

实发生时的自然状态。叙事时间指故事内容在叙事文本中具体呈现出来的时间状态。在托多洛夫、热奈特等叙事学家的研究中，叙事时间涉及时序、时长等因素。

1. 以倒叙为主的时序安排

叙事时间的顺序，涉及新闻事件在报道中何先何后，如何写好开头，怎么形成高潮，怎样进行结尾。叙事时间顺序可以分为顺叙、倒叙、预叙。

顺叙，一种较为普通的叙事方式，按照故事时间的自然顺序先后来叙事。这种叙事方式可以向受众展现新闻事实的整个发展过程。通常按故事发展的进程呈现在新闻文本的叙事之中。如“Poverty-beating Farmer Seeds Future Success in Central China Village”这篇新闻报道按照人物经历时间发展的顺序，对事件进行了完整的叙述：2014 年被登记为贫困家庭，2015 年建立了家庭农场从事种植养殖活动，2017 年实现品牌注册，2019 年成立村庄产业联盟。新闻报道以顺叙的方式讲述了河南省东岳村的一位村民，六年间从贫穷的农民到富裕的农场主，再到党支部书记，不仅实现了个人的脱贫致富，还带动了村庄经济发展的故事。一方面这种顺叙的方式使行文更加连贯、流畅，但另一方面，这种叙事方式的过度使用会使文章趋于平淡，对受众缺乏吸引力，容易给人一种叙事节奏拖沓之感。

倒叙是一种对在现阶段发生新闻事件之前发生故事的回忆和追叙，从当下回忆过去。这种叙事方式较为常见，消息是新闻的主体，新闻的叙述尤其是消息的传播，通常按照信息的重要程度及读者的关心程度等因素依次进行叙述，第一时间将新闻事件的结果传递出来，符合新闻传播的规律，这也是时序倒置在新闻叙事中的意义，在结构上表现为倒金字塔形式。通过对《中国日报》的扶贫新闻报道进行文本分析发现，倒叙的方式在扶贫新闻报道中使用得最多。以报道“Poor County Visited by Xi Shakes off Poverty”为例，开篇首先介绍了中国中部河南省的兰考县宣布退出贫困县名单的新闻事实，之后介绍了兰考县三年来与贫困进行斗争的过程，将最重要的新闻事实放在了开篇第一句话，运用倒叙手法，使受众在第一时间就感知到文章的主要内容。中国扶贫故事的新闻报道，通常会对贫困地区的发展情况进行回顾总结，以突出扶贫工作获得的成就。使用倒叙的方式，将时新性最强、最具价值的内容置于新闻报道的开篇，贴合当下读者快速阅读的习惯，使读者能够第一时间获取新闻报道的核心主题，提升传播效果。

还有一种是预叙的叙事顺序，指在叙事过程的前面，将相对于此时的属于未来发生的事件有所交代。这是对未来事件的一种预期和提前设想，能够引起读者的好奇心，使受众产生一种心理期待，有助于激发其阅读兴趣。在篇幅较长的报道中，小标题是一种常见的预叙方式，提前给读者透露接下来的主要内容。新闻报道“Baidu′ s Great Contribution-using Big Data Help Alleviate Poverty”中，采用了三个小标题进行写作，“利用大数据使脱贫攻坚战更有成效”“百度支持计划：解决难以销售的产品的难题”“教育：减轻贫困最重要的事情”。通过三个小标题将文章内容分为三部分，使用小标题对文章主要内容进行高度概括，使受众提前对报道有宏观上的认识，通过小标题来梳理事件、规划文章。采用小标题的形式进行预叙，以一定的逻辑组织全文，能帮助读者更好地理解新闻报道的内容及意义。

2. 以概述为主的时长调节

时长是叙事时间分析的另一个要素，叙事时长又称叙事时距，涉及故事时间与叙事时间长短比较。在新闻文本中，叙事者不可能对事件发生过程中的各个时间段进行详细的叙述，因而可以通过调节时距的方法进行调节。对于故事时间，在叙事中可以进行缩短、延长、保持不变。托多洛夫认为表现时长的叙述形式可以分为停顿、省略、场景、延缓和概括。与故事时间存在三种关系：场景——等时叙述，概括和省略——加速概述，停顿和延缓——减速详述。本书主要从概括、场景、延缓三个方面进行分析。

概括又称概述、概要，使叙事时间短于新闻事件实际发生的时间，将跨度较长的新闻事件进行时间上的压缩，将重要的故事情节快速提取出来，以加快叙事的速度。概述的极致便是省略，将某些事件直接略去不提。由于篇幅的限制，新闻报道不能对新闻事件进行事无巨细的描述。概括是新闻叙事中运用得最多的一种方式，表现为对某些事件、某一人物的概括性叙述。如2019年发布的“China Makes Headway in Poverty Reduction”一文中，“在过去的40年中，超过7亿中国人摆脱了贫困，占全球脱贫人数的70%以上。”“2013年至2018年，中国使8239万农村贫困人口摆脱了贫困，平均每年有

1373万人摆脱贫困，超过了希腊的总人口。”对中国取得的扶贫成就进行概述性表达，用事实和数据体现中国扶贫工作成效，让读者能够快速清晰地了解中国扶贫工作的进展情况。通过对《中国日报》的扶贫报道进行文本分析，发现很多报道都采用了概括的方式，一方面是受篇幅的限制，另一方面也是为了满足叙事的需要，达到重点突出、详略得当的目的，使叙事更为简洁有力。

场景指叙述时长与故事时长大致相当。一般来说，叙事过程中，对于一些极具意义与价值的事件环节，叙事者通常会减慢叙事的速度。场景最主要的形式是对话，也就是直接引语。2020年9月25日的一篇报道“Xi’ s Pledges Boost Global Poverty Flight”中，报道了习近平主席宣布中国向联合国粮食及农业组织捐赠5000万美元。通过引用联合国粮食及农业组织总干事、农业农村部对外经济合作中心副主任和哥伦比亚大学可持续发展研究中心主任等多位专家学者的话语，展现了中国捐款对促进全球消除贫困、保障粮食安全做出的贡献。直接引用新闻人物的发言，构建场景事实，通过引用权威人士的话语，避免叙事者的介入，使新闻信息更具权威性、客观性。

延缓作为一种减速详述的方式，用较长的文本描述较短时间内发生的事件，在新闻报道中比较少见。延缓叙事的极致即为停顿。《中国日报》的新闻体裁多为消息类，常用简短精练的话语进行信息传递，因此延缓的手法使用较少。

通过叙事时间层面的分析，发现《中国日报》的扶贫报道在叙述顺序上多采用倒叙的方法，叙述时长上多采用概述的方式。采用“时间倒置”的倒叙手法，可以避免顺叙带来的平淡拖沓之感，补充说明新闻事实的背景等细节信息，使扶贫报道更加全面生动。借助概括可以加快文本的叙事速度，去掉无关紧要的事实信息，将重要信息快速简要地传递给受众，使扶贫报道重点突出、条理清晰，提升传播效果。在扶贫报道的叙事中，应注意灵活处理叙事时间、把握叙事节奏，以优化读者的阅读体验。

（五）中国扶贫报道之叙事修辞

修辞涵盖了所有的话语活动，新闻话语也不例外。新闻叙事是一种有劝告性的叙事活动，巧妙的修辞在一定程度上影响甚至决定新闻传达的信息在多大程度上能令受众信服。荷兰学者迪克指出：“新闻修辞不仅限于使用常见的修辞手法，相反，它还包括为增加新闻报道的真实性、合理性、正确性、精确性和可信度而使用的策略性手段。”①因此将叙事修辞作为对叙事话语进行分析的一个维度。

话语修辞涉及如何表达的层面。“动之以情，晓之以理。”中国的修辞思想习惯于从“情”“理”两个方面着手来理解或劝服，其中“讲道理”是根本性的说服手段。西方则在“情”“理”之外，注重到“势”的意义所在。将修辞资源分为话语中包含的道理、受众的情感和修辞者的人格威信三个方面。然而在新闻叙事中，叙事者只是作为事实的记录者、传达者，叙事时忌讳个人情感的渗入，因而“情”不适合作为新闻叙事的一大修辞资源，而是更为强调事实本身在新闻叙事中的强大力量。学者何纯将新闻叙事修辞资源归结为“事”“势”“理”三个层面，相应的修辞手段可分为“告之以事”“服之以势”“晓之以理”。②

1. 告之以事：数据事实与情景再现

修辞活动中，没有什么比事实更具说服力。新闻以真实性为生命，在进行新闻叙事的过程中需要用事实来说话，叙事者需要通过客观地叙述新闻事实及新闻事件的背景来发出声音、表达观点、发表意见。其事实的类型有背景事实、情景事实、数据事实、场景事实等。《中国日报》的扶贫新闻报道中，一般通过数据事实和情景事实来增强新闻报道的真实性。

一是数据事实，通过精确的数字来加强扶贫报道的真实性。扶贫报道中，常常通过报道贫困地区的经济发展情况来展现扶贫工作的成效，其中数字具有重要的作用。如“Tourism Bolsters Bama Village' s Poverty Alleviation Efforts”这篇报道，“在过去的两年中，平林村敢烟屯的 50 户家庭开设了农家旅馆，源源不断的游客使他们的收入每年增加近 3 万元人民币（4346.15 美元）。”“平林村的贫困发生率从 2015 年的 20.35%下降到 2019 年的 1.08%。村民的年平均收入从不到 4000 元增加到 2 万元以上。”通过客观准确的数字，反映贫困者收入的增加及贫困人口的减少，展示扶贫工作取得的重大成就。用数据呈现旅

① 托伊恩·A. 梵·迪克. 2003. 作为话语的新闻[M]. 曾庆香译. 北京：华夏出版社.
② 何纯. 2006. 新闻叙事学[M]. 长沙：岳麓书社.

游业极大促进贫困村经济发展的事实，增强新闻报道的真实性和可信性。

二是情景事实，对新闻场景的直接描写或者采访再现，能够增强新闻的真实感。场景还原越清晰，可信度越高。记者对新闻事件的接近性是确保新闻报道真实性的重要手段。在扶贫报道中，记者常常会采用实地调查采访的形式报道贫困地区的真实情景。通过对贫困地区居民的实际采访及照片的展现，让读者真实感受到贫困地区居民的真实生活情况。如2017年的一篇扶贫新闻报道“Hot Pepper Industry Helps County Out of Poverty in Hunan”，记者到湖南一个小县城实地采访，报道了辣椒种植带动产业的发展，帮助当地居民提高收入、摆脱贫困的新闻事实。通过一张张照片和对当地居民的采访，构建出情景事实，提高了新闻报道的可信性。

2. 服之以势：权威信息源的背书

“服之以势”中的“势”可以理解为处于某种地位而享有的威望，新闻叙事要想达到权威的效果，发言人需要有一定的身份，且要有一定与之匹配的人格。新闻报道中常会引用官方、专业人士的证词来增强报道的可靠性，从而达到“服之以势”的传播效果。《中国日报》的扶贫报道，较为注重对“势”的利用。在扶贫议题的新闻报道中，通过引用官方人员和专业人士的话语来表达观点的叙事方法经常被采用，这也是“内视角”的一种运用，这种方式有助于增强叙事的可靠性与可信性，进而增强新闻叙事的可接受性。如“Govt Moves Help Eradicate Poverty”这篇新闻报道，借助南非约翰内斯堡大学非洲-中国研究中心主任蒙亚埃的话语，展现了中国基础设施扩展、教育经费增加、易地搬迁等扶贫措施的有效性。“All indications are positive that China is well on its way to eradicate poverty by 2020 and meet the first of its ‘Two Centenary Goals’.”[①]通过引用权威人士的话语，表达了对中国扶贫工作的巨大肯定，增强了新闻信息的真实性和可靠性，使之更具有说服力。

3. 晓之以理：“讲道理”中体现关联性

“讲道理”是一种有效的说服性手段。新闻叙事常通过巧妙地建立新闻

① 见：https://www.chinadaily.com.cn/a/201903/13/WS5c885dbfa3106c65c34ee4e6.html。

事实之间的联系达到说理的目的，使受众自然而然地做出逻辑判断，从而接受所表达的“理”。迪克认为，“晓之以理”是指事件 A 的再现能够与受众经验中的事件 B 相关联，且这种关联能够进一步更新已有的认知模式。《中国日报》的扶贫报道中，“晓之以理”的修辞手法主要体现在建立叙述事件的关联性上面。通过表达事件之间的联系，让受众在阅读之时能自然而然地接受文章所要表达的观点结论，有助于增强受众的认同度。如 2020 年 10 月 22 日的新闻“Science & Technology Key to China's Poverty Alleviation”，讲述陕西省一地区通过创建创新平台和多个示范基地种植木耳带动当地产业经济发展的案例。借助科学技术在扶贫中应用的例子，来说明科学技术在中国扶贫工作中发挥了关键作用，中国一直致力于农业产业开发的技术研究以提高贫困地区的农业发展质量和效率，并表明中国将充分利用科技资源优势，实现乡村振兴。由于科学技术的运用与农业产业效率的提高关系密切，读者容易接受叙事中的结论，了解科学技术给扶贫工作带来的帮助，并对扶贫工作和乡村发展充满信心。这种修辞手法的使用，能够帮助受众进行思考，使新闻叙事更容易被接受，也能引导社会舆论的良性发展。

修辞产生的效果或影响是复杂的，且具有两面性。从消极的一面来说，通过一定的修辞技巧，受众往往在对这些手段没有察觉的情况下，不知不觉地被说服，潜移默化地接受叙事者的观点态度。叙事者容易被认为有操纵摆布受众之嫌疑。从积极的一面来看，有效的修辞手段能使新闻叙事与受众成功互动，富有说服力的新闻叙事能使新闻报道显得更为真实可信，更容易被读者接受认同，从而达到舆论引导的目的。因此，在使用叙事修辞时应以新闻事实为基础，遵循新闻真实性、客观性的规律，把握好度，合理使用叙事修辞技巧。

三、中国扶贫故事跨文化对话媒介叙事的不足和优化策略

（一）中国扶贫故事跨文化对话媒介叙事的不足

1. 媒体报道失衡，报道缺乏吸引力

通过上节的数据分析可以看出，《中国日报》的扶贫报道存在多个方面

报道失衡的情况。

一是报道主题不平衡，扶贫报道大多围绕着政治、经济方面展开，而在文化、法律、医疗、教育、生态、科技等方面涉及得较少。贫困地区的经济发展进步、人民收入水平的提高能够直接反映扶贫工作的成果成效，但贫困不仅仅涉及经济因素，还体现在精神文化、医疗保障、生态环境、科技水平等方方面面。通过对扶贫报道进行文本分析发现，扶贫报道更注重于反映贫困地区经济落后、物质匮乏等方面，而在精神文化层面有所局限。扶贫与民生问题息息相关，文化、法律、医疗、教育、生态、科技等都直接关系到贫困人民生活质量的改善。通过改善教育环境，有助于帮助贫困人民提高文化素养与劳动技能，是从根本上解决贫困问题的关键所在。法律和医疗的完善能够为贫困人民提供完善的社会保障，生态环境的改善和科技水平的提升可以帮助贫困地区实现可持续发展，而扶贫报道在这些方面都表现出一定的不足。

二是报道体裁不平衡，扶贫报道主要以消息体裁为主，通讯、评论、调查报告等具有深度性的报道较少，存在报道体裁失衡的问题。消息体裁固然能够以短小快速的特点在报道扶贫工作进展时展现优势，但不利于新闻事件的深度报道。过多运用消息体裁报道扶贫工作，不利于全面充分地展现新闻事件的全貌，使扶贫报道形式单一、缺乏亮点，出现严重的同质化现象，难以引起受众的阅读兴趣，影响扶贫故事的对外传播效果。

三是报道倾向不平衡，注重扶贫成果的正面宣传，负面报道比重较小。分析扶贫报道的报道倾向后发现，正面宣传报道占 84%，呈现压倒性优势，负面报道所占比例微乎其微，仅有 5.7%，主要涉及扶贫资金的不当使用、干部廉洁等问题。

2. 叙事模式单一，故事化程度不足

本书通过分析《中国日报》2011—2020 年扶贫报道的媒介叙事，发现这些报道存在一定的模式化现象，故事化程度不足。

在信息爆炸的时代，受众无时无刻不处在信息的洪流之中，千篇一律的新闻报道使他们产生审美疲劳，简单新闻模式的报道尽管能够满足受众信息获取的需求，但已难以吸引受众的注意力，容易被淹没在众多新闻报道中。

只有新颖独特、生动有趣的新闻报道才能脱颖而出，而好的新闻故事能将媒介与受众连接起来，因此如何挖掘好的故事并进行好的叙事写作是讲好中国扶贫故事的关键。讲好故事需要把握好人物、角度、情节、细节等多方面要素，叙事者、叙事视角、叙事模式提供了不同的人称、不同的角度、不同的方式来帮助记者进行叙事，记者需要将这三个要素进行组合应用，将新闻事件用故事化的方式讲述，为新闻写作带来创新改变，将刻板的新闻报道转化为富有审美意义的文学作品，使新闻报道具有亮点。使用故事模式来报道新闻并不代表新闻作品能像文学作品一样添加虚构的成分，而是要遵循新闻客观性、真实性的原则，用文学的手法真实地报道新闻事件的真相。由于版面和篇幅的局限性，记者需要通过多种叙事手法在时间节奏、故事情节上对新闻事件进行故事化表达，使用有限的文字呈现出尽可能多的新闻信息。

新闻模式和宣传模式虽然具有传递新闻信息、引导舆论导向的作用，但在提升受众的阅读体验方面是远远不够的，单纯地报道新闻已经不能满足受众的阅读需求。新闻报道应该是有内容的、有温度的，无论是新闻选题、叙事方式还是语言运用都需要以受众为中心，满足受众的阅读需求，提升受众的阅读体验。在《中国日报》的扶贫报道中，大多数新闻报道模式单一，故事化程度不够，缺乏对受众的吸引力，传播效果受到了一定影响。

3. 忽视核心主体，贫困者声音微弱

扶贫政策的实施与推进离不开广大人民群众的支持，贫困群体作为扶贫工作的目标对象，应该是扶贫新闻报道的核心，但是通过内容分析和文本分析发现，政府和政府官员在扶贫报道中占据主体地位。首先，在扶贫新闻报道中，贫困者是受助者，新闻媒体对这一群体的描写报道较为有限，贫困者常常作为配角存在于报道之中。媒体往往会站在官方立场上进行报道，或者针对贫困地区的整体发展情况进行全面报道，而忽视从作为核心主体的贫困者的角度进行报道。注重强调政府对贫困群众的帮扶作用，难以展现贫困地区人民群众自身在脱贫致富中的积极性和主动性。

其次，从新闻价值要素来分析，政府及政府官员是政策的发布者，代表了官方的声音，具有权威性和可信性，话语引述多以政府官员为主，更能体现新闻的重要性和显著性。但在接近性方面表现出不足，难以拉近与受众之间的距离。扶贫报道往往通过政府官员、村干部讲述扶贫工作的措施和对贫困群众的帮扶作用，这种叙事不利于表达人民群众的真实感受，与受众存在距离，影响了扶贫报道的接近性和群众性，难以使受众产生"共情"的情感体验。

（二）中国扶贫故事跨文化对话媒介叙事的优化策略

1. 平衡新闻报道，丰富报道的内容和形式

扶贫报道应平衡新闻报道，丰富报道的内容和形式，从而提升扶贫报道的传播效果。首先要扩大报道主题的范围，报道政治、经济主题的同时，更应加大对文化、教育、医疗、法律、生态、科技等方面的报道力度，全方位呈现扶贫现状。扶贫与民生问题关系密切，与民生问题息息相关的教育、医疗、生态、科技等方面都能体现贫困人民的生活质量与生活水平。扶贫报道不仅要关注到贫困地区和贫困人民经济物质条件的改善，也要反映出其精神文化层面的提升。一方面，扶贫能帮助贫困人民摆脱经济上的贫困；另一方面，还能帮助其提升劳动技能和文化素养，从而实现可持续发展，从根本上摆脱贫困。

其次，要平衡好报道体裁，用消息体裁传递信息，通过通讯讲述经典人物故事，也要增加评论解读时事，呈现出多元的意见观点，引起受众的思考与讨论。也可以采用读者来信、杂文等多种形式，综合运用多种报道体裁，多角度展现扶贫过程。

最后，媒体在发挥正面宣传作用的同时，也应注重批评反思，敢于揭示扶贫工作中的问题和不足，使扶贫报道更加客观真实。《中国日报》作为对外传播的重要窗口，是讲好中国扶贫故事的重要媒介载体，在注重对外宣传、做好舆论引导工作的同时，也要注重反思。对于扶贫工作中出现的问题，应进行深度调查，加强反思意识，充分发挥媒体在扶贫工作中的舆论监督作用。

2. 改进叙事技巧，加强扶贫报道故事性

可以通过改进叙事技巧来增强扶贫报道的故事性和可读性。在叙事主体

方面，可以采用更加多元的叙事主体进行叙事。如今，国家政府、媒体、跨国企业、非政府组织等作为传播主体，已全面加入国家对外传播的行列中来。讲好中国扶贫故事需要全民参与进来，人人都可以是中国扶贫故事的叙事者，应使广大的人民群众加入讲好中国扶贫故事的队列，扩大传播主体，提升国际声量。在叙事视角方面，可以更多地使用内聚焦的叙事视角，通过故事内人物进行新闻事实的再现，由故事里的人物讲述他们的亲身经历，表达他们的所见所感，更有助于读者深入了解扶贫工作的真实情况，增强扶贫报道的真实性和感染力。在叙事修辞方面，“告之以事”用事实说话能很好地体现新闻的真实性，“服之以势”增强了叙事的权威性，“晓之以理”的叙事修辞可以提升新闻报道的合理性与认可度。应以新闻事实为基础，采用多元化的修辞手段，加强扶贫报道的“故事性”。在叙事时间方面，应灵活把握，使叙事具有节奏感和韵律感。

另外，增强扶贫报道的故事性也可以用故事化的新闻写作为扶贫报道增添亮点，提升对受众的吸引力。这可以从素材选取和情节塑造两个方面来实现。在选择新闻素材的过程中，可以将小人物的故事作为切入点，将小人物的扶贫脱贫故事融入新闻叙事中，拉近与受众的心理距离，增强新闻故事的感染性。通过悬念设置、对立冲突的情节塑造营造新闻报道的故事感，深化人物形象的刻画，使人物形象深入人心，引起受众与扶贫报道的共鸣。同时要注重对细节的把握，利用准确的细节信息增强报道的真实性。好的故事自己会说话。扶贫报道可以通过小人物的故事，以小入口切入，以小见大、由点及面，用平凡的小事激发起读者的情感共鸣，将扶贫故事以更加具有亲和力、感染力的方式呈现出来，增强“故事性”，吸引读者的阅读兴趣，从而提升传播效果。

3. 以人为本，增大贫困者的声量

政府作为扶贫政策的发布者和实施者，在扶贫中具有重要的地位和作用，但扶贫工作以处于贫困之中的贫困人民作为出发点和落脚点，扶贫的目标就是帮助贫困人民摆脱贫困，贫困人民的生活质量得以提高也是检验扶贫工作的标准所在。因此扶贫报道应将贫困者作为报道的主体，由贫困者来讲述具有真实性和感染力的扶贫故事，描述贫困者摆脱贫困的故事细节，增强扶贫报道的可读性与感染力。

贫困者是扶贫工作的重要参与者，需要强化贫困者的话语权，加大贫困人民的声量，保证贫困人民拥有足够的发声机会，由贫困者来讲述自己的脱贫故事，表达人民群众真实的想法感受，从而拉近报道与受众的距离，使扶贫报道更加具有真实性和接近性。并且在报道的过程中，应体现贫困人民作为被帮扶的对象自身在脱贫的过程中付出的努力，不能忽视其主动性和积极性，要发挥其主观能动性，更加全面展现贫困者的形象。扶贫报道应注意收集贫困者的真实想法，以更好地了解他们的实际需求，让受众更好地了解扶贫工作的进展情况，对存在的问题及时进行改进，充分发挥新闻报道的舆论监督作用，推动扶贫工作更好地开展。

第三节　中国传统节日跨文化对话的媒介叙事

一、中国传统节日跨文化对话的报道特征

（一）《中国日报》报道中国传统节日文章总量分析

新闻叙事研究中最能反映媒体对议题关注程度的就是报道数量，通过对新闻报道数量的统计分析，研究者可以总结出议题的报道趋势与报道重点，有利于研究者得出初步的关注度判断。如图 2-6 所示，剔除 2010—2019 年《中国日报》上与传统节日主题不相关的报道文章后，发现在 10 年间对春节的报道有 1636 篇，春节是传统节日中被报道次数最多的节日，元宵节紧跟其后，共有 410 篇报道，而清明节、端午节、中秋节相比之下受关注度较低。

报道数量相对而言就是相关报道的篇数，篇数会作为考量标准，从报道数量上可以看出媒体对新闻时间或者报道内容的关注度，大多数情况下，越关注某内容，对其报道的文章就越多。但对于某些特定时间才会进行报道的内容，报道数量只是衡量其重要性的元素之一，报道数量不应与其不相关内容的报道数量相比较。比如就传统节日的报道数量与扶贫工作的报道数量而言，二者不在一个维度上，无法进行比较。

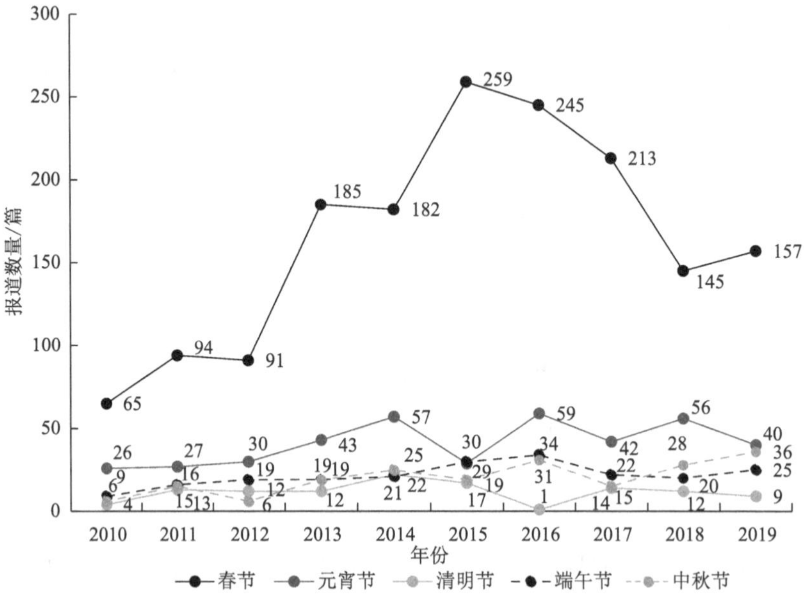

图 2-6　2010—2019 年《中国日报》对中国传统节日报道数量变化趋势

由图 2-6 可知，2010—2019 年《中国日报》共有 1626 篇春节报道，其中数量最多的年份是 2015 年，最少的是 2010 年。对春节的报道数量波动幅度较为明显，其中 2012—2013 年的变化幅度最大，而 2013—2014 年的报道数量比较稳定，没有较大波动。其余四个节日基本保持相对平稳的幅度，没有过大的波动。关于春节的新闻报道数量较多，其次是元宵节，而清明节、端午节和中秋节的相关报道则较少。通过对传统节日报道的数量特点可以得出结论，春节是《中国日报》表征中国传统文化的重要符号。

由传统节日的报道数量分布可见，《中国日报》仅对春节有较高的关注度，这就体现出我国对传统节日的对外传播不充分、不全面的现状，这种状况主要由两个方面导致，一方面是国家政策与宣传重心的变化导致《中国日报》对传统节日的报道重点发生变化；另一方面则是传统节日本身没有发生重大的创新，从而出现了传播效果不佳、难以适应时代发展的现象。

（二）报道体裁

报道体裁通常指用于新闻传播规范化的各种形式。①作为信息呈现的表

① 胡欣，等. 2006. 新闻写作学[M]. 武汉：武汉大学出版社.

现形式，报道体裁可以用于分析媒体的类型，不同的报道体裁在传递信息、表达意义、整合思想等方面发挥着不同的作用，并且能够反映出媒体在社会上所扮演的社会角色和传达的新闻报道理念。如表 2-15 和图 2-7 所示，《中国日报》对中国传统节日的报道样本中，消息有 345 篇，大多是《中国日报》发布的中国传统节日期间的活动信息以及各地经济消费内容。消息在报道中数量居首位，是最主要的体裁。通讯 147 篇，包含上文提到的节日衍生出来的文化现象和社会生活等。媒体倾向采用通讯体裁报道节日政策、经济等信息。评论只有 1 篇，其他类共有 7 篇，包括散文及小说等。

总的来说，《中国日报》传统节日报道的体裁类型多为消息，特别是短消息，作为最具客观性的新闻体裁，消息拥有着其他体裁类型所不具备的优点。第一，纵观所选取样本，大多数新闻都是对新近发生的事实进行报道，像是假期出行消费、民众节日生活等，这类新闻具有极高的时效性，而消息能最大限度地保障新闻事件的时效性。第二，随着移动互联技术的广泛应用，短视频重塑了受众的阅读习惯，碎片化阅读成为主旋律，因此为了实现既定传播效果，媒体就需要用最短的时间向受众传达最多的信息。消息体裁中常见的倒金字塔结构等写作形式满足了受众碎片化的阅读需求。传统节日在海外的影响力虽广但不深入，使用消息体裁将最有价值的信息放在新闻开头，相较于通讯和评论无疑更有提高传播效果的可能性。但频繁使用消息体裁，忽略其他传播形式、报道体裁的使用，将使传统节日的海外传播陷入“马太效应”，原先就感兴趣的受众会越来越了解传统节日，而那些本来不了解传统节日的海外受众不会因为看到相关消息就对传统节日感兴趣，甚至可能会产生逆反心理。这样媒体的相关报道只对小范围的受众群体产生效果，难以进行辐射使传统节日让更多的海外民众深知。

表 2-15　《中国日报》传统节日报道体裁数量分布　　单位：篇

新闻体裁	春节	元宵节	清明节	端午节	中秋节	总计
消息	77	84	49	81	54	345
通讯	19	15	50	18	45	147
评论	1	0	0	0	0	1
其他	3	1	1	1	1	7

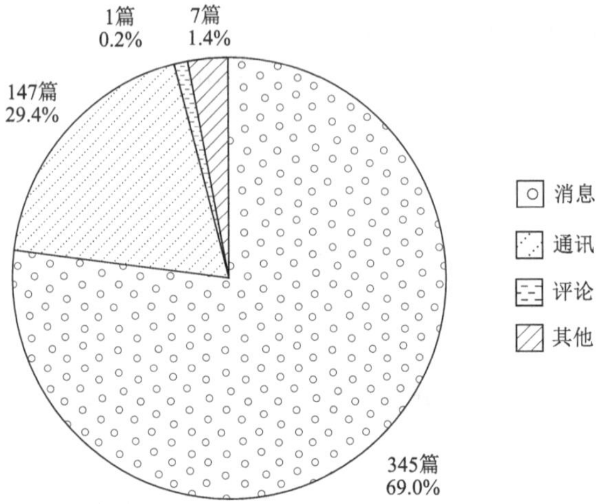

图 2-7　《中国日报》传统节日报道体裁分布

（三）报道篇幅

报道篇幅，例如报纸的文章长度、排版布局，广播电视的节目时间长短等，基本是媒体对新闻价值的判断的反映，并显示了新闻议题对于媒体的重要性，选择报道篇幅是媒体进行议程设置的重要手段。

由表 2-16 和图 2-8 可知，《中国日报》主要以中短篇幅来报道传统节日，其中短篇定义为“300 字及以下”的报道，共有 355 篇，占总体的 71.0%，中篇定义为“301—500 字”的报道，共有 85 篇，占 17.0%。短篇报道可以用较少时间、较小空间将基本信息迅速传播给受众；中篇报道在报道基本事实的基础之上，还会对事件进行一定程度的追溯，将前因后果展现在新闻当中。由数据结果可以得出一个基本结论，中短篇新闻报道可以基本满足受众的阅读需求。此外长篇报道，即“1001 字以上”的新闻，仅有 12 篇，占总体的 2.4%，也反映出《中国日报》缺少对传统节日信息的深度挖掘或其受众对深度信息关注度低。

表 2-16　《中国日报》传统节日报道篇幅数量分布　　单位：篇

节日	300 字及以下	301—500 字	501—1000 字	1001—2500 字	2500 字以上
春节	70	16	9	4	1
元宵节	74	15	11	0	0
清明节	71	17	8	4	0
端午节	66	19	12	3	0

续表

节日	300 字及以下	301—500 字	501—1000 字	1001—2500 字	2500 字以上
中秋节	74	18	8	0	0
总计	355	85	48	11	1

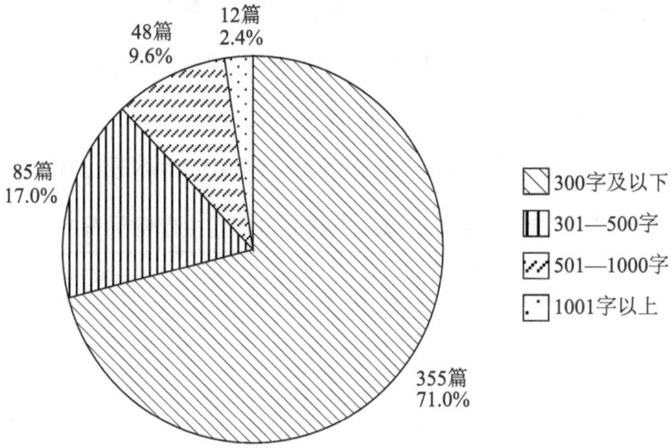

图 2-8　《中国日报》传统节日报道篇幅分布

（四）报道主题

报道主题通常是新闻报道的核心思想、所呈现的重要信息，同时也是撰写新闻的主要逻辑和线索。[①]对报道主题的选择在一定程度上影响了媒体报道的态度和立场，并赋予了新闻不同的意义、实现了不同的传播效果。通过对传统节日主题的选择，《中国日报》影响了受众对传统节日的基本认知。从表 2-17 和图 2-9 中可以得出：首先，《中国日报》关于传统节日的报道主题主要围绕节日文化生活展开，共有 393 篇报道，占比 78.6%，在节日文化生活主题下又划分出国际文化交流、文化现象、风俗等内容，官方活动、民众活动、饮食、文化、风俗等多个方面均有所涉及；其次是关于节日经济消费的报道，共有 89 篇报道，占比 17.8%；最后是关于节日政策信息的报道，共 11 篇，占比 2.2%，其中节日旅游信息主要包含景点信息、交通信息、安全提醒等内容，如“Binhu Receives 232, 400 Visits During Dragon Boat Festival”“Recommended Places for Festive 2016 Lantern Festival in

① 宋春阳，孟德东，张志攀. 2006. 实用新闻写作概论[M]. 上海：复旦大学出版社.

Xiamen” “Fair Trade Ahead of Spring Festival”等报道。关于民众节日活动的新闻报道则注重反映和谐、温暖、热闹的节日氛围，如“Children Write Couplets to Welcome Spring Festival”“Dragon Boat Festival in the Eyes of An Elderly Man in Pingyao” “Museum Teaches Kids About Qingming”等报道。关于官方活动的新闻，如对中秋节、元宵节、春节等晚会的报道，主要传播目的是传达中国的文化底蕴，以展现国家影响力。此外，对传统节日文化知识、节日起源和习俗等方面的普及也占据相关报道的部分篇幅，如“Poetry Recital for Mid-Autumn Festival in Qingdao Expo”等报道。

表 2-17　《中国日报》传统节日报道主题数量分布　　单位：篇

节日/主题	节日文化生活	节日政策信息	节日经济消费	节日突发事件	其他
春节	70	2	27	0	1
元宵节	91	1	6	1	1
清明节	73	3	22	0	2
端午节	75	2	21	2	0
中秋节	84	3	13	0	0
总计	393	11	89	3	4

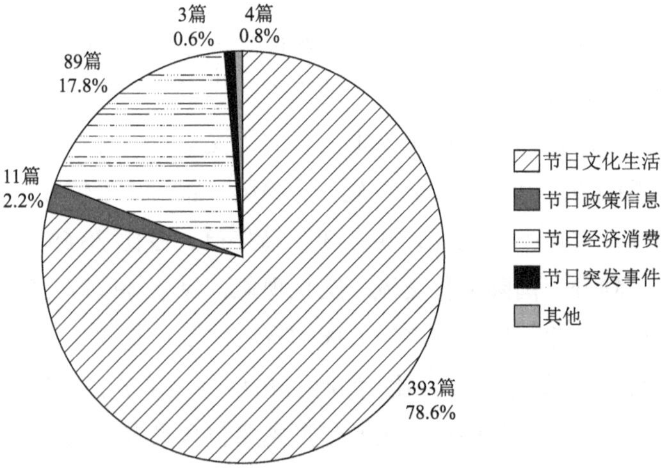

图 2-9　《中国日报》传统节日报道主题分布

（五）报道来源

由图 2-10 可知，《中国日报》传统节日报道的新闻来源主要以自制稿件为主，共有 310 篇，占总体的 62.0%；从新华社转载的新闻数量共有 150 篇，占比 30.0%；40 篇新闻报道来源于其他媒体或个人。总体来说，《中国日报》关于中国传统节日的新闻报道主要来源于其记者采访撰写，“新闻自制率”较高。新闻自制率是用来衡量媒体对特定事件重视程度的重要指标之一，较高的新闻自制率体现了《中国日报》对传统节日的对外传播有着较高的重视度。

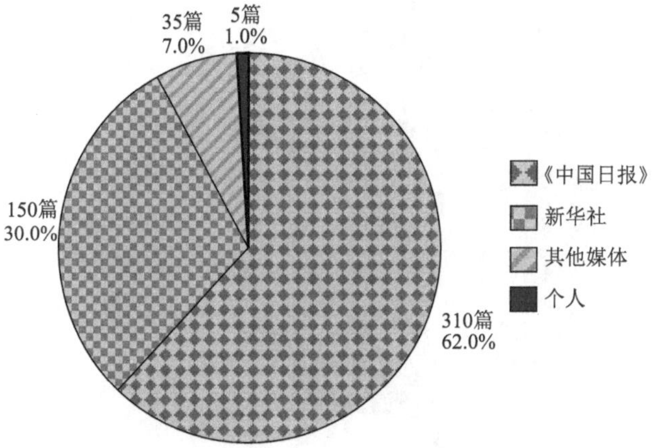

图 2-10　《中国日报》传统节日报道来源分布

（六）报道呈现方式

根据图 2-11，《中国日报》对传统节日的报道中，图文并茂的新闻报道占主流，为样本总量的 53.6%。新闻图片能够为读者提供具有视觉冲击力的具体形象，展现文字报道无法表达的形象信息的魅力，具有纪实性、解释性和装饰性的作用。图文报道大多涉及传统节日景象，展现了传统节日中的人物形象，凸显了中国人的文化精神，图片配合文字才能更形象、更生动、更具体地将传统文化的事实动态传达给受众。

随着时代的进步，新闻的呈现形式也愈发多样。外国学者凯南认为，叙事过程一样具有媒介，语言就是叙事过程的媒介。不同媒介也具有不同的特性，比如文字的表达更合适讲故事，为用户带来逻辑上的、时间线的呈现，但是图片和视频等媒介则更好地带来视觉上的以及空间上的呈现。[①]根据图 2-12，2010—2019 年，纯文字的呈现方式总体呈下降趋势，在 2014 年

① Rimmon-Kenan, S. 1989. How the model neglects the medium: Linguistics, language, and the crisis of narratology[J]. *Journal of Narrative Technique*, 19(1): 157-166.

后显著下降，2018—2019 年只有个别文章以纯文字的形态出现；图文并茂的呈现方式数量逐年提高；2018 年后其他呈现方式逐渐出现，如 H5 页面、直播、视频等，虽占比不多，但代表了《中国日报》关于传统节日报道的呈现方式的突破。

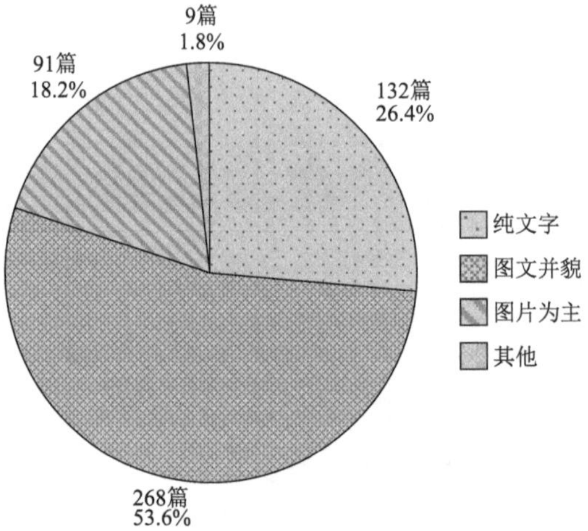

图 2-11　《中国日报》传统节日报道呈现方式分布

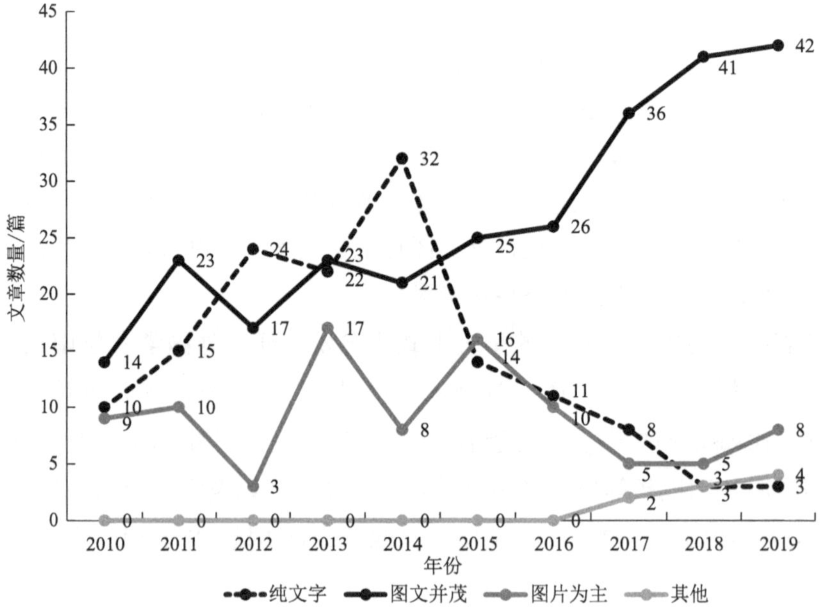

图 2-12　《中国日报》传统节日报道呈现方式流变

二、中国传统节日跨文化对话的媒介叙事特征分析

（一）《中国日报》传统节日报道的叙事行为分析

1. 新闻叙事“声音”失衡

作为叙事的主体，叙事者存在的意义主要是交流。[①]通过对《中国日报》传统节日报道的500篇样本进行分析（表2-18），发现大部分报道的叙事者都属于缺席的叙事者的类型，篇数高达427篇，而公开的叙事者和隐蔽的叙事者相关报道分别只有11篇和62篇。

表2-18　《中国日报》传统节日叙事者分布数据　　单位：篇

传统节日	缺席的叙事者	公开的叙事者	隐蔽的叙事者
春节	81	6	13
元宵节	87	1	12
清明节	89	0	11
端午节	85	1	14
中秋节	85	3	12
总计	427	11	62

第一，缺席的叙事者是指叙事者在叙事过程中不发表个人议论见解和标明观点态度，只是将事件、故事展现出来，只进行客观报道，不掺杂主观色彩的表达和呈现。叙事者的缺席，会给读者一种叙事者不存在的感觉，但从实际来讲，任何叙事文本当中都存在着叙事主体，只是叙事者的声音很难被觉察到，其目的多是准确传达信息，不干扰受众的基本判断和理性思考，维护新闻事件的客观性。《中国日报》相关报道中缺席的叙事者多以图片新闻和短消息的形式存在，由于带着客观属性，在《中国日报》传统节日报道中所占比例最大。在所选取的样本中，叙事者大多仅仅陈述事实而不主观评判。这种叙事角度可以很好地保持新闻报道原有的客观属性，但同时因不掺杂观点、情感等主观色彩，难以深入挖掘传统节日、人物、文化等要素，所以对文化背景大为不同的海外受众而言，其可读性极低，无法调动海外受众对中

① 方毅华. 2014. 新闻叙事导论[M]. 北京：中国广播电视出版社.

国传统节日深入了解的兴趣。

例如在报道“Binhu Receives 232, 400 Visits During Dragon Boat Festival”中：“Eight main scenic areas in Wuxi's Binhu district received around 232, 400 visits during the three-day Dragon Boat Festival holiday from June 7 to 9, according to local reports.”①此段消息客观地叙述端午节假期期间景区的接待游客人次，不掺杂观点态度和心理活动，且通篇没有突出叙事者身份，受众也无法意识到叙事者身份，因此是典型的“缺席的叙事者”类型。但这种缺席的叙事者所起到的作用仅仅是客观传递信息，在传播极具民族特色、民族感情的传统节日时显得有些苍白无力。

第二，公开的叙事者，这种叙事声音在新闻叙事报道中可以被受众清楚地感知。第一种是叙事者在文章中公开个人身份、观点倾向，即叙事者通过对事实进行提炼，对信息进行取舍的概述，在文本当中直接表明身份，如使用“我们”“记者”等词语。第二种是通过评论，当一些影响受众独立判断的评论内容出现在叙事作品中的时候，受众不仅会明确地感受到叙事者的存在，还会被文本内容引导思考方向。经过统计分析后，公开的叙事者在所选取样本中主要以第一种形式出现。

“Digital Scalpers to Blame for Spring Festival Rail Ticket Woes”报道中这样描述道：“I've been a loyal customer of a popular travel site that charges a service fee for me to use its bot, or high-speed software to buy a ticket. It's a dubious business behavior because only licensed retailers are allowed to sell train tickets in China, for a fee of 5 yuan（72 cents） apiece. But I'm willing to pay a bit more so I don't have to check on the official ticketing site every hour and worse, leave my travel plan up in the air. ”②在这段报道当中，作者，即“我”就是公开的叙事者，同时也是文章所涉及事件的实际参与者，所述的是自身的亲身经历，能够给读者最直观的信息。读者可以通过作者的经历了解到春运火车票价格存在的问题，具有一定的可读性和真实性。同时作者将叙事身份“公开”，让文章具备了主观色彩，从

① 见：http://www.chinadaily.com.cn/m/jiangsu/binhu/2019-06/12/content_37479952.htm。

② 见：http://www.chinadaily.com.cn/cndy/2017-01/20/content_28006594.htm。

而赋予了该文章一定的引导舆论的功能属性，影响着受众的价值判断。

第三，隐蔽的叙事者介于公开的叙事者和缺席的叙事者之间，在文本当中，其没有像公开的叙事者那样直接表明身份，而是通过各种隐蔽含蓄的词语来表明其观点态度。在新闻文本中，通过援引采访对象，如事件当事人、专家学者的采访内容，使新闻的真实性得到增强。同时叙事者还可以借助这些援引来表达其立场观点，既保留了新闻内容的客观性，又可以向受众辐射其思想观点，这就成为一种被经常采用的新闻叙事技巧。经研究发现，《中国日报》传统节日报道中，隐蔽的叙事者相关报道所占比重高于公开的叙事者，而低于缺席的叙事者。对新近发生事实的报道是新闻的本质，叙事者采用隐蔽的方式，让掺杂主观色彩的客观信息更易被受众接受，达到了传播真实信息以及说服引导的传播效果。例如“Qatar Airways Marks Mid-Autumn Festival With Unique Celebration”一文中：“Moreover, Liu Guohua, vice-president of Qatar Airways' north Asia region, distributed mooncakes with his colleagues to travelers at Beijing Capital International Airport on that day. Many passengers praised the airline for allowing them enjoy the traditional Chinese festival. As for Liu, he said,‘On this special festival of family reunions, we wanted our passengers can enjoy mooncakes, as well as the festival.’”[①]此段消息并没有直接表明叙事者身份，但是通过对采访对象行为的描述以及话语的引用，含蓄地表达了此消息的主要目的。且消息中出现了“赞扬”等隐性词语，鲜明地反映了叙事者的情感倾向，可以从此段消息中读出叙事者对于卡塔尔航空公司庆祝中秋节的正面情绪。

“Public Movie Team Went to Grassroots Community: People Celebrate Spring Festival With ‘Blockbusters’”这篇报道也没有直接表明叙事者身份，但仔细阅读可以发现，消息通篇都在报道公共电影团队下基层放电影的工作成果以及所遇到的困难，含蓄地向受众传达该电影团队工作的难度以及意义，潜移默化地影响着受众的思想观点。

从新闻叙事学的叙事者视角来看，叙事者在对不同的新闻进行报道时，

① 见：https://www.chinadaily.com.cn/a/201909/16/WS5d7f28a1a310cf3e3556bac5.html。

可以在缺席的叙事者、公开的叙事者和隐蔽的叙事者三种身份之间进行选择，采用最合适的叙事者身份进行叙事，往往会得到更好的传播效果。如图 2-13 所示，在《中国日报》关于传统节日的报道中，缺席的叙事者相关报道占据 85.4%的高比例，主要应用在消息报道中，特别是短消息，这类报道只陈述新闻事实，而不带主观色彩。对于传统节日的报道而言，这种叙述方式难以向受众传递传统节日背后的文化和底蕴，仅限于表达节日现象以及节日时间等内容；用隐蔽的叙事者视角进行的新闻报道，在传播真实信息的基础上，借助援引的采访内容、权威信息表达其立场观点，既保留了新闻内容的客观性，又向受众辐射思想观点，可达到传播资讯和引导受众的双重目的。《中国日报》中以公开的叙事者视角进行叙事的报道所占比例为 2.2%，多出现在评论体裁中，带有相对强烈的主观色彩。这种叙事方式虽会影响新闻报道的客观性和真实性，但对于传统节日这类文化，掺杂主观情感的观点立场、思想感情是必要的，相较于隐蔽和缺席的叙事者，公开的叙事者视角更容易使对中国文化背景了解甚少的海外受众对传统节日产生持续了解的兴趣。

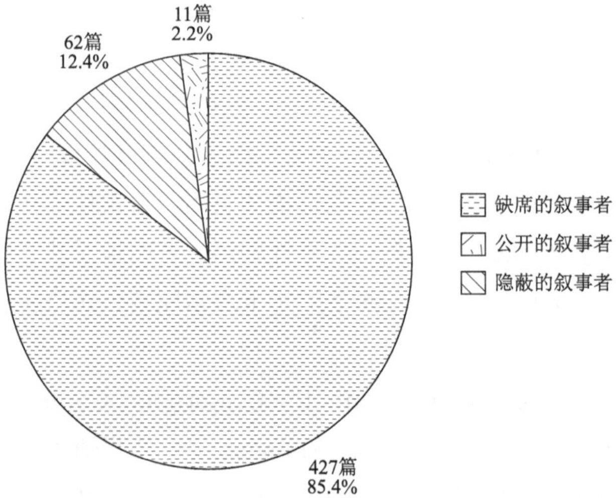

图 2-13 《中国日报》传统节日报道叙事者视角分布

2. 新闻叙事“视角”错位

叙事视角是叙事学当中的一个重要研究内容。叙事视角指的是叙事语言中观察和讲述故事内容的具体角度。应用到新闻学当中，叙事视角就是叙事者即记者、当事人等记叙新闻的角度。叙事者在以一定的角度向受众叙述新闻的同时，也会隐蔽或公开地传达一些观点或思想，以达到既定的传播目的。

叙事视角根据不同的判定标准，可以分为不同的类型。法国著名叙事学家热奈特在《叙事话语 新叙事话语》一书中，引入了“聚焦”一词，并从看的角度划分出三种类型[①]，根据本书选取的样本年限，叙事视角在新闻作品中表现为记者呈现新闻事实时选取的角度，运用在新闻报道的写作中，能反映写作者在叙事过程中的主观倾向和意识形态，叙事视角包括外聚焦叙事、内聚焦叙事、零聚焦叙事三个类型。本书以热奈特的分类标准，对《中国日报》传统节日报道的500篇样本进行了数据统计。

根据统计数据可以发现，在所选取的500篇样本中，外聚焦叙事篇数最多，达470篇，内聚焦叙事其次，而零聚焦叙事最少。下面将对这三种视角进行分析。

（1）零聚焦叙事，又称全知视角，或“上帝的眼睛”，这种视角不受时空限制，总是以一种洞悉全局的姿态讲述故事的发展，叙述者采用零聚焦叙事的方式可以从任何一种角度来观察并叙述事件，可以描写人物的心理活动以及借用他人视角来叙述事件。[②]“The village itselfis located in the depths of the Yellow Loess Plateau, the plateau that straddles the Yellow River and covers 640, 000 square kilometers of Central-Northern China. The area is characterized by yellow soil, hence the name, and dramatic valleys and canyons. To get to the village I first took a train to the town of Sanmenxia, where I was met by my friend and we travelled by bus to her home. As the bus crossed the Yellow river and made its way through the countryside along dusty roads, houses and cars started to get scarcer and scarcer and I realized with pleasure that I was headed for somewhere quite remote. The village in question turned out to be the last stop on the bus line. It must have consisted of a few hundred houses. There was just

① 热拉尔·热奈特. 1990. 叙事话语 新叙事话语[M]. 王文融译. 北京：中国社会科学出版社.

② 申丹，王丽亚. 2010. 西方叙事学：经典与后经典[M]. 北京：北京大学出版社.

one little shop in it, selling some basic items."[①]这段选自"Spring Festival in the Heart of Remotest Rural China"的文字讲述了作者前往中国农村过春节的过程，描写了当地的地貌景观和作者的心理活动，从文字可以看出作者对于中国春节有着深厚的情感以及对文章主题有着准确的把握。该段文字能够使读者产生强烈的现场感，身临其境，而这种透过人物内心进行叙事的文章显然是零聚焦视角叙事。

（2）内聚焦叙事，又称"限制视角"或"有限视角"。通常来讲，在新闻实践中，采用"据记者了解""向某人采访得知"等新闻术语来报道某一事实，都是以内聚焦叙事的叙事方式来报道新闻事件。出现这类词语虽会给受众造成一种新闻主观的印象，但在一定程度上拉近了媒体与受众的心理距离，从而更易达成既定的传播目的。"Fortunately, the Dragon Boat Festival has been listed as a legal holiday in China. Families have time to make rice-dumplings and go to travel outside together. The ways of celebration are gradually changing and family reunions will be more significant to everyone," Dong says.[②]该段选自"Dragon Boat Festival in the Eyes of an Elderly Man in Pingyao"，这篇文章以平遥古城为背景讲述了端午节的古今变迁，从一个小人物的平淡生活出发，侧面描写文章主题，文章通过采访对象的描述让读者初步了解了当地端午节的情况，并增加了文章报道的真实性，不仅使文章更具可读性，其可信度也大大增强。

"Qingming Tradition Continues in US"中的片段："For first- through third-generation Chinese immigrants in America, it continues to be an important annual tradition."该文章主要报道了清明节在美国的延续，通过对在美普通华人、高校教授等的采访，丰富该文的叙事视角。文章以采访对象的描述为线索，旁征博引，不断带动读者对清明节的现代化发展进行思考，达到提升真实性、客观性以及增加深度的目的。如"It is incredibly important to us that we honor our ancestors," said Tunney F. Lee, an urban planner and former professor at the Massachusetts Institute of Technology.[③]

---

① 见：https://global.chinadaily.com.cn/a/201202/14/WS5a1692d5a31040ac000dd129.html。

② 见：http://www.chinadaily.com.cn/m/shanxi/pingyao/2014-05/30/content_17554540.htm。

③ 见：http://www.chinadaily.com.cn/kindle/2012-04/04/content_14976081.htm。

（3）外聚焦叙事，是指叙事者只对已知事件进行客观性的描述，就像摄像机一样不挖掘人物的内心活动，通过严格叙述事件经过、人物行为或场景情况，来消除文本中的叙述者痕迹。如“On Saturday, some 7.88 million trips were made via the country's railway network, up 6.1 percent from last year's lunar new year and bringing total trips to 201.87 million during ‘chunyun’, the peak travel period surrounding China's Spring Festival.”①该段选自“Railway Trips Surge After Lantern Festival”，这篇消息对春运的基本情况进行了叙事，官方数据是什么就报道什么，即客观的新闻报道，不对其进行个人观点表达，也不进行深入报道，就像摄像机一样，发生了什么就记录什么，只是在记录事实的整个过程，做到了“完全客观”。这就是典型的外聚焦叙事，其叙事缺点也很明显，即文字生硬、趣味性不高等。

《中国日报》关于传统节日的报道，多采用外聚焦叙事。使用纯客观的视角，描述一个事实或者现状，从而让读者感受不到叙事者的存在。这虽然在一定程度上能给海外受众留下客观真实的印象，但却无法使有根深蒂固刻板成见的海外受众对中国传统节日产生兴趣。仅仅报道浅层信息，无法深入人物内心、剖析思想，只保障了新闻的真实性，忽略了文本的可读性和感染力，并不利于“中国故事”的传播。

（二）《中国日报》传统节日跨文化对话的叙事时间分析

1. 时序：新闻叙事时间线单一

时序就是文本讲述故事的先后顺序。根据热奈特的说法，“研究叙事的时间顺序，就是对照事件或时间段在叙述话语中的排列顺序和这些事件或时间段在故事中的接续顺序”。②新闻也是一种叙事文本，因此新闻的叙事时序可以看作新闻文本展开叙述的先后顺序。

新闻的叙事时序总是与故事发生的时序相反，这是由新闻的属性所决定的。故事时序是指故事从发生到结束的过程，一般而言是顺叙的逻辑结构，自然时间顺叙，其过程客观且不可逆。但新闻为了将最重要的信息最快速地

① 见：http://usa.chinadaily.com.cn/china/2014-02/16/content_17285461.htm。

② 热拉尔·热奈特. 1990. 叙事话语 新叙事话语[M]. 王文融译. 北京：中国社会科学出版社: 14.

传达给目标受众，其叙事时序有很多种，采用不同的叙事时序能使新闻文本产生不同的传播效果。根据叙事时序和故事时序的关系，可分为预叙、顺序和倒序。通过对所选取样本的整理发现，大部分的报道文章采用了顺序的方式，预叙和倒叙穿插在其中。顺叙顾名思义就是按照某一事件或时间段的叙事话语顺序进行叙事。总体来讲，顺叙拥有明显的时间线索或行文逻辑，有助于受众理解叙述内容，提升传播效果。

在所选取的样本中，以顺叙的叙事时序为主的主要是有关传统节日的民间习俗、神话传说、节日活动介绍等的文章。例如在“Qingming Cultural Background”中，“It is said that the Qingming Festival was originally held to commemorate a loyal man living in the Spring and Autumn Period（770-476 BC），named Jie Zitui. Jie cut a piece of meat from his own leg in order to save his hungry lord who was forced to go into exile when the crown was in jeopardy.”[①]该段就采用了顺叙的方法，以清晰地讲述故事。顺叙使文章整体显得井然有序、条理清晰，且使文章符合一般认知过程，受众在阅读时更易理解文章内容。

倒叙即将时间线索或叙述内容打乱，采用不同的叙述逻辑对事件进行溯源，通常会将新近事实或最精彩的片段放置在文章首段。这种叙事形式不拘一格，不会生硬呆板，使整个文章独树一帜，给读者带来新奇的感受。但在所选取的样本当中，采用倒叙的方法撰写的文章较少。

“Duānwǔjié =The Dragon Boat Festival & Zòngzi”一文就采用了倒叙的形式。文章在开头就点明了端午节的由来是纪念屈原，在之后的段落详略得当地介绍了屈原的生平，通过屈原入手再介绍端午节的粽子、赛龙舟等习俗。不仅使读者了解了文章的概貌，同时又交代了节日的文化背景，有助于提升读者对节日的兴趣。

预叙就是根据已有的信息，对事件未来发展情况做出一定的判断和预估。采用预叙进行新闻叙述主要有三种情况。一是使用倒金字塔结构；二是在文章内容较杂乱时使用小标题对叙述内容进行总结概括；三是在文章开头设置悬念，引起受众注意力，并在文章主体部分揭晓谜底。在《中国日报》

① 见：http://www.chinadaily.com.cn/china/2012-03/30/content_14953458.htm。

传统节日的报道当中,采取预叙的方法撰写文章主要是第一种和第二种情况。例如，在“2 mln Daily Entry, Exit Trips Expected for Dragon Boat Festival holiday”中，“The upcoming Dragon Boat Festival holiday is expected to see an average of 2.05 million inbound and outbound trips made by Chinese and foreign tourists per day, up 7.6 percent year on year, according to the National Immigration Administration(NIA)Wednesday.”①该段文字就采用了倒金字塔结构，文章将最重要的信息放在首段，后面的段落再进行补充说明，这就属于预叙。又如，在“Changsha's Mid-autumn Festival Events”中，文章叙述了长沙的中秋节的系列活动，该文章采用了小标题的形式，分别为“Appreciating the full moon”（赏月）、“Appreciating the osmanthuses”（赏桂花）、“Enjoying the light shows”（欣赏灯光秀）、“Learning about traditional customs”（学习传统习俗）。受众根据小标题，就能知道下面大概讲述的内容，这也是典型的预叙。采用预叙的方法可以对内容凌乱、复杂的文章进行简单的逻辑梳理，使受众更易理解文章内容，达到报道的目的。通常情况下新闻叙事是按照事件的顺序进行的，新闻叙事带有天然的限制性，为新闻的真实性所限制，《中国日报》对传统节日的报道中叙事时间线单一，大部分报道采用顺序时间线进行，在对外传播的过程中多起到呈现事实的作用，在传播过程中容易失去趣味性和深度。

2. 时距：新闻叙事运动形式刻板

在叙事学研究中，时距是指故事时间与叙事时间的重合情况。热奈特认为“零度”是理解叙事时距的关键，也就是一个“参照”，它可以掌握时间长短与逻辑顺序情况。基于此概念，这里将从概述、场景、省略和停顿四种叙事运动的角度对所选取样本的叙事时距进行研究分析。统计数据结果如表 2-19 所示。

表 2-19　《中国日报》传统节日时距分布数据　　单位：篇

传统节日	概述	场景	省略	停顿
春节	36	60	2	2
元宵节	16	82	1	1

① 见：https://www.chinadaily.com.cn/a/201906/06/WS5cf8b0bba31017657722fe1f.html。

续表

传统节日	概述	场景	省略	停顿
清明节	34	50	0	16
端午节	46	42	2	10
中秋节	39	54	2	5
总计	171	288	7	34

概述（summary）是指叙事时间短于故事时间，也就是将一段长时间的事件内容进行压缩，使其能够表现时间特征又不必面面俱到，从而起到节省叙事空间并吸引注意力的作用。在具体的新闻实践中，叙事者总是将某一事件中最值得报道或最能引起受众关注的信息做概述处理，比较常见的一种形式就是导语，导语可以将整篇文章中最核心、最重要的信息提炼为简短的一段话，节省受众的阅读成本。

“Pingtan Port in Fujian province received more than 3,000 inbound and outbound visitors during the Spring Festival holiday between Feb 7 and 13, announced officials with local exit and entry frontier inspection station on Feb 13.”[①]这段选自“Exit-entry Visitors Boom in Pingtan During Spring Festival”的文字简要介绍了春节假期期间平潭港的接待游客情况，简要地概括出重要的新闻事实，在有限的空间里报道受众最需要的信息，加快叙事节奏，以达到引导受众、提高传播效果的目的。

场景（scene）是指叙事时间基本等于故事时间。一般而言，场景被分为转录采访对象、广播电视节目的直播或录播、新闻照片呈现以及新闻特写稿四种情况。在《中国日报》的相关报道当中，相当一部分报道是新闻照片的实景呈现，并对照片进行简短的描述，让受众对照片的实际情况有初步的了解，如“Food Prepared for Upcoming Dragon Boat Festival in China's Zhejiang”“Spring Festival Decorations Seen Across China”等报道。在对传统节日的报道当中，通过照片构建场景的报道很多，这样可以避免叙事者直接介入，通过照片的直观呈现让受众主动对报道主题进行思考与理解，

① 见：http://www.chinadaily.com.cn/m/fujian/pingtan/2016-02/14/content_23478630.htm。

有较强的说服力和感染力，同时也体现了真实客观性。

停顿（pause）即叙事时间无穷大，故事时间为零。也就是说叙事内容中不存在时间流动，将叙事重点落在表述议论、抒情等非叙事性要素上。停顿实际上是将叙事与事件的发展分离开来，叙事的内容并不随着事件的进展而继续，而是偏移或者中止。这种叙事节奏在文学中是很常见的，但在新闻叙事中用得较少，且经常以议论的形式出现。如在《中国日报》对传统节日的相关报道中，停顿在介绍传统节日的内涵、特性以及现代意义等文章中较为常见。如在 2019 年 1 月 31 日发表的“Spring Festival: Old Spirit, New Traditions”这篇文章中，就没有明显的时间流动。文章主要讲述了两个关于春节的故事、家庭在春节中所体现的意义以及传统节日内涵的发展与转变，虽然文章总是在叙事过程中穿插其他叙事内容，但在总体上集中统一表达着非叙事性因素，侧面说明春节从古至今的一些传统习俗、精神内涵的变化。

省略（ellipsis）是指叙述时间为零，故事时间无穷大。与概述类似，省略是将一段长时间的故事进行压缩叙事，但不同于概述，叙事者将部分事实省略，只是对受众暗示了某些事的存在。热奈特认为省略是一种无穷速度。[①]省略经常被运用于文学作品，能够给读者带来一定的空白感和缺失感，从而给读者足够的想象空间，丰富读者对作品的理解。

“In Beijing, a three-day lantern show in a busy commercial street opened Tuesday. The show features more than 1,000 lanterns in various shapes and colors and also artistic performances including dragon dances, acrobatics, operas and dramas recreating imperial parades and ancient market places.”[②]选自报道“Modern Chinese Celebrate Lantern Festival With Downsized Customs”的文字省略了为期三天的灯展活动细节，对活动的整体内容进行了省略描写，如果将三天的活动内容、细节进行展开描写，那么作为消息体裁的文章就会显得啰嗦，而且对于新闻文本来讲也没有必要。

总体来看，《中国日报》对传统节日的相关报道多采用概述和场景两种方式叙事，这两种叙事方式在一定程度上可以提高新闻真实性、减少海外受众一直以来对于中国话语的刻板成见，但却很难涉及传统节日的精神内核，

① 热拉尔・热奈特. 1990. 叙事话语 新叙事话语[M]. 王文融译. 北京：中国社会科学出版社.

② 见：http://www.chinadaily.com.cn/life/2011-02/21/content_12049960.htm。

流于故事表面，使受众难以构造对中国传统节日文化的憧憬和想象空间，显然没有达到“讲好中国故事”的目标。

3. 频率：叙事节奏张弛有度

叙事频率是指某个事件在现实中被提及的次数反映在叙事文本中的情况。基于此概念，可以将叙事分为单一型、综合型和重复型叙事。

（1）单一型叙事，即事件在现实生活中被提及的次数与文本中被提及的次数相同。《中国日报》在关于传统节日的报道方面经常使用单一型叙事进行报道，通过对单一事件进行精简的描述，排除非必要信息的干扰，将独立事件串联起来形成整体，降低受众的阅读成本，同时也有利于受众第一时间获取最重要的信息。比如在“Four Major Changes to Make Spring Festival Travel Rush Smooth”一文中，叙事者就是在谈论四种变化使春运更加便捷，四种变化从个体来看都是独立的事件，但将每种事件连接起来叙述，可以推动叙事的发展。

（2）综合型叙事，即现实生活中发生多次的事件，在叙事文本中通过概括的方式仅被提及一次。一般可用于传统节日文化习俗的介绍，从而向受众展现传统节日文化的历史广度与深度，加深受众对传统节日文化的印象。此外，综合型叙事在报道传统节日时有利于从多个维度来表达传统节日背后的文化内涵和意义。在所选取的样本当中，有的文章会在局部使用综合型叙事方式，但没有长篇使用该方式的文章，因此这里不做详尽分析。

（3）重复型叙事，又称“多重叙述”，即现实生活中只发生一次的事件，在叙事文本中被反复提及。同一件事实被多次描写，有利于增强受众对事实的印象，可以称为必要的信息冗余。标题、导语、正文是新闻稿件的三大构成部分。一般而言，标题可以清楚表达事件的主要事实，导语则是在标题的基础上展开说明新闻事件，而正文是对导语中的基本信息以及未提及的事件进行细节描写。这样，三个部分都在讲述一个主要事件，也就是叙事次数大于故事次数，每一次叙事都要比上一次叙事递进。这也是何纯提出的“三度反复”概念。①

① 何纯. 2006. 新闻叙事学[M]. 长沙：岳麓书社.

（三）《中国日报》传统节日跨文化对话的叙事话语分析

1. 叙事修辞的升级："真实""权威""理性"的叠加

修辞是利用语言来表达某类事件的语言活动，其目的是获得更好的表述效果。在其发展的过程当中，与新闻研究相结合，诞生了新闻修辞学。[①]而费伦认为叙事代表了一种行动，一个给别人讲故事的行动。[②]由此看来，修辞的合理运用对于新闻报道具有重要的意义。何纯把新闻叙事的修辞资源归结为"事""势""理"，由此得到的修辞手段便有"告之以事""服之以势"和"晓之以理"。[③]这里将基于此三种修辞手段对所选取样本进行叙事修辞分析。

1）告之以事

真实是新闻的生命，是新闻与故事的最大差别。事实是修辞活动中存在着的各种确定性的源头和终极载体，不依赖事实、与事实完全无涉的修辞是不可想象的，事实呈现是最有说服力的新闻叙事方式。在新闻报道中，往往通过呈现客观数据和真实场景来增强新闻的感染力。通过数据事实增强新闻的客观性和可信度，通过对新闻场景的直接描写或采访再现，增强新闻的真实感。

第一，数据事实。精准的数据不仅使文章更加简洁，同时可以直观地向受众呈现其所需要的信息。在《中国日报》的相关报道中，数据事实主要用于节日经济消费的数据呈现，对节日期间的行为产生的消费进行说明。如在"China Sees 96 m Domestic Tourist Trips During Dragon Boat Festival Holiday"中，"China saw a total of 95.98 million domestic tourist trips made during the three-day Dragon Boat Festival holiday, up 7.7 percent from the same period last year."[④]该报道就在标题和导语中直接呈现了相关数据，通过简洁的数据表达了事实发生的时间、内容，且使消息更具真实客观性。

① 托伊恩·A. 梵·迪克. 2003. 作为话语的新闻[M]. 曾庆香译. 北京：华夏出版社.

② 詹姆斯·费伦. 2002. 作为修辞的叙事：技巧、读者、伦理、意识形态[M]. 陈永国译. 北京：北京大学出版社.

③ 华进，何纯. 2007.新闻叙事的修辞[J]. 当代传播，（2）：103-105.

④ 见：https://www.chinadaily.com.cn/a/201906/10/WS5cfdbc59a3101765772303ab.html。

第二，场景呈现。在所抽样的500篇报道中，以场景呈现为主要方式的告之以事达到了399篇。如在“Soldiers Pay Tribute to Martyrs Ahead of Qingming Festival”中，报道借助所拍摄的照片进行新闻叙事，使受众在阅读新闻时更能够体会到叙事内容与事实的吻合度，提高了新闻的可读性和真实性。

2）服之以势

这里的“势”可以理解为信源或者叙事者的权威性。《中国日报》在传统节日的相关报道中，通过直接使用官方话语来增强新闻的可靠性，从而使得新闻观点更具说服力，运用服之以势的修辞方法的报道主要是节日消费、交通以及环境污染等报道。如在“Smog Blankets Beijing During Lantern Festival”中“At 9 a.m., the air quality index （AQI） at stations in urban Beijing reached Level 5 between 246 to 287, or heavily polluted, according to the Beijing Municipal Environmental Monitoring Center's website.”①该报道就标明了判定环境污染的权威指标以及权威部门话语，从而增加了信息的可信性和权威性。

此外，在报道传统节日的具体新闻实践中，服之以势和告之以事经常是同步出现的。例如，在“Beijing Citizens Spend $299.9m Over Mid-Autumn Festival”中，“The retail sales of business and service sectors reached over 2 billion yuan （$299.9 million） during Mid-Autumn Festival, said a report by Beijing Municipal Commission of Commerce（BMCC）on Saturday. This is a 6.6 percent increase to last year's Mid-Autumn Festival.”②该段文字就属于由权威部门发布的相关数据信息，使消息内容既具有了数据的真实性，又具备了信源的权威性。

3）晓之以理

“讲道理”是中国修辞思想中重要的说服手段，传统主流话语中的“说服”是指通过理性分析，权衡利弊来改变“异见者”的观点。新闻叙事中的“晓之以理”则是指通过建立事实之间的联系，使受众能够做出逻辑判断。迪

① 见：http://africa.chinadaily.com.cn/china/2014-02/14/content_17283154.htm。

② 见：http://www.chinadaily.com.cn/business/2016-09/18/content_26815364.htm。

克认为，“晓之以理”是指事件 A 的再现能够与受众经验中的事件 B 相关联。新闻报道中，也会通过制造事件上的关联，潜移默化地影响受众的态度。如报道“Australians Delight in Chinese Music During Chinese Spring Festival”，文章标题和导语叙述了一个基本事实，文章主体则展开叙事，通过对各类人物的采访建立联系：“‘Many Westerners reject Chinese music without even really hearing it, just as they might dismiss Arabic or Korean music. Without exposure to these cultures, it's natural to reject them,’ said Huie, who stayed in China for 18 years.” “It was a great three days and just a small part of the inevitable cross-cultural development in Australia's future, the Australian composer noted.”①晓之以理让受众很容易地同意文章所得出的结论。因此，晓之以理的修辞方法不仅可以更容易让受众接受，同时还可以帮助其进行思考。

《中国日报》在对传统节日进行报道时为了使文本内容更具张力、饱满且富有吸引力，会使用一定的修辞手段，以期受众能够感受到传统节日所附带的民族情感。其实，修辞的使用在新闻实践中难以避免，但修辞的过度、过量使用，可能会影响到新闻真实性、客观性，甚至模糊新闻作品与文学作品之间的界限。因此，在使用新闻修辞时要张弛有力，避免超过新闻作品的承受范围，从而损害媒体的声望。

总的来讲，《中国日报》在对外报道传统节日时还存在着明显的语言修辞问题。程曼丽认为，一种文化必然要适应另一种文化圈的各种特殊情况，这样才能在目标文化圈中进行有效、长期的传播，这是对外传播时所要面临的问题。②中西方的文化差异、语言词汇差异影响我国媒体报道新闻时的传播效果。这一点从《中国日报》对传统节日的报道中就可以看出，其所采用的叙事修辞方式主要是“告之以事”，只是将事实平白直接地转换为英文进行报道，很少将本地的文化背景、生活习俗、意识形态等因素考虑在内，这或多或少影响到了《中国日报》在海外媒体中的竞争力。要想进行有效的对外传播，就必然要对本土语言、文化背后的历史发展、意识形态等进行深入

① 见：https://usa.chinadaily.com.cn/culture/2011-02/24/content_12079117.htm。
② 程曼丽. 2006. 国际传播学教程[M]. 北京：北京大学出版社.

的调查与理解。再加上我国传统节日本身就具有关于丰富的文化背景、节日习俗等特有名词，单纯地将其转化为英文单词，很难让海外受众明白其中所蕴含的内涵精华。因此，文化的藩篱、思维模式上的区隔是影响叙事修辞方式选择、影响传播效果的重要因素。

2. 叙事结构的创新：线性至多线性的转向

叙事结构是指文本的框架，即将素材按照一定逻辑进行排列，使之顺畅地向受众传达叙事者的传播目的。叙事结构的选择与应用会对叙事内容与传播效果产生十分重要的影响。经过数据统计后发现，《中国日报》传统节日相关报道所采用的叙事结构主要是线性叙事结构和非线性叙事结构。如图2-14所示，非线性叙事结构的所占比例要高于线性叙事结构，为313篇，占62.6%，而线性叙事结构为187篇，占比37.4%。

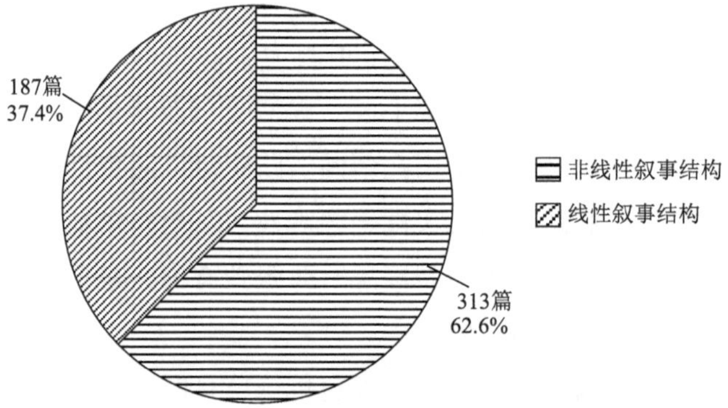

图2-14 《中国日报》传统节日报道叙事结构占比分布

1）线性叙事结构

线性叙事结构是以事件发生的自然时间顺序为线阐述事件发生的全过程或按照一定的因果逻辑来讲述某一事件，但无论如何，其行文结构具有明显的线性逻辑。热奈特认为，叙述者可以通过时间、因果等因素的排列顺序来推进内容情节的发展，从而保证矛盾的产生和解决。[①]在所选取样本中，采用线性结构进行叙事的新闻，主要涉及出行消费信息、民众节日活动、文艺演出等时效性较强的内容。如“Tai'an's Tourism Booms During Mid-Autumn Festival”一文就是以中秋节三天假期为时间线索，讲述了山

① 热拉尔·热奈特. 1990. 叙事话语 新叙事话语[M]. 王文融译. 北京：中国社会科学出版社.

东省泰安市的 20 个主要景点接待了 44 万多游客的基本事实，并以此为核心点展开介绍旅游收入靠前的景区的基本情况。这种只传达信息、不掺杂个人情感的叙事内容占据了《中国日报》线性叙事结构的主要部分，但也不乏在传达基本事实的基础之上进行深度挖掘的报道，这种层层递进的报道逻辑可以给受众带来一种新的阅读体验，提高传播效果。“Australians Delight in Chinese Music During Chinese Spring Festival”一文，就是以 2011 年春节假期为时间点，向前追述中国音乐在澳大利亚的发展历程。该文以时间和关于采访对象澳大利亚作曲家惠伊的采访内容为逻辑线进行叙事，不断展开新的叙事内容，层层叠进，不仅佐证了文章主题的真实性，更丰富了文章内容，提高了文章的可读性。通过时间顺序、因果逻辑关系的排列清楚地叙述新闻事件，是典型的线性叙事结构，能够把故事讲清楚，便于受众对新闻的发展进行理解和理性思考。

2）非线性叙事结构

非线性叙事结构摒弃了以时间为线索的叙事方式，全文几乎没有贯穿上下文的核心人物或事件。热奈特认为这种非线性叙事结构是把具有空间上接近、气候上一致或主题上相近等关系的事件集中起来。在所选取的样本中，采用非线性叙事结构的文本主要涉及阐述传统节日习俗、民众节日生活等时效性较弱的内容。比如“Dragon Boat Festival's Colorful Customs”一文，就是围绕端午节习俗这一主题，根据新闻照片讲述不同的节日习俗片段，每张照片都是一个小片段，这些独立的小片段把事件和人物割裂开来，每张照片的事件之间没有明显的因果逻辑关系。又如“10 Destinations for a Qingming Outing”一文，也是围绕清明假期郊游地点这一主题进行了叙事，这样的叙事结构具有很大的灵活性。

根据对样本的进一步分析发现，《中国日报》对传统节日的相关报道更倾向于采用非线性叙事结构，2010—2019 年《中国日报》进行叙事的文本内容多为图片，相较于文字，图片并不是通过大篇幅报道来俘获受众的关注度，而是通过叙事层面的构建来激发人们的好奇心。《中国日报》多将报道事件置于全景中加以报道，一改传统报道喜欢使用的线性叙事模式。但无论是线性结构还是非线性结构，《中国日报》对传统节日报道的大量篇幅，基本都停留在事件的浅层信息上，对事件、习俗等因素进行深度报道和理性思考的叙事文本凤毛麟角，如此一来，很难将各种叙事技巧的功能发挥出来，从而无法显现出良好的传播效果。

从整体来看，《中国日报》传统节日报道的叙事结构与国内其他媒体传统节日报道的叙事结构基本没有区隔。《中国日报》作为我国对外传播的权威性媒体，以其为研究对象所揭示的问题具有代表性和广泛性。研究认为外宣工作应该坚持“内外有别”“原则性与灵活性相统一”的工作方针。[①]但在具体的实践操作中，我国媒体对国内外新闻报道的叙述内容和表达形式并没有区别对待，针对一些特定名词，如“爆竹”“年”“扫墓”“荷包”“赏月”等，并没有深刻解读其基本内涵，基本上延续了国内的叙事结构。海外受众的社会形态、文化习惯、世界认知和意识形态不同于国内受众，媒体的叙事结构必定要根据海外受众进行一定程度的调整。媒体没有采用有针对性的叙事结构导致了新闻内容的同质化以及海外受众难理解等问题。

三、中国传统节日跨文化对话的媒介叙事提升策略

（一）提升跨文化对话的叙事能力

近年来，我国媒体加快了中国故事“走出去”的步伐，但传统节日方面报道的叙事能力并没有本质上的提升。因此我国媒体应“因地制宜”，不断根据当地具体情况制定出本土化策略，从而提升传播效果。正如学者塔奇曼所说的，新闻的存在不仅是对现实社会的一种描述，也是可以实现对现实世界的构建的。[②]

1. 注重民间叙事话语，丰富叙事主体

民间个人话语的发声，无疑是在西方个人主义盛行的背景下提高传统节日报道传播效果的有效途径。为了实现提升中国传统节日文化的国际影响力这一阶段性目标，提高民众个人的对外交流积极性、创造性至关重要。

从样本分析可以看出，虽报道对象多为大众普通生活，但其视角聚焦在

① 姜飞，张楠. 2019. 中国对外传播的三次浪潮（1978—2019）[J]. 全球传媒学刊，26（2）：39-58.

② Tuchman, G. 1978. *Making News: A Study in the Construction of Reality*[M]. New York: The Free Press.

外层，无法挖掘浓厚的节日氛围和节日情感，难以打动海外用户。在传统节日这一文化领域，在保证新闻真实性的基础上，叙事主体应多元化，让广大群众及各方企业参与到讲述中国故事的队列当中，隐蔽或公开地表达他们的思想、观点以及经历，既可以提升信息的可信度和感染力，让海外受众意识到中国故事并不是政府官方自说自话，而是真正深入民间的实际情况，也可以推动海外受众对中国多元的传统节日产生兴趣，从而主动了解中国的传统节日。以通俗好理解的角度进行叙事，报道语言直白浅显，让海外受众易于理解，从而避免语境不同导致的传播无效问题，可重点选择故事化叙事，通过讲故事的方式来进行文化输出，避免晦涩难懂的理论以及枯燥的文字叙述。[①]

2. 创新叙事内容形式，扩展传播渠道

受众总是希望以最小的成本获取最大的报偿，而当下主流传播方式，即短视频、直播等满足了受众这一需求。在这个媒介生态被大数据以及互联网重构的时代，碎片化信息更符合受众的消费口味，但我国媒体在针对传统节日的对外传播过程中，仍然以图文为主要的叙事形式，自然无法获得受众较高的关注。海外学者曼诺维奇提出这样一个观点，通过增加用户视觉上情境性和动态性的信息以增强现实。通俗来讲就是通过技术给用户增加一些可以帮助其更好理解现实的虚拟信息。[②]因此我国媒体应积极创新叙事内容形式，从叙事内容的呈现方式入手，逐渐发展多线性的叙事模式，广泛采用短视频、VR、直播、H5 页面等新传播形式提升受众关注的可能性，为受众营造沉浸式场景，打造沉浸式新闻，使得受众从对新闻的被动接受为主动参与。[③]如“动新闻”就是新京报的新媒体团队推出的融媒体产品，在多方抢夺受众注意力的时代，动画仿真场景、图文并置以及数据建构的可视化叙事策略[④]，无论是在新闻路径优化方面，还是在增加用户黏性方面，都具有一定的参考意义，使得用户获得更佳的叙事体验。

长期以来，海外受众接收的中国传统节日以及其他方面的信息几乎都来

① 王悦. 2019. 融媒时代重大主题报道的叙事策略[J]. 青年记者，（29）：55-56.

② Manovich, L. 2006. The poetics of augmented space[J]. *Visual Communication*, 5(2): 219-240.

③ 张屹. 2015. 基于增强现实媒介的新闻叙事创新策略探索[J]. 国际新闻界，37（4）：106-114.

④ 刘清花. 2020. “新京报 · 动新闻”的可视化叙事策略[J]. 青年记者，（24）：72-73.

自海外媒体的相关报道，很少通过中国媒体或个人直接获取相关信息，这是造成海外受众对中国传统节日了解不通畅、不全面的重要原因之一。基于此，应针对中国传统节日的“他塑”现象，探寻中国传统节日对外传播的“自塑”路径。我国媒体应该主动疏通并扩展信息传播渠道，让外国记者或普通民众深入了解我国民众的思想和生活状况以及传统节日所蕴含的内涵和活力。通过对传统节日的常态化叙事，反映中国传统节日的多元文化，在信息及时、客观、生动传播的基础上消除固有偏见。

3. 更新叙事理念，提升传播效果

中西方由于历史发展轨迹不同，文化价值、思维模式和学术传统等存在着较大差异。在全球化的背景下，带来最大焦虑感的并不是经济和技术，而是文化。不同的文化群体之间会出现文化认同问题，而在进行国际传播的过程中，势必难以避免不同文化之间价值观不同等问题。[①]通过样本内容分析可以看出，目前我国媒体对于传统节日的相关报道多为“告之以事”，很少涉及节日内涵。这就无法体现中国价值观，且直接的叙事方式与西方思想观念产生明显区隔，因此难以使受众接受。为了更好地传播中国传统节日，应将能够被国际社会理解的价值观作为传统节日报道的内核，不应将叙事焦点仅仅聚集在传统节日的由来、习俗、活动等较为浅层的信息上，而是要深度挖掘我国传统节日与其他主要国家节日存在的共同点与不同点，以共同点为基础拉近与海外受众的心理距离，减少输出不同点的传播隔阂。以春节、端午节等为代表的传统节日饱含着仁爱、慈孝、友善的思想，寄托着平安吉祥、风调雨顺等希望，延伸到社会主义核心价值观中就是平等、诚信、友善等概念，这些文化内涵集中体现了中华民族以人为本、崇尚自然、热爱生活、积极向上的美好追求，而这些是与西方思想观念基本一致的，在对外传播中更容易被海外受众认可并接受。此外，我国媒体应多采用零聚焦、内聚集叙事视角来报道新闻，也就是提升新闻的“故事性”，这也符合我国新时代对外传播理念，即“讲好中国故事”。凝练中国传播理念，以中国的优秀传统节日文化融入世界话语体系，展现中国各民族群众不断提高的物质、精神生活

① 赵永华，刘娟. 2018. 文化认同视角下“一带一路”跨文化传播路径选择[J]. 国际新闻界，40（12）：67-82.

水平，把握国际传播的主动权。[①]

（二）构建跨文化对话的话语体系

在提出人类命运共同体、“一带一路”倡议等概念后，我国媒体的国际公信力、美誉度等都有所提升，但在西方民众不信任政府的文化背景之下，我国媒体没有充分利用民间叙事讲好中国故事，这也是中国传统节日知名度以及热度较低的一大原因。

1. 升级传播内容，借力海外媒体平台

艺术创作大多是将简单的事情复杂化，在复杂化的过程中传递自己的情感和内涵。但新闻具有其自身的独特性，必须坚持真实的原则，尽可能地用最客观的语言还原真相，为了戏剧化的效果追求夸张的情感表达是不被允许的。因此《中国日报》进行对外传播的过程中，不能完全根据文学叙事的思路进行。应该通过事实的描绘、细节的补充、画面的添加来对内容进行升级。[②]

近年来，我国媒体加快了中国故事“走出去”的步伐，构建了布局全球的传播体系，但我国媒体讲述传统节日的过程中，主要依赖于海外官方网站，虽也利用海外媒体平台进行传播，但却没有做好本土化，难以融入当地的社会大众生活。这就要求我国媒体在守好现有传播阵地的同时，积极利用海外媒体平台，加强与当地媒体的合作，将传统节日的传播深入目标受众，提升传播效果。

2. 促进节日创新，注入商业化叙事内容

在《中国日报》2011—2020年的传统节日相关报道中，虽有大量文章报道节日民俗、民间生活，但其叙事视角仍以官方视角为主。媒体也可以从节日细节折射入手，或是从民间实际生活出发，展现国家综合实力发展变化以及民间生活水平的稳步提升，使语言通俗化，让专有节日名词更加专业化，更具亲近性和说服力。

---

① 高卫华，贾梦梦. 2016. 美国主流媒体的中国多民族国家形象报道框架分析[J]. 新闻大学，（4）：1-10，148.

② 常江，许诺. 2013. 新闻连续剧：叙事策略与传播样态探究[J]. 国际新闻界，35（5）：120-129.

与中国传统节日在海外传播屡屡受挫的情况截然不同的是，西方主流节日，如圣诞节、情人节、复活节等，在我国传播极为顺利。西方节日文化内涵的高度具象化和商品化，是其在我国顺利传播的重要保障之一。具象化、商品化的节日文化表述巧妙避开了西方节日原本所蕴含的宗教内容，浓厚的宗教属性几乎完全被解构，使得我国民众在不理解西方宗教文化的情况下就可以较为轻松地接受西方节日。比如说，提到圣诞节，就能想到圣诞树、圣诞礼物，提到情人节，就能想到巧克力。基于此，我国媒体在对外传播传统节日的过程中，可以将节日符号与商品相结合，让海外民众在不了解节日背景的情况下，迅速接受我国传统节日。如将春节和烟花、端午节和竞赛等西方民众较为常见的现象相结合。但具象化、商业化的表述，单靠媒体无法做到，媒体应和企业积极联动，帮助企业挖掘我国传统节日所蕴含的商机，在有商业化潜力的基础之上，由媒体进行宣传推广，打造一条具有浓郁节日特色的经济产业链。此外，海外年轻受众相较于中老年受众对于新事物的包容度更高，因此也要注重挖掘、创新传统节日的时尚性因素，抓住海外年轻受众的市场。也就是说，要效仿西方节日在中国传播的成功路径，即促进节日符号的具象化、商业化、时尚化，探索出我国传统节日在海外传播的合适路径。①

（三）加强对外传播人才队伍建设与传播技术革新

新媒体技术的层出不穷已经改变了受众的阅读习惯，随着传播技术的迭代升级，新闻信息量呈指数级增加，新传播方式，如短视频、直播等，正抢夺受众大量的注意力，而在传统节日方面以文字图片为主要叙事方式的媒体，难以获得受众的高度关注。

1. 加强教育培养，打造跨文化传播人才

在国内，我国媒体已经开始布局新媒体市场，推出自主品牌、账号以争夺受众注意力，并凭借深厚的资源和过硬的专业素养迅速获得受众的广泛支持。但在国际，我国媒体的传播方式仍停留在图文时代。因此需要提高传统

① 匡野，陆地. 2016. 西方节日在我国有效传播的归因及规律研究[J]. 现代传播（中国传媒大学学报），38（4）：87-90.

节日对外传播方面的记者的新媒体素质，综合运用图表、文字、音视频、VR、直播等方式提高传播能力；需要实地调查当地民众的文化背景、生活习俗，从而生产出海外民众能够接受的中国传统节日新闻内容。此外，在报道相关新闻时，要注意切实关注普通人的实际生活，要重视个人的生活经历、人生感悟给故事整体带来的影响力，故事因人而生动，这也是符合西方个人主义倾向的。同时，要尽量采用平实克制的叙事风格，增强故事的可信度。要想实现这些都需要提升记者全方位的能力。基于此，一方面，可以从高校新闻教育入手，进行跨专业联合定向教学，如联合国际关系、历史学、社会学等学科专业，培养高素质综合型人才。另一方面，对现有的新闻记者队伍进行培训，大力推进队伍国际化、本土化以及创新化，在涉及中国传统节日民俗、中国特色文化等概念时，要注重根据当地实际情况做好解释性报道，提升对外传播的语言转换能力，打造融通中外的新表述，从而减少文化隔阂，提升传播效果，以便真实、立体、全面地展示中国传统节日文化以及中国各民族蒸蒸日上的物质、精神文明生活。培养传播人才的"创造性想象"能力，其中包括悬念的制造能力、形容词以及修辞手法的运用能力、细节的描述能力等，记者如何对新闻素材进行处理，并将其输出成一篇新闻报道，其创造性想象能力和思维策略具有关键性的作用。因此训练传播人才的想象力不但可以使其对新闻事件有更深层次的理解，也会使其给受众带来更优秀的新闻作品。①

2. 把握历史机遇，引领传播技术革新

纵观历史，每当世界格局发生深刻变化，总会伴随着技术革新，而在变局中占据主导地位的国家无疑是新技术的引领者。因此，我国媒体应在注重内容生产的同时，积极推动新媒体技术的开发与应用。如今，大数据、算法推荐等新技术均可运用在新闻领域，例如可以依托大数据技术和其他数据分析手段，依据本土受众的浏览喜好、阅读习惯等进行更有针对性的内容生产和发布，准确把握跨文化差异，在"聚众"的同时进行"分众"传播。5G 技术的出现更是为新闻界带来了全新视角，为中国媒体抢占国际话语权提供了一个契机。我国媒体应充分运用 5G 技术的高速率、高容量、低时延、低

① 蔡琰，臧国仁. 2010. 想象与创造性想象 新闻叙事思维再现的蓝图[J]. 国际新闻界，32（6）：6-13.

能耗等特性，提高传播的移动化、社交化、视频化和互动化，引领新的传播潮流。媒介技术的升级在一定程度上使得叙事表达具有创新的表现，传播效果也更接近我们的预期。例如，两会期间采用新技术手段生产出来的新闻作品备受好评，引起了更广泛的关注。5G、VR、AR以及高清全景直播使得受众参与感更强，将新闻叙事与新技术手段融合，可以增强主流媒体的话语权，提升其在受众心中的公信力。[①]

① 王悦. 2019. 融媒时代重大主题报道的叙事策略[J]. 青年记者，（29）：56-57.

第三章　文本观照：中国故事跨文化对话文本阐释

第一节　文化间性视角下中国饮食纪录片跨文化对话叙事

一、中国饮食纪录片跨文化对话的叙事困境与原因探析

（一）中西方饮食纪录片的差异比较

1. 中西方饮食纪录片概述

相较于国内纪录片，西方纪录片发展起步较早，纪录片从前期选题调研、实地拍摄再到后期制作推广等一系列操作已形成成熟完整的工业化链条。其中，具有代表性的如英国广播公司（British Broadcasting Corporation，BBC）、美国探索频道和美国国家地理频道等专业化纪录片制作方。英国广播公司是纪录片领域的代表，其内容创作有鲜明的特色，善于利用个体命运发展来表现宏大的故事题材，不断创新记录方式和讲述视角。其较为突出的是工业化的操作模式保证了纪录片制作品质的稳定输出。美国的纪录片多表现科学的探索精神以及科技感，美国国家地理频道拍摄的纪录片通过画面呈现出的真实质感给受众带来极致视觉盛宴，此外这些纪录片故事情节铺设巧妙，通过互动体验与线索寻找来激发观众的好奇心和求知欲。美国探索频道拍摄内容多样，娱乐性、参与感强，多为纪实类型节目。此外，在亚洲，日本广播协会（Japan Broadcasting Corporation，NHK）和韩国放送公社（Korean Broadcasting System，KBS）两大电视台表现较为突出。日本纪录片在质量上把控严谨，韩国放送公社出品的纪录片故事构思精巧，内容丰富，利用专题的形式向人们展示人文、科技、社会等多个领域的内容。如美食题材的纪录片《面条之路》一路追寻面条的发展历程，展示了各个地区不同的

自然环境和文化差异。

饮食题材的纪录片因其丰富性表达和背后蕴含着的文化内涵，成为许多国家共同关注的对象，不同国家的饮食纪录片内容选择视角和画面呈现方式也各有特色。以下将以 2005—2019 年出品的部分饮食纪录片共计 60 个样本作为探究基础，归纳总结作品数量变化趋势（图 3-1）、各国饮食纪录片出品分布情况（图 3-2）以及饮食纪录片不同内容分类数量情况（图 3-3），并进一步分析探讨。

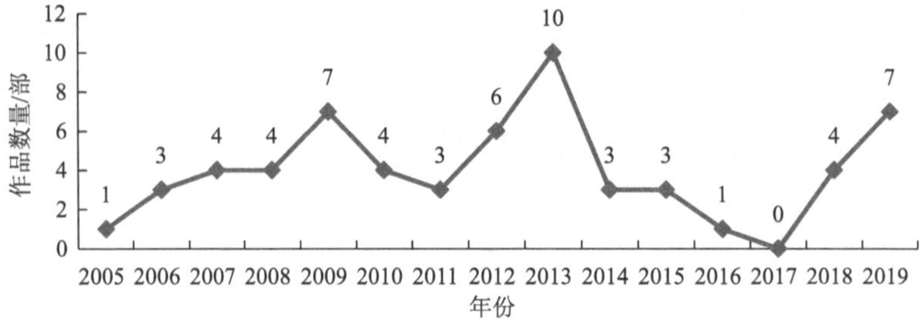

图 3-1　2005—2019 年中西方饮食纪录片数量变化趋势

1）饮食题材纪录片数量呈现集中趋势

从图 3-1 中可以看到，饮食纪录片数量在 2011—2013 年快速增加，这主要是因为，这一时期，纪录片市场逐渐扩大开放，拍摄技术的提升也让创作者把注意力转向饮食类题材纪录片的制作。这一阶段，纪录片作品均较为集中，国内外饮食纪录片都积极寻找新颖的主题进行大量创作，注重纪录片内容的呈现以及制作品质的提升。从中国拍摄的饮食题材作品来看，2012 年《舌尖上的中国》第一季播出后，饮食纪录片发展至今，无论内容还是形式都日臻成熟。2018 年播出的《人生一串》第一季、2019 年的《风味原产地 · 潮汕》等让中国饮食纪录片发展再次出现小高峰。此外，从叙事风格来看，欧美国家的饮食纪录片进行内容展现时保持一贯科学和探索精神，善于利用互动、引导、启发来讲述人与饮食的关系及饮食文化。包括中国在内的亚洲国家则整体偏向以故事讲述人与美食之间的情感关联，情感表达细腻，突出人文关怀。

2）世界各国饮食纪录片内容题材丰富

从各国饮食纪录片出品分布情况（图 3-2）来看，中国饮食纪录片数量较多。美、英两国饮食纪录片数量居第二和第三位，内容题材丰富，既有关注区域美食的内容，如《地中海饮食之旅》（英），也有对世界各地美食的综合性介绍，如《菲尔的环球饕餮》（美），在纪录片叙事风格上，它们仍旧保持理性客观，通过对细节的处理来展现人们对美食的热爱。日本、韩国的饮食纪录片制作数量不多，但不论从叙事内容的选择还是镜头语言的表现力来看都较为考究，尤其是日本，其对饮食纪录片的制作非常严苛，如《中国面之旅》（日）深入讲述了中国各地五花八门的面食。除此之外，泰国、加拿大、奥地利、澳大利亚等国家在饮食纪录片方面也均有涉足，丰富了饮食纪录片的内容和题材，展现了更为多元的饮食世界。以中国为例，近 10 年来纪录片市场整体处于上升趋势，主要得益于新媒体纪录片的持续发展，从制作能力、传播水平到社会影响力均有突出表现。腾讯视频、哔哩哔哩、爱奇艺等都加入纪录片内容的创作中，所出品的网络自制纪录片在年轻化市场中拥有较好的口碑，如《风味人间》《早餐中国》等饮食纪录片。

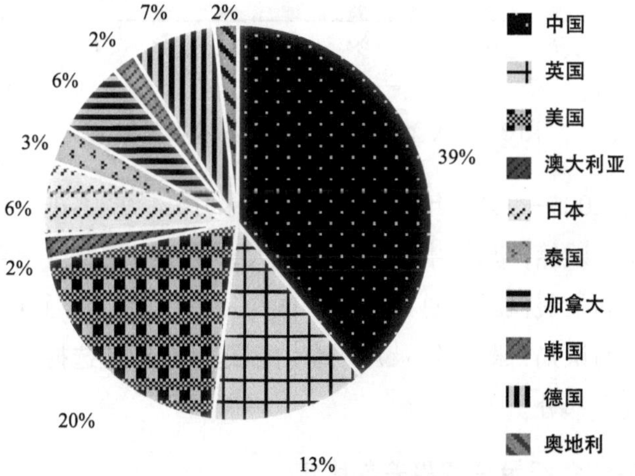

图 3-2　各国饮食纪录片出品分布情况

3）饮食纪录片叙事内容多元化展现

从图 3-3 来看，饮食纪录片的叙事题材较为丰富多样，在考虑纪录片内容部分重叠的基础上，可以看到综合饮食即关注世界范围内或大区域范围内饮食的纪录片数量较多，且内容多元，给受众的视觉冲击和吸引力较为强烈。同理，区域饮食的范围相对较小，针对某一区域内的美食进行叙事，这一类纪录片和讲述饮食种类的纪录片较为相似，区域饮食纪录片具有显著的地域特征，而饮食种类纪录片的美食针对性强，由此创作者可以从多方面切入，从不同角度向受众展现美食，有利于受众完整地认识和感受地域特色或不同种类饮食文化。其他类型如饮食人物、饮食美学、饮食历史、饮食理念等方面的纪录片数量较少，但它们的出现意味着纪录片创作者正从多维度向受众讲述饮食的故事，由浅入深，从单一到多元，深刻展现饮食文化背后蕴含的意义价值和处世哲学。

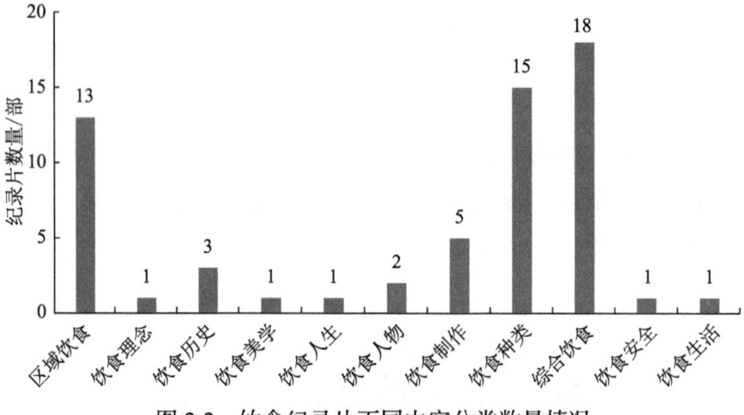

图 3-3　饮食纪录片不同内容分类数量情况

以上仅以 2005—2019 年的部分饮食纪录片作为样本进行了规律性探索和趋势性解读，诚然，其样本数量不够庞大，但在一定程度上可以反映中西方饮食纪录片的发展概况。总而言之，饮食是一种社会共通性的存在，全人类对其有共通的认知，既是纪录片叙事内容题材的最佳选择，也是讲好中国故事的重要组成部分。

2. 中西方饮食纪录片叙事差异比较

纪录片作为最能体现文化内涵的影视艺术形式，在艺术呈现中常将社会生活、个人发展和环境变化结合在一起，是反映社会现实的重要手段。饮食纪录片的叙事创作差异使得作品带有明显的风格属性，也让受众感受到不同文化背景下的思维碰撞，会在对外传播中产生影响和掣肘。由此针对中西方饮食纪录片的叙事创作特点，梳理出以下几点具体的差异表现。

1）叙事主题诉求的不同

创作诉求代表了记录者原始的创作动机和意图，在作品创作前已有明确的情感基调和思想定位。国内纪录片题材丰富，涉及历史、社会、文化等多个方面，弘扬主旋律的叙事主题较为常见，故事的讲述主要是为了展现祖国秀美风光、优秀传统文化以及历史发展历程等重大主题意义。美食类纪录片主要通过美食元素来突出文化特色，在展现人文历史的同时反映中国社会发展现状。如中国饮食纪录片对外传播的代表性作品《舌尖上的中国》，片中以不同地区的美食为故事主线，实则通过美食展现背后的人的真实故事，抒发情感弘扬主题。在此类较为固定的叙事主题框定下，纪录片讲述会存在一定范围的局限性，降低受众对内容发散性的体验感，稍显立意视角创新不足。与中国为了表达而记录不同，西方往往先发现生活现象再形成记录表达，多从自然、生活、社会中发生的现象出发，客观探寻其内在的本质，在这过程中启发人们探寻饮食背后的秘密和故事。如美国纪录片《食品公司》，故事主要揭露了在看似充足的食品供应背后，食品安全已成为不可忽视的问题。纪录片从快餐行业入手，逐步延伸到其他行业，揭露了部分企业为获取丰厚利润而伤害公众健康和安全的问题。同时纪录片也以食物为讲述对象，从社会现实出发探寻隐藏在事实背后的问题和本质，在此基础上进行叙事创作，向观众展现社会当下亟须关注的饮食现象。

2）叙事情感表达的不同

中国人表达感情讲求寓情于物，拍摄的饮食纪录片往往带有明显的感情色彩，突出体现在对社会底层民众生活状态和心理变化的描述，展现他们的悲欢离合，并用食物凝聚他们的对美好生活的向往。如《舌尖上的中国 2》第二集讲述了余高里夫妇常年在外务工，一年中只有回家收田的半个月才能与孩子团聚。镜头定格在他们女儿身上，通过对女儿的自述及流泪时特写镜头的记录，体现出女儿与父母离别时的不舍与难过。在客观记录的基础上，创作者利用特写镜头、同期声、解说词的叙事方式，展现了中国农村真实的状态，同时让受众关注到留守儿童这一特殊的群体，体现出浓厚的人文关怀。西方美食纪录片多呈现客观事实，鲜有大量情感故事的讲述和表达，但他们也同样关注人与食物的互动关系，进而反映人们当下的生存状态。如纪录片《我们每日的面包》讲述了不同的日常生活背后的食物世界。在欧洲高度现代化农业和畜牧业生产线中，每一项操作都有一种相应的机器，人却被置于和机器同等的生产位置。该纪录片折射出在饮食文明不断发展的历程中，我们应该如何看待工业化对食物、对人的影响和引起的变化。观众可以根据自我的感受和认知去体会作品的含义。综上，中国美食纪录片关照人与美食互动背后的情感价值，而西方的美食纪录片相较之下更注重科学性的展现和理性的分析判断，关注人们对食物认知方面知识性的启发，兼有趣味性和吸引力，受众在这样一种轻松的环境下感受和思考，叙事效果将大大提升。

3）情节叙事结构差异

国内纪录片在讲述时注重故事开头的切入和结尾的升华，并把结论展现给观众，体现出故事的完整性，这是一种较为封闭的叙事结构。《舌尖上的中国》的每一集整体上都采用总-分-总的结构安排，每个独立的叙事故事串联成整体，强调故事的完整性。国外纪录片的叙事结构注重每一步逻辑推演的过程，并深入对特定事件进行解读分析，最终展现事物的本质，形成完整的逻辑链条。韩国放送公社制播的《面条之路》构思独特，对面条发展历史的展现并不是按照时间顺序来展开，而是采用了因果式的结构，对面条的发明制作、发展变迁、内涵价值、传播影响以及创意做法等进行展现。在梳理面条历史发展脉络时，主要通过“提出问题+倒叙解答”的结构来串联面条的历史故事。此外，纪录片情节之间的衔接也是推动故事发展的关键，情节之间的起承转合让故事中独立的片段成为完整的、有意义的故事。在国内美食类纪录片中，常见的手法是利用某些有象征意义的修辞或者情感联系来转场，虚实结合，营造出一种意境的美感和氛围。这主要是受到中国人“天人合一”思想的影响，追求一种人与自然的平衡与和谐。国外的纪录片多从具体的细节入手引出接下来的内容，注重事实依据和陈述，故事发生的前后因果关系是推动故事发展的重要线索。

（二）中国饮食纪录片跨文化对话的叙事困境

1. 国际化叙事不成熟

用海外受众乐于接受的叙事方式，讲出一个生动有趣的好故事，是饮食纪录片国际化叙事成熟的关键。但如今在国际上播出的中国纪录片，由中西方合作完成拍摄，并后期完成作品制作的数量居多，由中国独立完成创作拍摄并在海外广泛传播的作品数量有限。这充分说明中国纪录片在对外传播中国际化叙事意识缺乏，站在海外受众的思维方式和阅读习惯角度来进行内容制作的意识和能力较弱。

首先，中国人讲故事的方式多采用封闭式的叙事结构，同时故事叙事节奏缓慢，带有明显的抒情色彩。一般地，我们会在故事的开头交代清楚发生背景，而后交代故事经过发展至高潮，最终交代有什么样的结局，以单一的线索推进故事的发展。这样的叙事方式并不符合西方人的阅读欣赏习惯，他们更喜欢趣味性强的故事内容，节奏感变化明显，故事中间设置悬念，营造一波三折的起伏感，才能吸引受众的注意力，与受众产生情感互动并启发受众思考。西方纪录片叙事讲究开放式的探索，利用故事高潮先吸引受众注意力，然后再层层推进把故事讲述完整，中间多条线索交叉并行，这样才能产生故事情节冲突和矛盾，达到引人入胜的效果。

其次，善于利用视听语言讲好故事，也是国际化叙事成熟的重要组成部分。中国纪录片总体表现为画面感单一，依赖解说词讲述内容，较少用镜头语言来渲染情感、营造故事氛围。同时中国纪录片的画面语言讲求弦外之音、画外之意，在氛围意境之中体验情感、蕴含哲理。相反，西方纪录片倾向于用镜头讲故事，尤其是在长镜头的应用上比我们更灵活、巧妙，让受众感受到故事推进的紧张氛围，并利用画面的多元性来实现多义的表达。由此，有质感的画面呈现辅之解说词、画外音等形式的讲述，在真实记录的基础上打动受众，从而与受众产生共鸣。

2. 语言表达使用复杂

美食纪录片将真实生活的语言和非语言要素完整地通过镜头进行保存和记录，并通过对语言和非语言信息文本的处理和编排，让观众通过视听形式的纪录片来感受其背后承载的文化意义。语言的出现，使得人类创造的物质文明和复杂的文化系统得以传承，因此语言不仅是信息传播工具，也是一种文化表达工具，是对外传播中文化表达的重要手段。在纪录片中，人物的对话、旁白、字幕等文本语言以及非语言的表达，都是他者在解读信息时的影响因素。同时语言使用者的环境、习惯和思维又造成语言使用的多样性和复杂性，可能会造成由语言障碍而引起的语义理解误差，进而影响意义的完整保留和传达。如在中国饮食文化中，亲属称谓讲究“长幼有序”，座次排位讲究“长辈为先”，哥哥的地位是高于弟弟的，但在英语中只用 brother 来代表兄弟之间的称呼和关系。

同样，非语言表达在美食纪录片中也具有同样的含义和价值，但它并无特定规律，意义的赋予在于生活环境和文化背景。在纪录片中，饮食故事的非语言主要通过镜头语言来展示，如主人公的身体动作、面部表情、语言声音、眼神目光、外形服饰等。对此类镜头语言的解读会受到一定程度的限制，如非语言“沉默”这一状态，在中国文化中较为推崇所谓的言多必失，而西方文化中却将其视为灰暗、无趣等悲观意义。创作者如何利用镜头语言记录和加工以便最终传达出正确的创作意图，同时使西方受众可以充分了解到正确的创作意图，是饮食纪录片对外传播困境的表现之一。

3. 叙事内容表现不足

在纪录片发展初期，国内纪录片环境受到政治因素的影响，严肃的新闻类节目和专题片占多数。随着信息传播技术的不断提升，纪录片却受制作周期长、创造性弱等因素影响，并没有迅速走进受众的视野当中。如今国内纪录片环境逐渐明朗，主题内容多元，制作推广愈发成熟，发展格局也基本形成。在《中国纪录片发展研究报告 2018》发布会暨“国际视域下中国纪录片产业与传播论坛 2018”上，北京师范大学纪录片研究中心主任张同道指出：“中国纪录片已形成一个以专业纪录频道、卫视综合频道为主力，以新媒体为重要支撑的基本格局。”[①]在此基础上，饮食类纪录片内容较为丰富，但也存在泛而不精的问题。如纪录片内容同质化严重，多数纪录片将食材选择、制作步骤、品尝吃法等过程一一展示，却没有深入食物的背后进行挖掘。不仅内容雷同，而且故事性差，这样的纪录片无法展现中国饮食的深度与广度。中国饮食文化历史悠长，五十六个民族的饮食文化更是独具特色，深入探索本土化的饮食故事，挖掘本土故事蕴含的文化价值，在深度和广度上同时发力，这样才能更好地激发国外受众了解中国的兴趣。此外，纪录片是反映时

①纪录片发展研究报告 2018：追踪纪录片年度动态[EB/OL]. http://www.xinhuanet.com/zgjx/2018-05/02/c_137150435.htm[2018-05-02].

代声音、记录时代发展的重要影视手段，而时下饮食纪录片多反映历史层面及文化层面的饮食故事。在植根于本土化内容、汲取优秀主题的同时，不能故步自封，要跳出传统单一的窠臼之中。

（三）中国饮食纪录片跨文化对话叙事遭遇困境的原因

1. 中西方文化观念的差异性

中西方异质主体之间的差异是对外传播中难以逾越的鸿沟，也是导致中国饮食纪录片对外传播遭遇困境的重要因素。中西方历史发展经过长期的流转变迁，各自形成了较为稳定的文化结构和多样的文化内涵，中国饮食纪录片要进入另一个相异的文化体系中必然是极具挑战性的。承认主体双方的文化差异是讲好中国饮食故事的前提，也是中国饮食纪录片对外传播需要克服的困难。主体间文化的差异性，具体表现为不同文化环境下人们不同的价值观念和思维模式。这里的价值观念强调的是存在于不同国家、不同民族文化之中的价值判断，当具有集体性的文化价值观念认同遇到相异或排斥的文化价值观念时将出现力量强大的冲突或对立的情况。思维模式，就是一个民族因生活方式、态度立场、文化背景不同而形成的各异的认识问题的方式和角度。这里关注的是受众在面对同一个问题或事件时，会有多元的解读方式和不同的意义结论。

我们可以发现东方文化强调的是个人对集体利益的服从，个人在面对个人利益与集体利益的冲突，甚至要舍弃个人利益来维护集体利益时，是以集体为导向的。西方文化重视个人发挥创造力的作用，强调个人的奋斗和命运的改变，是一种以个人主义为导向的功利主义。在中国饮食纪录片的展现中，我们常常看到关于集体劳作、族群聚集、门派集体等的故事，里面的人物是社会中一类群体的缩影和代表。西方文化以个人为导向，从个人的视角出发却不代表群体的观点和意见，进而来探索饮食背后的文化内涵。另外，中国古代自给自足封闭式的经济形式与以血缘为纽带形成的社会结构和文化传统，使得中国人内化修身，以追求至高的精神境界。西方海洋经济的发展形式和以契约保证国家机器正常秩序的方式，形成西方人对于理性的推崇，他们不断用科学和技术来探索世界，带着征服的理念去超越旧的世界，形成西方外向型的文化特质。纪录片《地平线系列：烹饪造就人类吗》（英）主要探寻烹饪在人类进化过程中发挥了什么样的作用、饮食又将带来哪些领域的进步和新发现，这是西方文化影响下饮食纪录片叙述风格的具体展现。

主体之间的文化差异，是中国饮食纪录片对外传播困境的起点，亦是终点。在对外传播的过程中，主体双方都很容易受到自我文化价值观念的影响，传播者需要充分意识到主体文化差异性的存在，以理解文化差异、平等尊重他者为前提，与受众建立起互动、对话的关系，实现对外讲好中国饮食故事的目的。

2. 受众信息解码的开放性

在对外传播中，传播者一般将重点聚焦在故事内容及意义的构建上，却忽视了受众在意义解读过程中的互文性及意义重组的个体能动性。叙事文本的编码受到主体文化的塑造，他者对信息的解码也会受到文化差异的影响。"一千个读者就有一千个哈姆雷特"正是受众互文性能力不同的真实反映，通过观看内容，受众获得不同的认识和领会。同时受众在接收到信息进行解码的过程中，不只是局限于传播者对文本内容的意义构建，还将文本与自身文化系统的文本意义相关联，从而产生新的理解和认识。其中传播者将自我创作的文本内容通过结构组合完整表达了叙事意图，但受众阐释意义的活动必然受到复杂的意义影响，此时极易出现传播者与受众之间并无关联的传播通路。由此需要从西方受众的思维观念出发来进行意义的构建，不能仅从内容、思维单方面输出来支配受众对文本的解读。这就告诉我们，在对外传播中国饮食故事时，封闭式的故事叙事方式和创作意图单一的内容文本并不利于受众的互文性阅读，反而会加速受众对文本内容形成刻板印象，引起西方受众对传播内容的排斥甚至是冲突反抗，难以达到理想的传播效果。在讲好中国饮食故事时，要深入受众的生活环境和文化背景，尽可能地以开放的方式来构建内容文本，增强互动性的情感体现，使得受众在充满趣味性的氛围中理解和认知他者文化中的多元内涵。

3. 创作者叙事视角的局限性

独到的视角和巧妙的解读是中国纪录片国际化的重要标志，也决定了纪录片承载的中国饮食故事和饮食文化的内涵与价值。新颖的视角加之技巧性的讲述，往往可以使简单的素材呈现不一样的深刻意义。国内饮食类纪录片叙事视角主要是通过展示多种丰富的食物讲述饮食故事，以跨时空区域的现实场景为原型，以将食物融入生活为线索，用饮食来讲述历史文化，以故事带动情感、意境、韵味等精神层面的表达。在对外传播中，将视角长期集中在介绍饮食历史文化方面，创作视角的局限性必然会影响叙事内容的选择，导致叙事内容创新性不足，主要表现在对本土化内容挖掘不深入、对内容国际化表现不足等方面。长此以往，创作视角的局限将影响叙事内容的丰富性呈现和多元化表达，容易造成西方受众审美上的疲劳，同时弱化了故事的互动性和趣味性。如在“舌尖上的中国”系列的对外传播中，后期几季发力明显不足，在国外反响并不热烈。

中国饮食纪录片中的故事呈现并不只是对饮食文化历史性价值的探寻，饮食文化随着时代发展注入的新内涵也是需要我们呈现的内容，历史积淀与时代发展相结合，展现丰富的中国饮食故事。我们应该将当代中国和世界发展融入其中，进行中国美食的重新解读，立足国际视野，寻找饮食文化中反映人类共同关注和具有普遍意义的部分进行深入探寻。将“中国元素+世界故事”进行组合讲述，主体双方文化共在交流，实现叙事视角上的国际化。

二、纪录片《风味人间》的叙事逻辑和文化间性体现

中国饮食纪录片对外传播这一实践活动似乎是单向信息输出，但传播本质在于主体双方的沟通与对话，最终实现相互间的理解与认同。本书强调的是纪录片中饮食故事蕴含着的文化内涵与价值的传递，关注中西方异质文化之间产生的互动关系。文化间性的本质内涵体现在异质文化的“共在”和互动性“融合”上，在开放的前提下，实现不同文化主体间的关联和交流。由此，文化间性理论所强调的交往合理性为不同文化背景下饮食文化的交流与对话提供了新的视域。与此同时，纪录片作为非虚构的影视作品，在中西方文化交流和信息传播中有重要的作用。本小节将以纪录片《风味人间》（*Once Upon a Bite*）（第一季）为例，对饮食纪录片的创作叙事进行文化间性分析，有助于探究异质文化在交流互动中的叙事特点，明确文化意义的构建，促进中西方饮食文化间的积极交流。

（一）纪录片《风味人间》的相关内容概述

饮食纪录片《风味人间》是陈晓卿加盟腾讯视频后推出的首部网络自制纪录片作品。与前作《舌尖上的中国》不同，《风味人间》不仅着眼于中国饮食故事，而且从全球视角出发，探寻不同地域和文化历史影响下的饮食文化和人文内涵。以下将从纪录片背景介绍和纪录片主题内容两方面对《风味人间》进行整体上的认识和把握。

1. 纪录片背景介绍

《风味人间》历时两年完成制作，主要分为前期调研、中期拍摄以及后期剪辑、上映播出。在前期调研中，团队依据每一集的不同创作思路进行实地考察，依据每一集的主题设定寻找相应的拍摄地和拍摄物种。在确定拍摄地后，寻找当地专业人员作为向导，由他们专门负责美食内容的探寻和提供其他支持，并实地挖掘与饮食相关的人物和故事。同时，将人员分为美食组和科学组，使其有针对性地负责不同板块内容，美食组主要对饮食烹饪等方面给出指导，科学组主要对物种的生长进行判断，把控内容的科学性、知识性。

在中期拍摄方面，拍摄团队成员不论在地域、年龄还是性别等方面都有明显区隔。团队成员受地域文化、生活阅历等因素影响，对食物也会产生不同的感受与体会，这促进了成员间的思维碰撞。拍摄阶段，拍摄由七个小组同时展开，每集拍摄人员并不完全固定。在画面呈现和素材选择上保证丰富充足，在前期调研内容的基础上，《风味人间》的素材精选占比高达 200∶1，为后期的剪辑制作留下充足的空间。

在后期制作方面，在保证各集不同主题特色的前提下，充分保证《风味人间》整部作品的完整性。以音乐风格为例，在确定分集内容的基础上再由总负责人进行统筹审查，确保整体的统一。此外，解说词、画面色调、叙事风格等也需要实现协调。在确保整体一致的情况下，每一集也要有差异性的展现。对于每集中特殊画面景观的展现，需要总导演对其出现数量和时间长度进行把控，使得分集内容不显突兀。

从传播效果来看，该片各个平台观众反应数据良好，并在马来西亚最具影响力的 Astro 电视台、韩国中华电视台等平台播出。

2. 纪录片主题内容

《风味人间》整部纪录片共分八集，由七集正片和一集拍摄花絮组成，每集时长为 50 分钟，将食物、人物、风土巧妙地勾连在一起。该片在“舌尖上的中国”系列作品上有新的突破尝试，站在全球视野下审视饮食文化的深刻内涵，不仅讲述中国美食故事，而且融入了世界美食故事，让受众感受饮食文化背后蕴含的丰富魅力。纪录片中中国内容占 70%，剩余 30% 为国外内容，制作团队记录了 6 大洲 20 多个国家和地区的故事，拍摄了从国内到国外各地的诱人美食。《风味人间》从全球视野讲述美食人文故事，立足中国本土饮食文化，探寻更为广泛的美食和文化、人文和人情、生存和发展（表 3-1）。

表 3-1 纪录片《风味人间》叙事主题内容的相关统计

标题	主题立意	食物数量/种	涉及国外地点	故事构成/段
《山海之间》	不同的地理环境造就了各地食材的千差万别，正是生活环境的差异给予了世界各地人们对美食的创造性应用，展现了各个国家不同的饮食文化和生活方式	22	西班牙、法国、荷兰	14
《落地生根》	多样的食材在历史演变中迁徙流转，在不同国家环境下形成风味各异的美食	24	伊朗、法国、日本、马来西亚、秘鲁	14
《滚滚红尘》	从使用火烹饪，水的使用，再到器具诞生，食物见证了历史文化的发展，并逐渐成为人类记忆和情感的最好诠释	26	摩洛哥、日本、英国	18
《肴变万千》	通过食物探索背后隐含着的人类对生命自然的思考以及中国人的处世哲学	24	瑞典、法国、越南	13
《江湖夜雨》	展现中国夜市版图，体会厨艺中的流派与传承	26	美国	12
《香料歧路》	食物与香料之间发生的碰撞融合是对风味的又一次期待，也是各民族因生存环境不同而产生的生活智慧	17	泰国	9
《万家灯火》	食物让家的味道不再单一，而且，其更深的含义在于亲情血脉相融的家庭的互动，这让食物发挥出了不一样的情感魅力	27	埃塞俄比亚、冰岛、厄瓜多尔	10

根据表 3-1 的归纳整理，可以看到纪录片《风味人间》主题立意多元，且每一集内容均有侧重。此外，纪录片中故事内容丰富，呈现中外美食众多，除立足中国美食介绍外，还对西方 20 多个国家和地区的美食进行拍摄，展现了丰富的饮食文化。

（二）文化间性与《风味人间》中叙事内容的逻辑一致性

1.《风味人间》中饮食故事的本土化挖掘

对纪录片叙事内容的本土化挖掘，首先体现在对中国饮食故事的民族化叙事风格上。不同地域、不同风俗、不同语言的民族各具风格，而民族特色也正是民族记忆、民族性格以及民族文化的集中展现。在影视作品中反映民族生活，展现不同民族的地域特色和风俗习惯，激发本民族对自身文化的认同感是民族化叙事的关键。中国是一个统一的多民族国家，不同的地域风貌、风土环境造就了不同民族各具特色的饮食文化和饮食习惯。以美食为讲述主体，在饮食与民族文化之间寻找契机，表达各民族的历史传统、文化内涵和情感共识，实现民族文化的自觉和自信。在《风味人间》中有明显的民族化叙事的体现，在具体的呈现中，制作者利用语言、习俗、特殊节日等形式来让受众感受不同民族的文化，其中有白族、维吾尔族、哈萨克族、黎族、水族、侗族、阿昌族、高山族等不同民族的饮食特色。白族人喜欢蘸水，不同配料变幻出不同的风味口感；阿昌族人在结婚时新郎需要用巨型筷夹取食物；侗族人在为新生儿举办“三朝酒”时会用酸鸭子招待客人……不同的美食风味展现出各异的民族特色，变化的是风味美食，不变的是人们对美好生活的向往和情感。

其次，对故事内容的本土化挖掘，体现在叙事主题饮食故事背后蕴含的家国情怀上。在纪录片《风味人间》中，很多故事都有对这种家国情怀的表达。在外打拼的芦贵荣夫妇背井离乡在城市立足，只为给孩子更好的生活条件；冀金花和老伴为驱车赶回家的儿孙们做不同样式的莜面；在南美大陆工作的李庚常年见不到家人，亲人故土是他们的牵挂也是他们在外打拼的动力。家的味道并不是特指某种食物，而是家人团聚、围坐一起时的浓浓亲情的味道，也是“家”这个代名词背后的情感寄托和维系。对家的思念、对故土的眷恋，无关肤色、语言、种族。在马六甲，海南华侨照例每年祈福祭祖慰藉乡愁；在秘鲁利马，华人刘厚平和徒弟将中国传统美食五花肉端上秘鲁的中餐厅。这是家国情怀的具体体现，也是食物背后蕴含的文化魅力和深刻意义所在。

2.《风味人间》中饮食故事的国际化展现

随着经济全球化趋势日益加强，各个国家和地区相互联系相互依存的深度和广度达到历史最高水平。全球经济、政治、文化和科学技术在不断交流碰撞中有了新的发展，各个国家和地区逐渐融合成一个不可分割的整体，这样的发展趋势不可逆转。科学技术的升级更新推动了传媒行业的快速迭代，广播、电视、互联网大大加快了信息的传播速度，提高了传播质量，改变了人类的生活与交往方式。不同地域的陌生人共享同一信息空间，彼此之间的文化差异、思维习惯差异等逐渐缩小甚至消除。“国际化”是与本土化相对应的，但并不意味着我们要全盘体现西方文化价值观念，去迎合西方受众的观看旨趣。它强调的是我们在坚守本民族文化的同时，要立足全球视野审视中国文化与西方文化的共性存在，找寻共性基础上中西方文化可以对话的间性空间。

饮食故事的国际化展现就是探寻叙事内容背后蕴含的中西方饮食文化共同点，找到不同民族、不同地域饮食文化间的最大公约数，构建在饮食层面的人类文化共同体。通过表 3-2 中的拍摄对象及解说词可以得知，该纪录片通过食物、工艺、风味三方面的故事内容来体现中西方饮食上的共性。首先，在内容呈现上几乎每一集都有相似的食物。在第二集《落地生根》中，在不同地域的生长空间里人们对小麦的关注是相同的，伊朗西部长达半米的扁面包桑噶、中国陕西滩张脆香的石子馍，这是小麦赋予食物的人间风味。其次，在工艺层面的体现方面，纪录片在介绍皖南的火腿和西班牙伊比利亚火腿时讲到中西方工艺的异曲同工之处。最后，中西方对饮食口感、味道的追逐，让香料在食物中制造特殊的口感，甚至世界上很多国家对臭味有相似的爱好。

表 3-2　纪录片《风味人间》叙事内容中西方共性对比

标题	地点	中国食物	地点	西方食物	解说词
《山海之间》	安徽南屏村	腌火腿	西班牙	伊比利亚火腿	无论是热气腾腾地上桌，还是直接食用，把鲜肉修炼成火腿，东西方工艺异曲同工，这是来自欧亚大陆两端的不谋而合
	甘肃	洋芋搅团	法国	瀑布土豆泥	让土豆发生奇妙变化的并不只有中国人，在法国……
	江苏太湖	大闸蟹	荷兰艾瑟尔湖	大闸蟹	20 世纪初，顽强的野生蟹苗开启一场跨越半个地球的奇妙旅行

续表

标题	地点	中国食物	地点	西方食物	解说词
《落地生根》	陕西滩张	石子馍	伊朗克尔曼沙赫	桑噶（扁面包）	伊朗高原和关中平原的遥相呼应，正是物种迁徙创造的美食传奇
	广东顺德①	顺德鱼生	日本	刺身	无独有偶，日本生食鱼肉的最早记载，在公元7世纪，正是中国对日本影响最多的唐代
	马来西亚	海南鸡饭	秘鲁利马	柱候鸡	如果说鸡饭让东南亚华人找到归属，在地球的另一端，中国风味影响了更多人的生活
《滚滚红尘》	山东滕州	铁锅炒饭	摩洛哥	塔吉锅烹饪	和塔吉锅一样，有一种器具，让中餐有别于其他国家的烹饪
	云南宣威	黄豆腐	日本京都	绢豆腐	豆腐不仅改变了中国饮食也影响了世界，国际上许多语种甚至完整保留了豆腐的汉语发音
《肴变万千》	浙江宁波	霉苋菜梗	瑞典韦克舍	鲱鱼罐头	嗜臭并不是中国人的“专利”，遥远的北欧也能找到“臭名远扬”的知音
			法国	霍克福蓝纹奶酪	地球上为什么那么多民族都有嗜臭的爱好……
	云南芒市	各式蘸水	越南富国岛	鱼露	同样的情形，也能在中国西南山地找到，那里的人们在蘸料的变幻上下足了功夫
《江湖夜雨》	湖北潜江	小龙虾	美国路易斯安那州	小龙虾	很多人不知道小龙虾居然是入侵物种，它的原产地远在大洋彼岸的美国
《香料歧路》	贵州三都新阳	鱼包韭菜	泰国苏梅岛	香茅草	运用植物中诱人的芳香气味，为食物标定地域风味的个性，是不同族群在漫长岁月中的自觉探索
《万家灯火》	内蒙古庙沟	莜面	埃塞俄比亚	苔麸	这种高原作物，与莜麦一样富含油脂和蛋白质，少量摄入就能带来足够的能量和饱腹感
	广西和里	酸鸭子	冰岛	发酵鲨鱼肉	发酵一直伴随着人类的食物史，这种加工方式的使用意义不亚于火的发现，即便在寒冷的北极圈附近，发酵也可以帮助人类加工和转化食物

3. 《风味人间》中饮食故事对外传播的个性与共性融合

《风味人间》中的故事内容主要通过“板块化”的叙事结构进行串联讲述。在这样的叙事结构中，每一个板块都有独立的故事和主题，通过利用不同板块之间的共同点相关联，最终呈现出完整一集需要传达的感情立意和中

① 广东省佛山市顺德区。

心思想。这是《风味人间》叙事结构上的一大特点，每一集组合中所有美食看似相距甚远，但背后却有着一条主线。在叙事结构上，也体现了在个性之中寻求共性，保证饮食故事统一与完整讲述的特点。

实现纪录片中饮食故事的本土化挖掘和国际化展现是中国饮食纪录片对外传播的必然选择。文化间性是以主体间的共同存在为基础，以承认主体间文化差异为前提，并以相互借鉴、互动对话为目的，实现差异前提下的融合互动。文化间性与《风味人间》叙事内容具有逻辑一致性：其一，纪录片故事内容背后蕴含着中西方饮食文化的“差异性”特征。对于饮食文化而言，它是伴随着人类文明的起源不断发展而来的，受地理环境、文化氛围、社会经济发展等条件影响产生了中西饮食文化差异性，具有鲜明的民族性和地域性特征。中西方文化系统具有显著区别，必然影响中西方饮食内容的表达，中国饮食内容和西方饮食内容是不同的，它们具有鲜明的属性特征。其二，饮食具有文化共通性，追根溯源，中西方饮食内容呈现具有一定的关联性，那么在中西方饮食故事之间也存在“融合性”动态互动的可能性。即本质在于中西方饮食文化中包含的共同点和共通性，使得异质主体之间不同的文化有交流、对话的基础，在文化差异的碰撞中实现新的主体间饮食文化的认知和理解，以达到中西方饮食文化的辩证融合。

（三）文化间性视角下《风味人间》的间性体现

1. 主体共在：人类饮食的历史话语

“文化间性”是哈贝马斯站在国际关系视角对“主体间性”在文化层面的具体应用。主体间性强调承认主体双方共在是主体间互识和认同的开端，主体彼此认识到双方之间是相互依赖、共同存在的关系，关注自我站在他者的位置来认识对方，最终在对话理解的基础上实现经验及意向的协调一致。主体间性上升至文化层面即文化间性，首先双方主体既是信息文化的传播者也是信息文化的接受者，双方互为主体，其次承认彼此不同文化的存在，尊重主体之间文化、意识形态、发展现状的不同，在此基础上进而实现主体之间的自我表达诉求。

在中国饮食故事对外传播的实践活动中，主体之间的交往分属于不同的文化系统，传播主体与受传者在具体媒介形式的连接作用下，进行着跨文化、跨语言、跨地域的意义传播与行为阐释。同时主体之间的意义交流和沟通主要通过传播主体的传播实践及其构建的媒介话语实现，而讲好中国饮食故事最终的归宿在于受传双方在意义上的认知和共享。因此，在对外传播中传播主体对受传者持有客观、尊重、平等的态度，对异质文化主体在意义的沟通和理解上起到重要作用。纪录片《风味人间》从人类饮食的历史语境出发，客观审视中西方饮食的渊源与发展。影视作品中并没有讲述中西方饮食文化差异缘由，也没有选择性地进行叙事表达，而是从历史维度梳理人类饮食脉络，还原了人类饮食文明的原始形态，并秉持了平等、客观的态度去人类文明深处找寻共性答案。整部纪录片首先展现的是游牧民族的美食，人类从逐水草迁徙的动物处获得灵感开始游牧，也正是从游牧到定居的变化，使得人类烹饪技术发生巨大的改变，将人类的历史记忆还原到更远的过去。此外，人类对火的使用，诞生了最原始的烹饪方式，食物实现了从生食到熟食的转变，这是全人类烹饪历史上重要标志。罗布烤鱼、炙烤生皮都是人类对火较为原始的应用，而容器的发明则是全人类饮食技术的创造，海南的陶器、摩纳哥的塔吉锅都利用水分蒸发制熟食物。从历史层面寻找中西方饮食文化关联的可能性，同时原始的烹饪技术保留至今仍旧焕发新的活力，也正是饮食文化在今天的时代性体现。

2. 差异关照：中西饮食故事对比呈现

哈贝马斯认为："我提出的交往行为理论和话语伦理学同样适用于处理国际关系和不同文化类型之间的矛盾，即是说，不同信仰、价值观、生活方式和文化传统之间，必须实现符合交往理性的话语平等和民主，反对任何用军事的、政治的和经济的强制手段干涉别人、通过武力贯彻自己意志的做法。"[①]我们可以看到不同文化之间存在差异性，并且不同国家可以排除其他因素干扰实现文化间交流。文化间性强调文化间存在差异，并以承认、理解差异为前提，保证了多样性文化的共在。文化间性理论认为，在异质文化相遇时，主体双方应该秉持开放的态度，并以对方文化为参照标准实现自身文化的不断修正、反思，实现自身文化的上升发展。

① 章国锋. 2000. 哈贝马斯访谈录[J]. 外国文学评论，（1）：27-32.

虽然差异性是主体间共在前提，但主体之间也可以利用对话、互动实现异质文化间的理解和认知。在全球化日益发展的今天，不同文化之间的互动、交流密切频繁，需要对异质文化进行全面准确的了解认识，才能更好地贴合国际叙事表达方式。中国饮食纪录片对外传播时，应使“自我”饮食故事的话语构建与“他者”的文化价值观念相契合，实现文化间的对话交流；面对“他者”的饮食故事时，需要保持相互尊重的客观叙事，实现对他者文化意义的合理性构建，达到文化间的认同和共享。

纪录片《风味人间》通过交叉式对照的叙事结构，实现了中西主体间饮食文化的差异性展示。这部混合了大量中西方美食元素的纪录片，拍摄素材内容丰富繁杂，涉及 20 多个国家和地区数百位人物，同时需要将不同背景下的饮食文化进行有规律、有逻辑的呈现，因此在拍摄前期需要对故事主线有明确的定位。此外，在对内容素材处理方面要充分考虑跨文化背景，兼顾东西方的诉求，所以该纪录片在叙事结构上并不是直线排列的。这体现在时空交错的特点上，即通过美食将各地勾连起来。从安徽南屏村贮藏猪肉开始腌制火腿，到西班牙的火腿也正在晾晒发酵；从我国西北的洋芋搅团，到法国瀑布土豆泥；从云南宣威的黄豆腐，到日本京都绢豆腐；从江苏启东的野生蟹养殖，再到荷兰艾瑟尔湖中的大闸蟹捕捞；再从顺德的鱼生，到日本的海味刺身。通过地域时空的转换，该片展现了中西方美食的联系，推动故事的讲述，探寻不同饮食背后相互契合的交织点，实现“自我”与“他者”之间的相互连接。这不仅给受众带来了视听感受盛宴，使受众对世界美食充满了向往，而且利用视角和叙事结构的交错转变传达了不同的饮食习惯和文化观念，其中蕴含着不同民族的身份认同。

在中西方饮食交叉对照展现的基础上，为进一步使故事内容完整，纪录片《风味人间》通过故事内容的间歇式往复，传达创作者的意图，探寻中西方饮食差异背后的文化共性，感受饮食故事中展现的价值内涵。在第二集《落地生根》中，镜头首先来到面食制作者王六十的手工作坊，面粉来自其自家田地，小麦传入中国奠定了南米北面的饮食格局。追溯小麦种子的起点，镜头辗转来到西亚。在伊朗，街边面食小店的人们正排队等候烤熟的面饼桑噶。镜头再次拉回，王六十正在制作与桑噶极为相似的石子馍。小麦向西，来到异域风情的法国，面包的制作将小麦的应用价值发挥到极致。一路向东，小麦在水蒸气的作用下变成体形硕大的枕头馍。在叙事结尾，再次展现不同地域食物创造者手捧食物的画面，用不同的身体动作和模式化的语言来体现一种仪式感。这样完整的故事叙事，不仅将中西方饮食通过共性联系呈现出来，同时在故事讲述中融入历史渊源、饮食流变、环境地域、仪式等各种元素，一定程度上淡化了人文故事带来的过分情感表达，与纪录片主体内容饮食视觉奇观的展示之间相互平衡，使人与食物之间的关系和意义展现得恰如其分。

3. 互动融合：饮食背后共通的情感基础

文化间性体现了在平等、尊重、开放的前提下，文化间互识、互动的特质。中国饮食纪录片的对外传播，是在多元的文化传播语境中展开对话互动的，这必然会受到文化氛围、社会环境的影响。创作者利用意义编码形成故事文本，受众参与到意义解码的过程时，其文本解码将会受到自我及他者主体的生活习惯、思维方式、价值观念、道德伦理等诸多因素的影响。影响因素的多样性和复杂性、受众解读故事意义的自由性和个性化，导致传播者的文化意图和受众的意义解码并不能形成完全意义上的理解和认同。此外，受众意义解码的实践，不仅局限于传播者的意义构建，而且会将传播文本和自身文化系统的文本意义相互联系、相互融合形成新的意义表达。实现中国饮食纪录片的有效对外传播，即以恰当的方式将叙事内容进行传达、展现，以达到令西方受众认识和接受的目标。

纪录片《风味人间》主要通过中西方共通的情感链接来实现主体间的文化互动。首先，这体现在故事化叙事风格背后的情感共鸣上。故事化叙事作为一种表达方式，并不等同于我们所说的故事，它摆脱了虚构表演的成分，取材于真实的生活事件，聚焦真实人物来表现生活现状。与从宏大视角出发记录历史进程或时代发展不同，平凡真实的人物呈现更符合国际化的表达方式。从平凡人物切入，刻画时下中国发展变化的故事，展现了中国社会各阶层文化的多样丰富。《风味人间》在展现世界美食的过程中，加入了诸多故事性和情感性的表达。镜头记录了美食和与美食结缘的平凡个体，美食展现与个体经历的结合呈现出美食背后丰富立体的情感内涵。纪录片共介绍人物 101 位，其中有华人 73 位、外国人 28 位，这些具有相似经历的人物均是普罗大众，相对典型的生活环境和生存状态，在他们身上折射出社会某个群体或多数人的生活故事。此外，纪录片进一步扩大视线范围，注重展现具有双重文化属性的人物故事，为受众寻找共通的情感提供了无限的可能，也为本土文化与外来文化之间的关系带来新的思考。

纪录片中记录了中国饮食故事和饮食文化在世界传播的故事，中国的发展从来都不是孤立存在的，不同文化之间的互动和融合正是在这个过程中逐渐完成。

其次，在纪录片中，叙事语言主要分为镜头语言和视听语言，镜头语言往往是为叙事人物形象塑造以及对故事主体的突出强调和情感传达来服务的。镜头通过美食制作过程的记录，传达着勤劳勇敢抑或是辛苦劳作等质朴美德，饮食与人的关系跃然眼前。

最后，饮食话题蕴含着共通的情绪体验。食物是人类生存发展最基本的物质基础，无论地域、民族、文化之间的差异如何，饮食都是全世界共同关注的话题，是一个群体的共同记忆和情感表征。人类在利用食物解决基本生存问题的同时，也在探索食材的风味口感、自身的习惯喜好、饮食的价值内涵，不断向着更高层面寻求丰富的饮食文化和共通的人类基因。一般来讲，饮食纪录片画面精美、诱人，这正是对人类潜意识之下的欲望的激发。《风味人间》对食物的展现追求极致的视觉效果，画面构图、色彩搭配、光影效果方面都颇有讲究，用大量的细节拍摄呈现出食物在烹饪过程中的变化。此外，《风味人间》是国内首次采用显微镜拍摄的饮食纪录片作品，通过镜头呈现食物的风味口感和各种气味，为观众带去不曾体会的感受。通过技术手段进行无限放大，对熟悉的食物进行创新性表达，进一步激发受众的观看欲望，发掘人们对食物千变万化形态的窥探欲望，从而使受众产生情绪上的愉悦，获得视觉上的冲击。

在《风味人间》饮食纪录片中，中西饮食故事作为异质文化间互动融合的连接，通过人物刻画、场景烘托、情感表达来完整诠释饮食文化中蕴含的深刻意义价值。只有不断强化中西方共通的情感共鸣，才能进一步实现主体间饮食文化的相互借鉴、相互融合，实现人类饮食文化多样性的呈现和共同发展。

三、文化间性视角下中国饮食纪录片跨文化对话的叙事策略

立足上述研究，本小节着重从文化间性视角出发，针对中国饮食纪录片

对外传播提出叙事策略，为实现讲好中国饮食故事、传播好中国声音提供新的路径。文化间性强调文化间存在差异，并以承认、理解差异为前提，以主体“共在”为基础，以主体间的互动、对话为核心，最终实现二者间的相互借鉴、融合。基于对文化间性的理解，本小节将从创作观念、内容选择、受众三个维度入手对中国饮食纪录片对外传播给出新的思考。

（一）创作观念上的思维转变

1. 承认差异是讲故事的基础

美国学者凯瑞在他的《作为文化的传播》一书中提到“传播的仪式观并非直指讯息在空中扩散，而是指在时间上对一个社会的维系，不是指分享信息的行为，而是共享信息的表征；传播的起源及最高境界，并不是指智力信息的传递，而是构建并维系一个有秩序、有意义、能够用来支配和容纳人类行为的文化世界”①。我们可以看到对外传播不是单向的信息输出，而是一种多元文化主体共在并实现互动对话、寻求理解的动态过程，即构建一个全人类共识、共享的文化世界。

从文化间性视角出发，承认主体间存在差异是双方共在的前提，也是主体产生文化认同的开端。中国饮食纪录片中饮食故事背后凝结的深刻饮食文化内涵，在与他者文化相遇时，需要找到相互之间的平衡点。这就要求我们在进行创作时要转变传统观念，在中西方优秀文化基础上出发，尊重他者（传播受众）的主体地位。中国饮食纪录片对外传播过程中，要秉持开放包容的心态，在尊重、理解他者文化的基础上进行创作，这样才能真正讲好中国饮食故事。除了肯定他者文化存在，承认差异的过程也是一个了解西方现实诉求、倾听西方声音的过程。由此，我们在对外讲述中国饮食故事时不能一概而论，创作内容要有所侧重。例如，面对与中国文化背景相似的国家，要讲述除共性之外各自发展的特色部分，要遵循相互平等尊重的原则；面对与中国文化背景差异较大的国家，要在承认差异基础上，积极寻找双方共识的交织点和平衡点。同时，我们需要在形式上认真谋划、在内容上精心挑选，以确保我们讲述的中国饮食故事不仅具有亲和力、感染力和说服力，而且具有

① 詹姆斯 · W. 凯瑞. 2005. 作为文化的传播[M]. 丁未译. 北京：华夏出版社.

现实感、生动感和力量感，能有效消除他国对我国产生的各种偏见，进而在双方主体之间建立一种真实的互信。

2. 实现认同是讲故事的归宿

中国饮食纪录片要讲好中国饮食故事并非一日之功，它需要创作者深入他者环境、文化氛围去认知和思考。实现认同是主体双方主观判断下对事物形成统一观点的结果，也是差异之中寻求共性的结果。中国饮食故事是中国历史文化长期积淀的集中表达，也是当代饮食文化的深刻缩影。讲好中国饮食故事需要从主体间共性文化资源出发实现文化认同。具体而言，我们需要借助集体记忆、文化记忆等共通的系统、共同的感情将人类共有的记忆重新唤醒。比如用传统习俗、节日庆典、神话故事等多种文化载体来激发，打开我们所共有的记忆。追溯中西方在同一时期发生的故事，重新讨论故事之间的关系，及其在思想、情感和价值等方面的同一性，从而构建当代的新故事。在这个过程中，中西方过去、现在的文化记忆和现实社会关系发生联系，中国故事中积极的、建设性的、正面的价值才能被接纳认可。当下，在同一时代讲述的故事中，也包含着不同利益主体共同的现实需求，如环境问题、资源可持续利用问题等全人类面临的共同挑战。要在故事中关照社会现实需求，创造出与现实生活和文化价值相关度高度一致的情感和体验。此外，我们应从寻找共同的价值理念和情感诉求出发，传播具有全球意义的故事，突出共同的利益点和价值点，找到中西方相通的价值观，丰富中国饮食故事的传播内涵，实现主体间情感和价值的认同。

（二）主体内容上的优化选择

1. 全球视野下的内容选择

全球不同地域的人们虽有着不同的语言、不同的生活习惯，但是对食物的喜爱是相同的。正是人与食物之间的互动和联系，才使得食物焕发生命力，体现出其价值和意义。全球视野下，好的饮食故事主要体现在两个方面，首先，食物背后的人文关怀是饮食对外传播的重要张力。除去浅层的人类共性，通过饮食展现浓郁的人文色彩成为内容选择的重要标准，也是饮食文化在全球视野下共通的重要链接。《风味人间》从平凡人物的视角来展现食物与人类生存以及自然之间的关系，并展现不同自然环境下人类对食物的创造性食用以及因食物凝聚起的人与人之间情感，食物成为人际关系的纽带，传递了人类共同的情感，跨越了不同地域、不同语言和不同文化的阻碍。其次，人类饮食的历史话语和时代话语的结合是内容选择的新方向。饮食历史发展也伴随着人类文明的历史发展，历史话语主要体现在将全球人类作为整体对饮食文化进行最原始的追溯，展现人类在历史源头的相似性和交织点。探寻饮食中人类共同的历史记忆，如人类通过对火的使用，实现了从生食到熟食的转变，标志着人类文明新的变化和进步。这是从历史层面实现了主体共性的探索，时至今日仍旧被人们广泛使用。时代话语是当下时代精神的集中展现，全球化形势之下，饮食与自然、饮食与人之间的关系被进行了新的诠释。不同时期人们对饮食的需求是时代赋予的真实表达，也是全球范围内人们对食物选择的结果。

2. 本土特色化的内容挖掘

文化间性在尊重他者的基础上，通过对话交流实现认同，我们需要对他者有深刻的认知和洞察，这必然要求我们在对外传播中讲述的故事的主体内容有本土特色元素。优先选择饮食文化中具有特色的主体内容，使特色内容背后的文化意义和文化价值在对外传播中形成特色符号，以精准的话语形式传播出去，让更多的人认识并了解中国饮食文化，从而激发世界各国对中国特色饮食文化的兴趣，最终实现多元文化的交流互动。饮食特色的主体内容是与其他国家相区别的、能展现出中国特有的时代精神和文化内涵的内容。目前，中西方饮食纪录片主体内容的选择大致集中在区域饮食、综合饮食、饮食技艺、饮食人物、饮食种类等方面，强调饮食带给人们精神上的愉悦和生活中的启示，揭示了饮食蕴含的风土人情、处世哲学和社会百态。对特定区域内饮食主体的塑造，还可以形成特色化的饮食符号，强化人们的记忆点，对形象的构建具有积极意义。如对不同菜系形成特定的记忆符号，新疆风味的手抓羊肉、川菜系的麻婆豆腐等。各地特色饮食，在时代流转变迁中不断融合和创新，在保留原有特色基础上兼顾更多人的饮食习惯，甚至在海外特色风味也可被接纳和融合。本土特色化的饮食，不仅代表了区域的特色，同时也是一种文化记忆和共识，其可积极展现饮食内容，形成鲜明的饮食符号，展现丰富的文化内涵。要立足当下国内外发展，丰富饮食内容的表现力，并进一步寻求饮食文化中反映人类共同关注和具有普遍意义的话题，拍出对国内外受众有所启发的作品。

（三）构建主体与受众间的对话

1. 了解受众诉求精准定位

首先，中国饮食纪录片在对外传播中，要保持主动地位，明确海外受众的诉求，实现内容主体的精准定位。我们要准确把握海外受众的文化环境、与我国的文化差异，用符合他们收视习惯的方式，满足他们的精神需求，让中国饮食故事实现落地。在创作前要收集各方的反馈，了解当地受众的生活状态、生活习惯、价值诉求，保证后期创作能够有的放矢，进一步提升对外传播的效力和影响力。其次，实现精准定位需要我们对讲述的对象进行实地的考察调研。真实地展现故事中的细节和情感，才能带给受众诉求上的满足。

2. 用国际化语言讲好故事

哈贝马斯认为，对话交往是一种发生在主体间的行为，主体之间利用语言和非语言的符号发生互动和交往，其目的是促成主体间的理解。纪录片中饮食故事的背后终究是人，用国际化语言讲好故事，即利用国际化语言与西方受众建立起有效的互动和交往。国际化的语言表达，即国内外受众可以理解并乐于接受的语言，是人类共同情感的凝聚和向往。用国际化语言讲好中国饮食故事，就必须要尊重他者的欣赏习惯和文化选择，了解对方的语言表达，满足对方的情感需求，利用国际化的语言进行有效的叙事创作。

用国际化语言讲好故事，首先体现在对镜头语言的呈现上，纪录片《风味人间》展示食物强烈的、有冲击力的、让人产生欲望的视觉效果的同时，也引发全人类的共同情感。食物的诱人风味背后是人类共同的欲望，文化产品创作过程中对语言的表达和呈现正是对人类潜意识和欲望的唤起。具体到饮食纪录片中，实现食欲的唤起关键在于视觉语言上高标准的追求。如对画面构图、颜色、光影等的运用，让肉眼无法识别的变化借助技术手段实现可视化，让食物加热膨胀、受压变形等细微的变化通过镜头放大，最终让食物在镜头前呈现出可观、可感的视觉冲击。对生活中熟悉的食物进行震撼的、诱人的视觉处理，让受众的欲望进一步被激发，满足了人们对世间万物变化的好奇心理和窥探欲，从而产生视觉上的愉悦感。其次体现在故事的讲述上，中国人表达情感含蓄内敛，故事情节发展娓娓道来，通过大量铺垫最后引出结果。而西方受众并不习惯这样的讲述方式。用国际化语言讲好故事，需要依据观众的收视习惯来调整情节的变化、节奏的快慢以及故事的结构和风格的变化。这样才能使故事更加生动有趣，用跌宕起伏调动观众的情绪，以贴合西方受众的收视习惯。

第二节　跨文化理论视阈下网络玄幻小说对话叙事

一、网络玄幻小说跨文化对话的叙事困境及原因探析

网络玄幻小说是目前传播中国文化、构建国家文化形象的重要形式之一，其因特殊的题材、通俗易懂的表达和丰富的情节受到海内外读者的喜爱。网络玄幻小说中涉及的有关中国传统历史文化的元素尤其能够引发海外读者的好奇，在对外传播的过程中可以较好地传播我国优秀传统文化，网络玄幻小说也是当下我国网络文学对外传播的主要内容。本小节将对网络玄幻小说的对外传播现状进行梳理，研究其传播困境并分析背后的原因，为后文提出网络玄幻小说的对外传播策略做好铺垫。

（一）网络玄幻小说跨文化对话现状

1. 网络玄幻小说跨文化对话概述

从海外实体小说出版，到海外粉丝自主翻译，再到本土网站主动搭建传播平台，中国网络小说的海外传播进程和模式体现了其在海外的影响力。带有鲜明“中国风”特色的历史、武侠和玄幻类小说，包括神话故事、历史传说等小说在欧美地区广受欢迎。网络玄幻小说正在成为中国文化“走出去”的重要载体，也将成为中国文化的又一张名片。

网络玄幻小说有规模的对外传播历程主要可以分为三个阶段，分别是外商购买小说版权、海外华人及海外粉丝主动翻译、本土搭建官方传播平台。第一阶段为 2010 年以前，主要是女频小说由中国港台地区传播至东南亚地区，这一时期东南亚的图书出版商会从我国的小说网站直接购买小说版权并

在当地传播。网络玄幻小说的对外传播则主要出现在后两个阶段。第二阶段以 2014 年美籍华人赖静平成立 Wuxiaworld（武侠世界）网站为标志，此后各式各样的翻译团队或网站成立，并开始有规模地翻译中国网络小说。第三阶段则以 2017 年阅文集团正式推出网络文学外语平台起点国际为标志，这也开启了国内资本进军海外市场的新阶段。2021 年，网络小说海外传播在关注出版授权、线上翻译、国际合作等方面的同时，开启了 IP 的多元形态，帮助扩大网络玄幻小说作品的国际影响力，其成果受到海内外的普遍认可。除自发翻译网站外，还涌现了一批专门推介中国网络小说作品的网站。根据艾瑞咨询发布的《2021 年中国网络文学出海研究报告》①，题材新颖的优质网络玄幻小说与价值共识的结合引发了海外受众的强烈共鸣，海外粉丝的激增成为网络玄幻小说海外传播的持续动力。

我国网络玄幻小说的海外传播整体呈现良好态势，不仅体量大，而且内容丰富多元。无论是传播模式、传播范围，还是传播效果，较之以往都有极大的改进，整体性、全球化的传播为网络玄幻小说传播中国文化、讲好中国故事奠定了良好的基础。逐渐完善优化的阅读网站为网络小说的海外传播创造了良好的环境。起点国际网站力求实现小说作品中英双版同步连载，从技术上打破了时空界限，缩短了海外读者的阅读时差，有利于进一步增强网络小说的国际影响力。

2. 网络玄幻小说的跨文化对话主体及渠道

在不同的文化区域，受众对中国网络小说的喜爱偏好不同。我国网络小说在东南亚的传播相对来说起步较早，且实体出版体量大，影响也更大，线上传播渠道主要有书声 Bar 和 Hui3r，这两个平台主要传播内容为言情类小说。网络玄幻小说的传播则主要在欧美地区。其中在北美地区传播平台更多、传播范围更广。翻译网站主要有 Wuxiaworld、Novel Updates 和 LNMTL（Light Novel Machine Translations）等。

Wuxiaworld 是成立最早也是目前影响最大的中国网络小说翻译网站，网站内容涉及玄幻、武侠、历史、都市、游戏等多种题材的小说，从网站版

① 《2021 年中国网络文学出海研究报告》[EB/OL]. https://www.xdyanbao.com/doc/m834y8shll?bd_vid=11895582153495068301. [2019-06-21].

块设置、内容数量和阅读点击以及讨论数量来看，最受欢迎的是玄幻类小说。为了方便外国读者的阅读与理解，该网站设置了专门的资源板块和讨论板块，资源板块对玄幻小说中常出现的称谓、术语名词、中国成语等做了详细的介绍和解答，讨论板块则为读者提供了一个线上交流讨论的平台。该网站较热门的玄幻小说有《斗破苍穹》《我欲封天》《盘龙》《莽荒纪》《修罗武神》等。Novel Updates 则是一个导航网站，它汇总了亚洲小说的英文翻译版本，该网站早期主要服务于日本小说，2017 年以后，中文小说翻译才大幅度增加并逐渐占据主导地位。LNMTL 与上述网站最大的区别在于它是一个全部由机器进行翻译的网站，其网站翻译数量充分表明了中国网络小说的海外市场潜力，但是它在数量遥遥领先的同时也存在严重的版权问题。

除了由读者兴趣喜好发展而成的国外平台，国内企业也充分关注到中国网络文学的海外传播，并及时开展行动。起点中文网于 2017 年 5 月正式上线起点国际，可以说开辟了中国网络文学的海外传播路径，在主动探索海外市场的推广和运营模式的同时，起点国际也积极与上述网站开展合作、谋求共赢。近年来，国内各个文学网站在市场推动、政府引导、资本引领的大背景下，纷纷开展作品版权输出合作、全版权运营、海外投资等丰富多样的“网文出海”行动，例如截至 2020 年 12 月，晋江文学城作品版权输出总量已达 2400 余部，海外出版册数超 1000 万，进驻东南亚、东亚、北美、欧洲等多个地区的图书市场。①

（二）网络玄幻小说跨文化对话的叙事困境

1. 内容质量参差不齐

网络小说多种多样，其中玄幻小说不仅在我国极受欢迎，在海外文学网站上也广受关注。玄幻、奇幻类中文作品体量大，再加上海外受众的阅读偏好，使得我们在对外传播的过程中，偏向以网络玄幻小说类作品为主，且其占据了相当大的比例，作品内容类型相对单一。

具有明显标签的类型化网络小说在情节走向、人物设定和语言风格上高

① 半月谈|网文出海，浪涛几重[EB/OL] https://baijiahao.baidu.com/s?id=1706038643786814486&wfr=spider&for=pc[2021-07-23].

度相似，文本同质化现象严重，作品量大但质量参差不齐。许多作者只跟着套路走，不考虑细节、逻辑和语言表述，文本逻辑性差；“支线”“副本”一堆，与主角相关的情节却简单略过；内容情节前后不搭，常常同一件事情的前因后果在两次描写中出现诸如时间上的关键性差异；文字表述简单、通俗且重复性高，例如，《斗破苍穹》中“恐怖如斯”出现了 18 次，曾受到许多读者的“嘲讽”。

除文本质量以外，翻译也是一大难点。网络小说的海外传播需要做大量的文字翻译工作，目前从事网络玄幻小说翻译工作的主要群体为海外网络文学兴趣爱好者、海外文学网站翻译团队、国内文学网站翻译团队，另外人工智能也有所参与。这些群体本身翻译业务能力就有所差异，再加上中外语言表达习惯和思维习惯也有差异，按照中文的行文思路直译小说会造成一定的阅读障碍。而且网络玄幻小说的翻译会涉及很多专业名词，这些词语的翻译也都存在困难。例如在 Wuxiaworld 网站中，“道”被译为 Dao，“玄幻”被译为 Xuan Huan 等，并在专门的资源板块给出词义解释。另外中国传统文化中的诗词、成语、俗语等内容也是翻译的重难点，把握不当会直接影响文本翻译质量。

2. 跨媒介叙事内容质量不高

詹金斯提出“一个跨媒体的故事横跨不同的媒介平台展开，每一个平台都有新的文本为整个故事做出有差异的、有价值的贡献。每一种媒体都出色地各司其职、各尽其责”[①]。故事在跨媒介叙事中，必须具有一个故事内核，才能在各种媒介形态上进行演绎、延展和创生，也只有这样才更能吸引受众的参与，达到预期的传播效果，只有包容性和共享性强、符合人类价值共识的作品才更易于传播。[②]不少网络玄幻小说由于内容体量大，可以任由作者天马行空，包含各种“副本”“支线”等，使得其故事内核不够凝练，不利于有效传播。

故事的内核包括核心价值观和元故事，其中核心价值观就是指在故事作品中的世界观、价值观以及逻辑准则等。这一点在系列作品中最能体现。例

① 亨利·詹金斯. 2012. 融合文化：新媒体和旧媒体的冲突地带[M]. 杜永明译. 北京：商务印书馆：153.
② 陈先红，宋发枝. 2019. 跨媒介叙事的互文机理研究[J]. 新闻界，（5）：35-41.

如，“三生三世”系列作品中统一的世界架构和叙事逻辑，“斗破苍穹”系列作品遵循斗气大陆的统一原则和架构，以及漫威作品中共通的漫威宇宙等。故事核心价值观一致，才能保证相关作品创作的逻辑性和连贯性，即使是对同一个作品进行改编，若改变了原有的故事内核，也会使作品内容显得分散、混乱。

网络玄幻小说在内容、形式、表达上可以有艺术的夸张成分，但是在思想内涵上依然应当守住作为文艺作品的道德底线，以传播优秀文化和正确价值取向为己任。网络文学出现以来，固然不乏逻辑严谨、语言优美、故事新颖并传播正确价值观和正能量的优秀作品，但是在现有海量作品库存中也有很多价值观念总体格调不高，以升级、修炼、打怪等情节为主的网络玄幻小说，更是常常出现如男性化、强者逻辑、睚眦必报甚至“三俗”观念的作品，这在对外传播中不利于构建我国的文化形象。

与《斗破苍穹》相似的许多玄幻小说的主角在故事情节发展过程中总是能够凭借努力与天赋战胜重重困难，这样的描写的确可以突出人物的形象，展现出个人的发展与成就，但是过于脱离现实的“爽文”几乎让故事主角可以为所欲为，这种过度的个人主义的展现会对青少年读者产生价值误导，在海外传播的过程中也会造成一定的负面影响。

（三）网络玄幻小说跨文化对话遭遇困境的原因

1. 类型小说内容同质化，翻译生硬化

网络玄幻小说作品类型化、模式化、套路化严重，行业准入门槛低，导致作品质量参差不齐。类型化小说的发展是网络文学在新媒体时代适应读者习惯和迎合受众审美的结果，当某一种作品类型大热之后，就会产生很多模仿其套路的同类作品，久而久之这一类型作品就会产生固有套路模式，而作者本身的文化底蕴和素质差异使得这一现象更加突出，融梗、灌水现象更是常见。

网络玄幻小说体量极大、融梗多，本来就套路化、同质化严重，因此很多抄袭侵权行为不达到一定的程度或比例就难以辨析。相较于抄袭侵权，盗版侵权更是直接损害作者与平台利益，并极大地打击了作者的原创积极性。网络玄幻小说作品的文字载体形式使其被复制、搬运、传播简单便捷，且技术的更新不断降低盗版成本，互联网的发展为盗版作品提供了很多“庇护所”。

文本翻译方面，中国网络玄幻小说作者想象奇特，内容天马行空，语言形式多样，无形中对翻译者提出了极高的要求，需要他们具备足够的知识量、文化视野、专业翻译能力。许多涉及历史元素的中国网络小说更是包含了语言的多次转换：从传统文化用语转换到现代通俗表达，再从当代中国文化语境转换到海外其他语言的具体表达，甚至有些地区将英译的中国网络小说再次转译，多重转换大大增加了理解难度，译者对文化本身的不了解会造成翻译过程中的文化失真。

就译者来说，目前的译者主力是兴趣爱好者（包括海外华裔和海外读者）、中外网站翻译团队和人工智能翻译。除去翻译技术的差异，网络玄幻小说的翻译需要译者同时对网络玄幻小说、中国文化、中文表述、海外受众阅读习惯与兴趣等方面有深入了解，如若了解当地出版传播机制，则会有更好的传播效果。网络玄幻小说具有极强的中国特色，常涉及成语、俗语、诗词歌赋和专业术语，但是在情节表述上又具有网络性，在单纯语言翻译技术同等水平的条件下，对文化了解程度的高低会直接影响文本翻译质量的好坏。

2. 价值取向多元分散，中西方价值观念差异

网络玄幻小说有多种类型分支，作品价值取向多元分散，相较有凝练价值内核的作品而言不利于有效地对外传播。多元化的价值观固然有利于创作的自由发展和个性彰显，但是价值取向过于多元分散，会使得作品受众面固定，也会造成诸如传统价值颠覆、庸俗价值取向、价值观念混乱失序等问题，不利于跨越年龄、阶层、地域的广泛传播。只有拥有凝练价值内核的故事作品才能够较好地传播其中的文化及价值观念。以我国经典故事《花木兰》为例，国内外版本无论是形式多样、叙事不同，还是情节有略微差异，都没有改变故事内核和故事反映出的忠孝、爱国、坚毅、勇敢的思想精神，较好地传播了中国文化和价值观念，因此花木兰的故事才能不断被改编、再创。

文化观念方面，出于对现实世界中弱者无力感的弥补和读者对“爽文”的阅读喜爱心理，网络小说中常常会出现一些强者为尊、唯我独尊、睚眦必报的情节，以满足读者在文学作品中体验在现实生活中无法得到的感受的期望。在一些文化价值观念上，由于中西方价值观念的差异，很多作品在传播过程中会受到西方读者的误解。例如《斗破苍穹》中，萧炎得知他急需的一幅地图被他人购买后不惜杀人夺宝，他唯一的目标，便是不择手段地夺回范凌手中的那份残图，这样的情节与人物心理过于重视自我需求的满足，“唯我至上”的观念给海外读者留下了一定的刻板印象。如《斗破苍穹》的海外读者评论中就有人提到：中国的小说总是强调“人不为己，天诛地灭”的理念。另外还有男性化的价值观念、掠夺自然的修炼之道、男主角庞大的后宫体系，都会给海外读者留下对中国和中国文化的刻板印象，这种固有观念一旦形成，就很难再使其转变，长此以往不利于我国的文化形象塑造。

3. 传播主体与受众对话沟通少

前文曾提到作者与读者之间的交流对小说文本创作及传播的重要性，也指出了由网站平台属性、翻译模式、更新模式等造成的在对外传播中的交互性较弱的问题。由于语言壁垒、时空壁垒、文化差异、平台管理设置等，主要传播主体之间互动较低。

早期网络玄幻小说的对外传播，主要是译者的兴趣使然，译者基于自发性的网络平台，在平台上对作品进行翻译更新，并在评论区解答读者提出的问题，与读者互动。现在依然有因兴趣参与翻译的译者，但随着官方和平台对网络文学海外传播的重视，许多作品是由团队翻译完成后交由平台进行更新传播，由此降低了译者与读者的互动性，专业译者在语言翻译方面虽然能力优秀，但并不足够了解网络小说或作品的相关文化，对翻译过程中存在的问题无法正确地给予解答，互动效果差。读者与作者之间的互动难点则主要在于时空及语言上存在壁垒，海外读者无法像国内读者一样直接与作者就作品内容进行及时互动，且各大平台目前对互动这一板块的开发与管理还待完善，以上因素均导致传播主体与受众互动较少。

我国积极推进中华文化的海外输出，出台了一系列推动网络文学“走出去”的相关政策。例如，2014 年 12 月，国家新闻出版广电总局在《关于推动网络文学健康发展的指导意见》中提出要“开展对外交流，推动‘走出去’”；2017 年 4 月，文化部出台《关于推动数字文化产业创新发展的指导意见》，强调要“培育具有国际竞争力的数字文化企业和产品，为全球数字文化产业发展提供中国模式”。此外许多政府引导举办的文化节、文化合作交流等活动也为网络文学产业的高质量发展提供了助力。但总体来说，面对网络玄幻小说出海运营中复杂的版权等问题，仍需要更为细致的规则约束和行为指导。政府需要在海外合作、海外产业布局等方面提供更有利的政策支持，有意识地推动或引导优秀网络玄幻小说作品的海外交流等，为网络玄幻小说的对外传播创造良好的外部环境。

二、网络玄幻小说《斗破苍穹》的叙事逻辑与文化观念

《斗破苍穹》连载起始于 2009 年 4 月，完结于 2011 年 7 月，2011 年 3 月，该小说点击量首次突破 1 个亿，这也是起点中文网第一部点击量达到 1 亿的作品。其英文译本名为 *Battle Through the Heavens*，2015 年在 Wuxiaworld 上译载发布，其后也在 Gravity Tales、Novel Updates 等网站连载发布。本小节以《斗破苍穹》为例，对其海外传播情况和文化观念进行分析，有助于探寻玄幻小说对外传播中内容、观念和传播主体的特点，为后文策略的提出提供依据。

（一）网络玄幻小说《斗破苍穹》的叙事内容

1. 《斗破苍穹》相关信息及内容概述

《斗破苍穹》是起点中文网签约作家天蚕土豆（本名李虎）的玄幻小说作品，该小说讲述了主角天才少年萧炎在创造了家族修炼纪录后止步不前，突然成为“废人”并受到种种打击，但是他没有向命运低头，在绝望之际幸得贵人相助，凭借自己的努力和一干朋友的相助，经过艰苦修炼最终达到修炼顶峰的故事。

2. 网络小说《斗破苍穹》的对外传播现状

《斗破苍穹》的海外传播主体是海外兴趣爱好翻译者，由于该小说是比较早期的、在国内评分高的玄幻小说，所以在有规模性的专业团队翻译之前，就已经有海外的粉丝对其进行翻译。海外传播渠道是国外的网络玄幻小说翻译网站，包括前文提到 Wuxiaworld、Gravity Tales、Novel Updates 等。本节主要以 Wuxiaworld 为例梳理该小说在海外传播的情况。

从对外传播的受众用户画像来看，国外受众和国内受众有很大的相似点，具体表现在三个方面，一是性别上绝大多数为男性，二是年龄上年轻化

倾向明显，三是职业上学生群体占大多数，且学历差异程度较低。从受众的阅读心理来看，除了对中国玄幻武侠小说的好奇心理之外，以青年、青少年男性为主角的故事情节是该小说受到这一部分读者追捧的重要原因，且年轻的学生更容易接受新的事物和不同的文化，他们擅长且习惯在虚拟的网络世界中找到缓解现实压力的内容，并以此来寻求心理安慰。中国网络玄幻小说内容新颖且篇幅长，引人入胜，此前一度非常火爆的一个案例就是“美国小伙卡扎德阅读中国网络玄幻小说戒掉毒瘾”。除此之外，在对海外读者的阅读心理进行调研时也有数据显示，超过50%的受众喜爱中国玄幻小说中的“新颖、惊喜、过瘾、爽感、热血、积极”等特点，相较于本土的网络奇幻小说，中国玄幻小说更能够满足他们的阅读需求和阅读心理，67.4%的网友评价中国网络玄幻小说“值得一读，根本停不下来”。[①]由此可见海外受众在群体和阅读心理上与国内受众的相似性，以及他们对中国网络玄幻小说的喜爱。

《斗破苍穹》是相对较早传播至海外的网络玄幻小说，Wuxiaworld 上其最后一章的热门评论以及该网站上的论坛热门话题，大多在 2017 年左右。根据 Wuxiaworld 网站的读者评分数据，海外受众对该小说的评分较高。并且该小说位居完结小说推荐前列，很多读者在留言评论时表示“这是一部非常不错的玄幻小说，推荐阅读”或“尽管这部小说在后面存在一些剧情重复的问题，但我依然非常推荐这本小说”。

本书摘取了 2020 年 3 月 Wuxiaworld 网站上关于《斗破苍穹》的七条代表性推荐评论（表 3-3），分析在海外读者眼中这本小说的优点与缺点，及该小说在国外受到欢迎的原因。根据网站推荐评论，总体上该小说的正面评价多于负面评价，其在海外普遍比较受欢迎的原因在于其题材的新颖性和情节的激烈性。对于第一次阅读玄幻小说的读者来说，这是一部不错的作品，满足了海外读者对中国玄幻的想象和期待，很多读者表示在阅读前面部分的时候“兴趣很大，情节很精彩”，该小说是一部很好的令人娱乐、休闲的作品。负面评价多集中于作品情节的重复和篇幅的冗长问题。从评论文本可以看出，作出负面评价的读者并非一开始就对作品不满，或是阅

① 佚名，2021.《2019 年中国网络文学出海研究报告》[EB/OL]. https://www.iresearch.com.cn/Detail/report?id=3389&isfree=0 [2019-06-21].

读完全文以后质疑作品，大多读者在开始阅读时是满意并且喜欢的，但是在进行到 600—1000 章时，读者对内容和叙事已经有了整体的了解，后面的情节设置就显得和前文高度相似、重复，让人觉得枯燥乏味，对于已经对中国玄幻小说有过了解和有多次阅读经验的读者来说，后面出现的逻辑漏洞更令人不满。

表 3-3　Wuxiaworld 网站关于《斗破苍穹》的推荐评论摘取

评论内容翻译文本	同意观点人数/人	不同意观点人数/人
故事很好，但是后面的写作有重复。总体而言，这是武侠玄幻小说中不错的书，虽然没什么特别令人兴奋、战斗很激烈的情节，在最后阶段也没有太大变化，结局很一般，但是总体来说我喜欢这个故事和其中的人物，并会向人推荐，尤其是它的漫画	54	14
它具有足够的娱乐性，前半部分和中间，都可以吸引您的注意力。但是，到最后有点无聊。如果您想要消磨时间，那它是很好的选择	15	7
这是我进入中国武侠世界的起点。它在我心中占有特殊的位置。所以自然地我推荐它。它既不是杰作也不是一部伟大的文学作品，它不能与本网站上的许多其他小说相提并论，但它不是很刻板，内容也不是太柔和。这非常简单直接。有些部分可能直接使许多读者失望，并且看起来可能有问题，但我仍推荐您试试看	2	0
我看到大多数其他评论都谈论故事/写作在几百章之后如何分崩离析。剧透警报：完全相同的事情基本上发生在这里的所有故事中。但是 BTTH 的起步非常好，即使您还没有阅读完故事，您也会得到很多乐趣。我很容易将这个故事与 *ISSTH*（《我欲封天》）放在同一级别。他们每个人开始都很厉害，但经历了困难后变得潦倒	14	6
我读的这个故事从一开始就很有趣。前 700 章主人公遭受艰辛和各种斗争的情节很棒。您会很开心和激动。当您继续阅读直至 1000 章时，战斗会变得有趣且有些激烈，您会像我一样想知道接下来会发生什么。但我不建议您阅读这本小说，因为这本小说的重复性始于 1100 章左右，萧炎与敌人战斗时，敌人总在最后关头逃脱，并且整体逻辑开始恶化，情节出现漏洞	48	29
总体而言，我建议阅读第一部分（300 章），但是之后的所有内容都不值得阅读。BTTH 是经典之一，但是故事中经常看到中国网络小说中使用的许多陈词滥调，例如咳出的鲜血和茶杯的破碎。主角是个完全的伪君子，例如，尽管有人悔婚，他可能会感到委屈，但在故事的后半部分，他也悔婚了。总而言之，我不建议您阅读这本小说	17	8
一开始，这个故事很好。它使我想起了《盘龙》。炼金术也很有趣，有不同的火焰等。但是经过几百章，故事内容就开始变得重复了。敌人几乎都是一样的，战斗都以同样的方式结束。在结束的某个时候，我只会在战斗场景中阅读一章的第一句和最后一句，而不会觉得自己错过了任何重要内容。这是一本“后宫”小说，我个人并不喜欢。总体来说，这个故事还不错，应该有 600 章或 700 章，而不是 1600+章	13	10

（二）网络玄幻小说《斗破苍穹》的叙事类型

1. 平凡人物的成长叙事

前文提到，国外受众和国内受众很大的相似点之一，就在于以青年、青少年男性为主的读者的相似阅读心理，读者以角色代入的方式感受情节发展，讲述平凡人物成长故事的作品，会让同样是平凡人物的读者们在主角的成长经历中体味期望体验的人生获得感，满足了受众的阅读心理和缓解现实生活中情绪压力的阅读需求。

萧炎作为《斗破苍穹》的主要人物，他的成长历程推动整个小说情节的发展，也是整部小说的叙事中心和顺序。人物、情节、环境作为小说的三要素，其中“人物”排在第一位，人物作为一种可以行动变化的力量，推动小说情节的发展。人物形象或人物经历发生变化，才能对整个故事造成影响，固定的人物形象往往只是参与故事的大致走向，但是不能对故事的变化产生影响。例如故事中的反派，隐藏黑化的大 boss 比从头坏到尾的反派更能影响故事剧情的转变，也会带给读者更多的阅读惊奇感。就小说主人公来说，有一些小说的主人公形象固定，如很厉害的大侠，人物形象完美——武功高强、风神俊朗、具有正义感和侠义精神，以这样的人物为主人公的小说，情节的推动可能靠主人公自身的奇遇，也可能靠外部环境，比如配角制造的事件与主角发生关联。

在《斗破苍穹》的开篇，萧炎不过是一个十多岁的少年，虽然曾经极有天赋，但是在天赋消失以后，他就成了一个极为普通的平凡少年，他的年龄、性格、经历上的变化成为影响小说情节叙事的重要因素。这样一种体现人物多方面成长的叙事形式也是很多网络玄幻小说的叙事形式。玄幻小说往往与超自然能力和修炼有关，那些与生俱来的和机缘巧合得到的超自然能力暂且不谈，大多数以修炼、打怪等为主线的玄幻小说都是以平凡少年人物的成长历程为主线，这一方面是由于网络小说写作内容趋于模式化，另一方面是因为网络玄幻小说面对的受众大多也是平凡的青年或青少年，这种平凡人物成长的叙事形式迎合了受众渴望突破自我局限、实现成长跨越的阅读心理，容易引起受众的强烈共鸣。

2. 空间场景的转换叙事

故事环境决定了故事发展的事件和空间，从国外的奇幻小说或科幻电影来看，我们会发现，国外受众对于空间场景的转换叙事模式是喜欢的。从电影来看，突然的空间场景转变带来了对视听感官的冲击，推动情节发展的同时也给故事带来一些神秘感。从奇幻（魔幻）小说来看，无论是《哈利波特》还是《魔戒》，它们都有一定篇幅的空间场景转换，这样的叙事模式是国外受众习惯并且喜欢的。玄幻小说的特点就在于它情节的天马行空，若是一直拘泥于某一个空间，仅仅是人物自身的修炼或某门派之间的故事，故事情节就会失去新颖性和刺激性，也很难在这一个局限空间内衍生海外受众喜欢的"新颖、惊喜、过瘾、热血、积极"的故事情节，因此，空间场景的转换叙事是网络玄幻小说吸引受众、满足故事情节发展需要的重要特点。

在网络玄幻小说中，由于存在超自然力量元素，作者很少会定义一个具体的空间，一般架构于古代或是现当代的玄幻小说都会在时间、空间中二者取其一，以免引起阅读的违和感或导致时空上的逻辑漏洞等。例如古风小说在时间上会参照某一历史时期进行大致设定，以便于细节环境的描写和参照，但是会有具体的空间环境描写。《斗破苍穹》是发生在架空世界"斗气大陆"上的故事，作者没有给出具体的时间描写，可以推测时间线的线索只有主人公萧炎的年龄和成长经历，在空间上，作者更是没有具体设定。

一般有现实依据可参考的小说，在空间上可发挥的余地不大，主要人物常常在一个固定的空间下开展交锋，如某一个具体的城市。但是在异空间中，作者可以通过空间场景的转换进行叙事，换一个空间环境就是一个新的故事支线，支线辅助主线大的走向，也推动情节的发展。这一叙事方式在影视剧中的体现更加有代入感，以《仙剑奇侠传三》为例，故事主线是主角需要寻找"五灵珠"来拯救人间，五颗灵珠分别在不同的空间，在不同空间的寻找过程是支线，其情节辅助于集齐五颗灵珠这一主线。

在小说中，叙事空间的转换需要作者对相应的空间环境进行细致的描写刻画，一个接一个空间场景的转变伴随人物的成长与故事的发展。《斗破苍穹》中，萧炎在家族所在的"乌坦城"受到嘲讽后努力修炼，遇到机缘前往"魔兽山脉"寻宝历练，再接着前往"迦南学院"学习修炼，之后到"云岚山上大战”等，每一次的空间转换都有内在逻辑，每当萧炎进行关键性的成长和突破时才会出现场景变化，在此过程中，他不断成长变强，最终飞升到“大千世界”这一上位面空间。整个历程好像网络游戏的练级、打怪，达到一定的级别后则开启下一个篇章，进入新的副本空间进行修炼，如此反复。在这些不断变化的虚拟空间中，作者对空间内的场景和情节安排叙事有绝对的掌控性，细致的环境描写和激烈的情节让读者有一种身临其境的沉浸式阅读体验。这种空间场景转换的叙事方式也是网络玄幻小说的一大风格，是网络玄幻小说不同于其他类型小说的重要吸引点。

（三）网络玄幻小说《斗破苍穹》叙事的文化观念

1. 差异融合：《斗破苍穹》中“架空异大陆”的世界观

1）玄幻小说中东西结合的异世界模式

中国的玄幻小说早期在中国古代道教世界观的背景下展开，发展到现在，在借鉴传统的世界架构的表述基础上还融合了一些西方玄幻小说中的异世界模式，综合呈现成一种融合东西方传统文化和当代世界观的“异世界”。玄幻小说中关于“异世界”的超自然、超宇宙的构想，也与西方玄幻小说有一定的共性，这种世界架构满足了外国读者对神秘东方文化的猎奇心理，同时又具备他们熟悉的流行元素或西方精神，有利于书迷们接受与理解。

玄幻类小说故事的发生世界往往由作者虚构而成，作品中关于修真、修炼、等级等的设定也均是作者想象的，网络玄幻小说的故事背景大多设置在架空背景下的古代，它既可以是作者按照中国道教的三界架构展开的想象，也可以是作者根据故事需要任意想象架构出的完整世界。在《斗破苍穹》中，作者将主要故事设置在“斗气大陆”，而这只是大千世界的一个下位面。

传统的东方式玄幻小说大多将世界分成三界：仙界、凡间和鬼界，虽然在不同的小说中表述和形容有所差异，但是大多逃脱不了这样的世界架构。三界之间互有壁垒，但是又有一些默认的互通方式，例如凡人可以通过修仙飞升至仙界，仙人也可能因错被贬谪为凡人。例如萧炎在修炼的过程中不断收服天下异种火焰，达到最终的“主宰之境”并在魂天界击败魂天帝，成为斗气大陆的又一位斗帝，并进入上位面的大千世界。这是较为典型的东方玄幻小说中的“修炼—突破—飞升”叙事模式，也是中国比较常见的“三界式”的世界架构。

西方的玄幻小说在宗教的影响下，在世界的构成上会与东方有差异，虽然也分“天堂、人间、地狱”，但是三者本身不相通，在西方文化中“神”是信仰和守护，其他人无法通过修炼实现身份的转变与突破。所以西方式的玄幻小说背景常常会设定在规模宏大完整的异世界，脱离现实世界的设定与法则，可以让作者天马行空地发挥想象，如《魔戒》中的“中土世界”。《斗破苍穹》中主人公“修炼—突破—飞升”的故事在构思和表达上具有中国文化特色，但是由于该故事发生在一个由作者架构设计出的完整世界中，与传统的玄幻小说有一定差异，又有西方式的“异世界”结构体系，这种东西结合的异世界模式在设定和内容上既有新奇点又有熟悉感，在海外传播中是便于读者接受与理解的。

2）征服与消耗：《斗破苍穹》中的人与自然

当今世界，人类发展与地球资源的矛盾日益加重，在工业发展初期高能耗、高污染的发展模式带来了严重的环境问题，当下不少发展中国家依然存在这样的问题，在国际社会中也不断为人诟病。我国正在走一条生态优先、绿色发展的道路，在国际上也不断强调我国的绿色发展和环境保护，并且通过新闻宣传和文艺作品体现我国尊重自然、顺应自然、保护自然的发展现状。作为对外传播的文艺作品，玄幻小说在这一点上的表现往往薄弱，甚至还会与我们当下推崇的观念背道而驰，这在传播的过程中会给海外读者留下负面印象，不利于我国在这一方面的整体形象塑造。

在玄幻小说中，大多数修炼者不断修炼、提升自我境界并最终成“仙”，这样的故事既强调个人通过努力与勤奋实现自我突破，也强调个人作为集体的一分子对整个“世界”的奉献与牺牲。在《斗破苍穹》中，最高等级的斗帝可以修炼成纳天地入体的法身，达到这一等级后，不仅可以改变自身的血脉，还能凭借一人之力振兴整个种族、威破苍穹，甚至可以改变后人的血脉。这种世界观认为人可以通过自我的不断突破实现改变世界的目标。

这种可以突破自我改变世界的修炼故事，往往会涉及人与自然的关系。从《斗破苍穹》处理人与自然的关系来看，作者在男主角修炼的过程中设置了很多有利于修炼或炼药的天然资源，主人公通过不断寻找珍稀药材、奇珍异宝来辅助自身修炼。为了不断增强自身的斗气能力、突破功法的境界高度，他会抢夺各种需要的资源，包括炼丹的草药或稀有的魔兽等。其中最为明显的，就是对自然异火的掠夺，斗气大陆上的异火被设定为助力修炼的重要资源，异火自有等级和名称，越是厉害的异火越是生成条件艰难。萧炎就是通过不断掠夺炼化异火和利用珍稀药材炼制丹药来辅助自身提升修为等级的。异火、药材、魔兽等，都是特殊的自然资源，放在现实世界中我们可以将其视为能源或稀有动植物。为了自身的修炼而去寻找这些资源并炼化，可以解释成一种对自然资源的掠夺，也可以解释为人对自然的征服是可以掌控的。

尽管在小说结尾的正邪大战中，萧炎为天下苍生牺牲了自己，但也不能掩盖他在修炼过程中对自然资源不断掠夺和消耗的事实。可以说，萧炎的修炼、成长历程充分体现出他为了自己的利益而牺牲、掠夺大量自然资源的事实，萧炎的人物形象在一定程度上与中国古往今来都强调提倡的人与自然和谐共处的观念有些背道而驰，但是却一定程度上符合了西方支配物质世界为人们所利用并使其服从于人的意志，为人们带来财富的对自然“征服与改造”的观念。[①]

2. 价值共通：《斗破苍穹》中积极进取的人生观

不同的世界观直接影响人对待人生问题的具体行为表现，一个人秉持怎样的人生态度、人生目标以及如何实现自身的人生价值是这个人人生观的直接体现。由于特殊的地理位置和国家形成的历史原因的影响，北美地区的文化更倾向于求变，那里的人们更喜欢有挑战、有刺激的人生，更有征服的欲望。这一点恰恰是玄幻小说中常出现的主人公的人生历程和人生观念，符合海外受众的思维方式与价值观，有利于读者的理解与接受。

大多数玄幻小说主人公都是克服重重困难后走向成功的，在这个过程中他们会面对很多困难，还会打破常规，突破很多传统的束缚，最终成长为一个优秀的人。网络玄幻小说在大背景中展现中国传统社会人生观的同时，也体现了与时下文化相符的不断突破自我、勇于创新的人生观。在《斗破苍穹》中，面对来自家族和外界的压力，萧炎不断努力学习炼药技能、废寝忘食地修炼斗气等级，不断挑战高难度的修炼功法，最终由弱变强，成长为斗气大

① 卫景宜，爱德华. 2000. 美国文化模式[M]. 天津：百花文艺出版社.

陆上的巅峰强者。起初他是为了一雪前耻，但是后来，为了维护整个大陆的和平与安定，他在战斗中牺牲了肉体，作为强者为整个群体无私付出，更综合展现了努力、坚忍、有责任、有担当的人物形象。

这些作品人物的成长通过一个又一个故事呈现在读者眼前，主人公的心理变化和言语行为都详细展示了他的成长路径，而修炼途中的突破规则可以通过达到什么“等级”来体现，如《斗破苍穹》中的“斗气修炼体系”能带给读者极强的“足够努力就会有回报”的正能量，容易让青少年读者产生心理共鸣。“三十年河东，三十年河西，莫欺少年穷”是小说第一部分（第 1—350 章）的主线，也可以说是整部小说的一大主线。修炼能力止步不前的“废柴”萧炎被实力强大的云岚宗接班人纳兰嫣然当众退婚，而说出这句振奋人心的话，与对方定下三年之约，这是不甘现状、期望通过勤奋修炼实现突破与逆袭的表现。

这种在许多人看来可能是不合逻辑甚至背离现实的“逆袭爽文”，却正好满足了部分男性青少年读者由于现实社会的挫败而产生的抵抗需求，为年轻的读者提供了一个逃避现实的空间，但也对读者产生了激励，传递了一种“努力奋斗就能实现目标”的积极正面的人生观。这些对外传播能让读者更好地接受我国网络玄幻小说所传递的文化内容，也能塑造出中国人积极努力、不畏艰难的形象，转变一些海外受众对中国的固有印象。

3. 冲突误解：《斗破苍穹》强者为尊的价值观念

当前我国正在积极推进“一带一路”倡议，倡导构建人类命运共同体，因此在对外传播的过程中，如何体现我国的和平发展理念，也是文艺作品在海外传播中理应承担的责任。文艺作品的海外传播需要尊重不同国家、地域、民族的意识形态、宗教形象、习惯习俗，树立全球视野，针对不同的情况找寻不同文化中的价值共识，以求获得当地读者的认同，减少不必要的冲突和误解。

一个普通少年通过努力修炼实现逆袭，是很多网络玄幻小说中共有的人物设定。这种设定模式在国内外读者中受到欢迎，能极大地满足读者的阅读心理，让人相信普通人在现实生活中也能通过努力在竞争激烈的社会中成长，最终成为在社会上具有力量和话语权的强者。小说主线走向体现了一种强者为尊的价值观念。

这样的价值观念极容易使海外受众形成观念上的误解，引起文化冲突。“中国威胁论”由来已久，西方一些国家和民众认为中国的发展是对其他国家资源的掠夺，并且对其他国家的发展具有威胁，而玄幻小说大多都有类似《斗破苍穹》这样表达“强者为尊”观念的情节，无疑加剧了其他国家和民众对中国的误解，认为这是中国的“观念和做法”，不利于传递我国和平发展的理念。

小说《斗破苍穹》从头至尾都体现出“强者为尊”的观念，这也是非现实类网络小说中常常出现的情节，小说主人公几乎都是所在领域的强者，或最终奋斗成为强者，并且掌握主要权力。在《斗破苍穹》中，斗者的实力就是权力的象征，从“斗者”到“斗帝”共十个大段，每段之中还以星级划分。小说简介的第一句话就是“这里是属于斗气的世界”，小说中年轻一辈的斗气段位测试结果出来以后，段位高者被人敬畏，段位低者受人嘲讽和欺负，这样的描述明确了斗气大陆的级别与权力划分，金字塔形的修炼体系象征着强者的绝对权威。

另一处明显的体现，就是众人进入迦南学院以后，学院不成文的规定是老生给新生一个下马威，促使这个不成文规定推行的是在斗气修炼等级上的实力差距，如戈剌在初入迦南学院时，被一名实力在二星斗者的学长仅用一拳就打败，之后就在烈日下的广场上被罚站，等戈剌成为学长以后也凭借武力让二十几位新生认识到“学长的权威”。新生入学被老生压制，成为迦南学院每一年的惯例。当然也有挑战权威的人，比如主人公萧炎，面对学长的“武力压制”，萧炎很轻松地接招并且反击，让在场的所有人都十分惊讶，“很难想象，一名新生，竟然如此轻易地便将一位一星斗者的攻击接了下来”。

从小说《斗破苍穹》主要人物设定来看，在性别关系上存在男女地位的明显差异。在其他的网络小说评论中，有西方读者曾经发出疑问：为什么中国网络小说的主人公以男性居多？这一点笔者认为与读者选择的小说类型有关，一些玄幻、仙侠类型的男频小说的主人公确实以男性居多，男主在逆境中成长、追求财富与地位，最后获得成功的故事常常成为脉络标配，在这样的故事中并非没有女性的存在，但是女性角色往往会被忽视，相对男性角色而言被弱化或者只是作为故事情节的辅助出现。尽管在《斗破苍穹》中，除男主外的主要角色几乎都是女性，并且她们在情节的推动上也起到了不小的作用，但是从人物介绍来看，这些主要女性角色或是对男主有好感，或是男主的红颜知己，或是与男主有爱恨纠葛，人物设定本身其实就已经忽略并弱化了故事中的女性地位，足以体现对女性形象的固有认知和想象。

把女性作为一个相对弱势的群体来描述，并常常赋予女性角色作为男性附属的形象，没有充分地重视性别平等，其实也正是因为在这样的作品中男性普遍是强者，依然存在强者为尊的价值观念。这样的文艺作品也可能会被冠以“文化霸权”的恶名，似乎中国试图以这样的玄幻类虚构文艺作品影响海外受众的思想观念，更是加剧了国际社会对中国“威胁、霸权”的负面评价，甚至影响到我国文化的对外传播与合作交流。

三、网络玄幻小说跨文化对话的叙事策略

立足前文研究，本小节针对中国网络玄幻小说对外传播提出策略建议，为实现传播中国文化、展现中国文化形象、彰显国家文化软实力的目的，以下将从创作观念、内容品质、主体与受众的交流等方面提出网络玄幻小说的对外传播策略。

（一）创作观念的引导与思维转变

1. 重视读者的共同价值需求，提升观念格调

中国网络玄幻小说的叙事脉络往往是小人物的修炼、打怪、升级，主人公通常带有明显的主角光环，帮助其在关键时刻化险为夷。《斗破苍穹》的男主角在天赋消失跌入低谷后获得了灵戒中“药尊者”的帮助，并总能获得各类有助于修炼的丹药和功法，最终成为斗帝，进入大千世界。在阅读中，海外读者容易以角色代入的方式感受情节发展，在小人物一步一步的成长脉络中，体味到人生价值实现的获得感，享受到众星捧月般的满足，缓解、宣泄现实生活中的情绪压力。虽然迎合受众心理需求是网络玄幻小说广受欢迎的重要原因，但是我们不能忽视读者的现实需求，尤其网络玄幻小说的读者大多是青少年男性，小说内容必须考虑到读者群体的现实状况，不能一味迎合受众的“爽文”阅读心理，要在价值表现中传播积极向上的价值观念，对读者产生正面的引导和启发。

作品创作要提升整体格调，在年轻读者的世界观、人生观、价值观及思

想道德方面起到正确引领作用，不在作品中传播低俗暴力的文化内容，在涉及全球关注的社会、环境等当代问题上要体现现实需求，创作海内外读者一致认同的作品，在虚构的故事中传播具有现实意义的中国故事，展现中国的文化精神和观念格调。

2. 尊重文化差异，创作开放包容的时代作品

中国是一个多民族构成、包容性强的国家，在历史的发展中早已融合了许多外来的优秀文化。在作品中也应该尊重这种文化差异，以开放包容的态度创作符合新时代价值的优秀作品。

中西方之间难免存在一定的价值观差异，除此之外还存在一些习惯习俗、宗教文化等方面的差异，在本土广受欢迎的作品，在海外传播的过程中可能遇到部分价值观不符的问题，作者及译者要充分重视和考虑海外读者的审美意愿与现实需求，在涉及其他民族的文化和价值观方面的内容时要正确分析相关国家、地域、民族的意识形态、宗教形象、习惯习俗，树立全球视野，针对不同的情况找寻不同文化中的价值共识，获得当地读者的认同。中国的网络玄幻小说不仅仅依托于中国传统道教及武侠文化，也越来越多地涉及西方文化背景，我们在借鉴优秀的海外文化时，必须要充分地了解其文化背景并且尊重其文化的主体地位，在涉及双方文化间的差异时不可因为题材的特殊性进行任意篡改与想象。在差异的基础上寻求一种文化上的平衡，最大可能地消除文化间的冲突点,使网络玄幻小说作品除了题材的吸引力之外，更具有感染力和说服力。

（二）主体内容的质量与选择

1. 中国特色文化内涵的内容挖掘

网络小说作品走向国际，成为“中国文化”的又一个重要标签。当海量网络小说作品呈现在全球读者面前时，海外读者对中华文化的了解程度和辨别能力直接影响着其对文本作品中的中国文化的理解。中国网络小说走进国际视野或国际市场以后，如若没有过硬的作品质量，不仅会使了解较少和辨别力较低的读者因此对中国文化产生误解，影响作品的海外传播效果，还会影响中国的国际形象。

网络玄幻小说虽然是发表于网络的通俗文学的一种，且带有很强的娱乐性，但是作为文艺作品，依然要注重内容质量和中国特色的文化内涵，如此才能保证网络玄幻小说在对外传播中正确地为海外读者传播中国文化和中国精神，从而综合体现中国的文化软实力。网络玄幻小说之所以能流行于海外，究其原因还是小说中的中华文化内涵吸引了海外广大读者。设定于架空历史背景下的玄幻小说，能够很好地展现中国传统文化元素，如修仙类的小说大多离不开传统道教的相关文化因素——道教信奉的神明、教派对人物的称呼、教派遵循的规则等，除此之外许多对具体事物的描写也能够体现中国传统文化元素，包括服饰、器物、建筑、礼仪等。

对海外读者来说，小说中的中国文化是巨大的吸引点。随着我国经济的发展与国际地位的不断提高，中国文化在全球语境内广受关注，中国文化源远流长、博大精深，由于语言的壁垒和历史、思维、价值观等方面的差异，中国文化很难被海外受众了解与正确解读，网络玄幻小说以其通俗易懂的方式为海外读者打开了认识中国文化的新大门，小说中关于中国诗词的引用，以及夹杂在其中的关于场景氛围、习俗礼仪、道德律法的合理细节设定都能够在具体的语境中较好地展现中国文化内涵，而具有丰富文化内涵的作品不仅能吸引海外受众，还能综合体现我国当下的文化发展水平，从内容、形式等多方面展现我国的文化软实力。

2. 国际视野的内容选择

中国传统文化背景是中国网络玄幻小说在国外受到广泛欢迎的重要原因，但我们在作品内容选择上也应体现国际视野，通过对中国历史、中国文化的加工创作，结合新时代的话语表达，来体现当代全人类所共同面临着的关于人与自然、人与社会、人与人、人与心灵的问题以及不同文明之间的冲突与危机①，并在表述中传递能让全人类产生情感共鸣和价值认同的观念。这样的作品既是中国故事和中国文化的体现，也表达了我们当下提倡“推动构建人类命运共同体”的和平理念与共同发展的思想，通过情感和价值共鸣来减少文化差异，推动玄幻小说作品的广泛传播。

我国网络玄幻小说在海外受到欢迎不仅仅因为其独特的中国传统文化

① 张立文. 2016. 和合学：21 世纪文化战略的构想（上卷）[M]. 北京：中国人民大学出版社.

背景，还因为其不同于西方魔幻小说的创作模式与丰富多样的内容选择，从题材细分来看，中国网络玄幻小说早已不局限于中国的传统文化，如有不少玄幻作品以西方传统文化为背景，或有“穿越”“重生”之类的设定，把西方传说与中国玄幻及中国文化联系起来，展现不同文化间的纽带，选择不同文化间易于凝聚人文情感的共性内容，使故事能够合情合理地跨越语言与文化呈现出来，既能立于国际视野讲好中国故事，也能用中国语言讲好世界故事。

（三）多元化主体与受众间的对话与交流

1. 了解受众诉求，加强作者、译者与读者互动

浏览时下几大热门海外网络小说网站可以发现，海外读者习惯交际性阅读的追文模式，目前各大平台或论坛已经为读者之间的互相交流提供了良好的平台，但是关于读者与译者、读者与作者之间的交流形式还有待完善。

相比较读者与作者可能存在的语言壁垒，读者与译者之间更容易进行交流。虽然译者不直接生产作品，但是网站也可以通过量化的形式给予译者实际性的鼓励，如设置读者对翻译质量的评价机制或是直接设立读者对译者的打赏通道等，有效反馈读者对翻译质量的评价，促进译者与读者之间的交流，也有利于帮助读者理解译者的翻译内容，在交流中传播文化。

读者与作者之间的交流几乎是隔空对话，也因为语言壁垒等，交流存在障碍。尽管读者可以通过高质量的翻译文本和与译者的交流较好地理解、接受小说内容，但是对于小说情节走向、内容设定以及更深层次的思想文化内涵等的充分理解，还需要与作者进行交流才能实现。目前阅文集团旗下的起点国际成为中国网络小说的重要传播途径，不少作品的作者是起点中文网的签约作者，平台可以出台相关的规定鼓励作者与读者进行交流，同时也可以开辟便于双方进行交流的社交途径，帮助读者与作者打破时空和语言的壁垒，如同作者与国内读者一样尽可能实现无障碍交流，从而促使作者很好地接受海外读者的信息反馈，也帮助读者理解作品背后更深的文化价值内涵。

2. 促进社会力量间的交流沟通，加强中国故事的世界表述

社会力量包括国内外网络小说兴趣爱好者、官方及民间组织，如中国网络作家协会等。如中国“网络文学+”大会暨高峰论坛等形式的网络文学界交流论坛的举办，为网络玄幻小说作者提供了交流学习的平台。参照此种模式以及其他文艺作品领域的国际交流活动，官方的网络文学协会或网络玄幻小说组织可以主动发起类似网络玄幻小说作品嘉年华的海内外交流活动，通过官方渠道加深彼此之间的交流与理解。也可以通过因兴趣聚集的民间组织开展专题活动，为网络玄幻小说兴趣爱好者提供一个线下的交流环境，还可以邀请知名网络玄幻小说作者共同参与，因兴趣而聚集，在交流中传播文化。

网络玄幻小说不管在国内还是国外都广受欢迎，国内许多爱好者对国外受众的阅读心理、阅读感受等也有强烈的兴趣，在诸如百度贴吧、哔哩哔哩、LOFTER、Archive of Our Own（AO3）等平台上都有人对海外读者的阅读评论进行翻译，也有很多读者对此评论留言。但是国内外的兴趣爱好者尚不能通过平台直接进行评论互动，虽然语言和时差等因素是重要原因，但是还有一个重要原因在于没有一个可供大家交流的公共平台。从技术层面和管理制度层面打破这一壁垒，促进普通兴趣爱好者之间的交流，有利于在无形之间通过对话传播我国的文化，加深和不同国家民族之间的民众的感情。

由于对外传播中的文化折扣，在传播本土文艺作品时，要在精准表现内容的同时思考传统文化元素的国际性特征，用更为贴近全球普遍性阅读习惯的方式进行文本叙述与情节表达，中国本土文化的世界性表述有利于解决传播过程中的文化误读和文化折扣问题，有利于中国文化的有效传播。在新时期我们依然要保持兼容并蓄的气度，用世界性的表述将中国文化价值与精神内涵融入作品创作中，呈现一种既基于中华优秀传统文化又能展现全球价值共识的优秀小说作品。在文本的翻译过程中，既要准确表述作品展现的中国文化与精神，也要符合海外受众的阅读表达习惯，确保在翻译过程中不因为文本翻译不当而导致文化误读。如此双管齐下，推进中国网络玄幻小说作品的海外传播。

第四章 主体转向：中国故事跨文化对话逻辑机制

第一节 中国抗疫故事议题特征与留学生海外社交媒体分享意愿机制研究

一、文献回顾与研究问题

新冠肺炎疫情已然成为全球重大公共卫生和治理挑战，三年来，中国因时因势优化调整防控措施，坚定不移探索出了疫情防控的“中国方案”，在医疗救治、疫苗研发等方面取得了重大抗疫成果。与此同时，中国始终秉持人类卫生健康共同体理念，透明共享病毒基因序列识别成果并积极开展国际社会抗疫援助，为弥合全球“免疫鸿沟”担当尽责。然而，部分国家对中国的国际抗疫贡献视而不见，污名化和扭曲化解读中国疫情防控调整政策并恶意揣测政策发布动机与病毒来源，严重损害中国国家形象。讲好抗疫故事并有效传播成为这一特殊时期中国向海内外陈述事实、消除误解的重要路径，也是新时代我国大国形象充分展现的良好契机。

相较于作为“在场者”的国内民众，在以传统媒体为主流的叙事空间里，生活在海外的民众往往是叙事话语中一个“外国人”的概念，而从布尔迪厄的资本论视角来看，中国留学生可以被视为中国在海外社交平台进行国际传播的“潜在社会资本”；从霍尔的文化身份（Cultural Identity）理论视角来看，中国留学生作为中国文化的“他者”、行走的“海外媒介”，具有传播中国故事的天然媒介属性，被视为推动提升国家形象和国际传播能力这项长期系统工程中不可忽视的力量。关注并研究这一群体是探寻中国抗疫故事国际传播是否有效触达的新着力点。

围绕这一战略议题与现实关切，国内学者展开了一系列中国故事传播的中国软硬“实力逆差”和“全球化”浪潮叙事语境研究，并逐步由抽象的“中国故事”概念符号具化为中国抗疫故事、中国共产党治国理政故事等一系列子故事研究。国外关于抗疫故事传播的研究大多聚焦新冠肺炎疫情本身与各国的抗疫成效①，研究者主要从医学②、信息传播③等视角探究如何有效防控疫情蔓延，关于中国抗疫故事的针对性研究较少。尽管国内外有关中国故事跨文化传播的研究已经积累了相当程度的学术资源，但国内研究尚处描述性探究阶段，主要围绕中国抗疫故事“讲什么、怎么讲、谁来讲”这一主线进行思辨性探讨与案例式经验总结④⑤，相关的量化研究不足。

就目前而言，囿于理论探讨和个案分析，仍不足以回应“如何讲好”中国抗疫故事这一核心问题⑥，有必要实现两大跨越。第一，范式转换：研究主体不应仅集中于对官方媒体等组织机构的媒介经验总结和传播价值意义探讨，而须尝试转向以受众为主体的抗疫故事传播效果和动机的研究。第二，方法拓展：研究不应停留在对问题的泛泛而谈以及对现象的描述罗列阶段，而应切实采用实证方法探究中国抗疫故事传播效果及作用机制。

在公共卫生紧急事件中，信息传播的互动过程是必要的，它是风险沟通的一个关键组成部分，应该被优先考虑。⑦受众对信息的认知一定程度也影响到其自身的行为。可以说，探究与用户有关的信息行为特点，一定程度上也是检验抗疫故事传播成效的一条有效路径。

---

① Bamias, G., Lagou, S., Gizis, M., et al. 2020. The Greek response to COVID-19: A true success story from an IBD perspective[J]. *Inflammatory Bowel Diseases*, 26(8): 1144-1148.

② Huang, C., Wang, Y., Li, X., et al. 2020. Clinical features of patients infected with 2019 novel coronavirus in Wuhan, China[J]. *The Lancet*, 395(10223): 497-506.

③ Pennycook, G., McPhetres, J., Zhang, Y., et al. 2020. Fighting COVID-19 misinformation on social media: Experimental evidence for a scalable accuracy-nudge intervention[J]. *Psychological Science*, 31(7): 770-780.

④ 范昕. 2021. 抗疫斗争背景下提升大学生文化自信的实现路径[J]. 教育教学论坛，（9）：155-158.

⑤ 潘亚宁. 2020. 新冠肺炎疫情防控中的社会动员研究[J]. 南方论刊，（7）：10-12.

⑥ 雷雪晴. 2021. 以情感人：讲好中国抗疫故事的影像叙事研究[J]. 视听，（6）：134-136.

⑦ Kiyohara, H., Teshima, Y., Hoshino, H. A., et al. 2022. Three myths of disseminating COVID-19 information to vulnerable migrants in Japan: Lessons learned during the pandemic[J]. *Tropical Medicine and Health*, 50(1): 13.

基于此，本书关照由文化身份建构的海外民间场域，聚焦中国留学生群体，以社会认知为理论视角，从个体认知与客体特征维度探究中国抗疫故事议题特征对留学生在海外社交媒体分享意愿的作用机制。研究尝试以效果偏向拓展当前中国抗疫故事研究学理视域与方法视角，在媒介实践空间上倒逼抗疫故事内容生产与传播各环节反思与完善，以助推中国故事传播“在地化”。本书指涉的中国抗疫故事是指以《人民日报海外版》、中国国际电视台、新华社、《环球时报》英文版等为代表的国家外宣媒体在社交媒体上传播的关于中国抗疫主张、具体实践与抗疫成效等报道。

二、理论基础与研究假设

（一）社会认知理论与行为意愿研究

一般说来，社会认知是指个体关于社会现象、社会关系等方面的人类自身事件的认知。[①]社会认知理论（Social Cognitive Theory，SCT）由班杜拉提出，强调个体认知（personal cognitive）、社会环境（social environment）、个体行为（individual behavior）三者之间具有动态作用关系（图 4-1）。[②]个体认知包括自我效能和结果预期，分别指个人对自我行为能力的主观判断和对自身行为可能带来结果的判断。环境因素包括所处氛围、外在资源特征等。迄今为止，社会认知理论支持了许多从信息科学角度进行的用户行为研究，主要涉及信息搜寻意愿[③]、知识共享动机与行为特征[④]、平台持续使用及分享意愿[⑤]等主题。不少实证研究均发现，信息特征、自我效能与结果期望均影响个体分享信息的意愿。一系列的文献均论证了社会认知理论在个体信息分

① 程玲. 2007. 社会认知理论及其在社会工作中的运用[J]. 长沙民政职业技术学院学报，（1）：21-24.

② Bandura, A. 2001. Social cognitive theory: An agentic perspective. *Annual Review of Psychology*, 52(1): 1-26.

③ Junaidi, J., Chih, W. & Ortiz, J. 2020. Antecedents of information seeking and sharing on social networking sites: an empirical study of facebook users[J]. *International Journal of Communication*, 14: 5705-5728.

④ Chiu, C. M., Hsu, M. H. & Wang, E. T. G. 2006. Understanding knowledge sharing in virtual communities: An integration of social capital and social cognitive theories[J]. *Decision Support Systems*, 42(3): 1872-1888.

⑤ Jin, J., Li, Y., Zhong, X., et al. 2015. Why users contribute knowledge to online communities: An empirical study of an online social Q&A community[J]. *Information & Management*, 52(7): 840-849.

享行为中的解释效力。本书认为，中国留学生在海外社交媒体分享中国抗疫故事是一种典型的信息分享行为活动，环境客体维度的中国抗疫故事议题特性与主体认知维度的个体动机均有可能对其行为意愿产生影响，社会认知理论为探究中国留学生对于中国抗疫故事分享意愿提供了可操作的理论框架（图 4-2）。

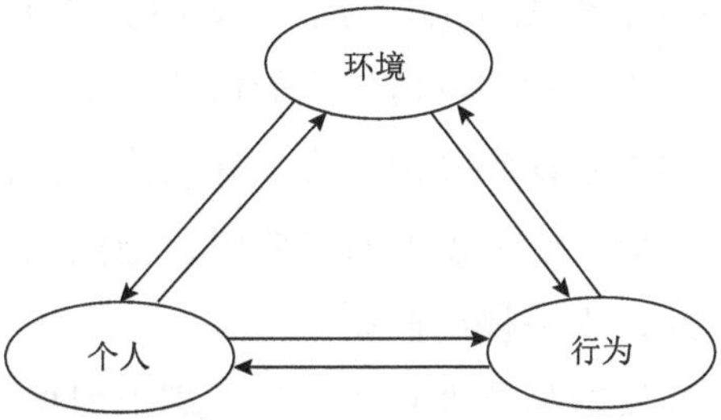

图 4-1　社会认知理论三元交互模型

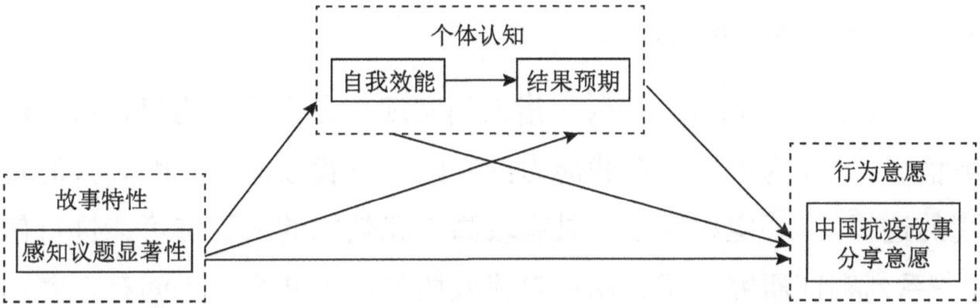

图 4-2　研究模型

（二）研究假设与模型建构

1. 感知议题显著性与中国留学生对于中国抗疫故事分享意愿

“显著性”，即意识到的重要性，它使受众接收到的信息变得更为引人注意、有意义或容易记忆。[①] “议题显著性”则是指一个问题的突出性和重要性。[②]议题的重要性可能会影响公众对有关内容的整体感知，并进一步影响其动机和行为。已有研究表明，个体对问题的认知程度越高、卷入程度越

① 聂静虹. 2012. 论政治传播中的议题设置、启动效果和框架效果[J]. 政治学研究，（5）：111-123.

② Lindell, M. K. & Perry, R. W. 2003. *Communicating Environmental Risk in Multiethnic Communities*[M]. Thousand Oaks : Sage publications.

深，越容易激发其信息传播行为。[①]此外，感知议题显著性通常是风险感知的显著预测因子。[②]作为重大的突发公共卫生事件，新冠肺炎疫情引起全球关注，人们自身也形成了对疫情风险的感知，研究证实公众对疫情的风险感知对其信息分享意愿有着显著的正向影响。[③]疫情蔓延期间，公众感知疫情威胁影响其信息分享行为。[④]结合现实来看，中国留学生在诸如新冠肺炎疫情大流行等集体创伤中会有更高的风险，也更容易产生焦虑问题。[⑤]在特殊身份背景下，中国留学生对相关疫情风险的议题会更加关注和重视。因此，研究认为，当中国留学生感知到疫情风险，并认为中国抗疫故事的内容与自身的关联性较强，或者对自己来说比较重要时，他们在推特上的分享意愿可能也会越强烈。基于此，本书提出假设：

H1：中国留学生的议题显著性感知与其分享中国抗疫故事的意愿成正相关关系。

2. 自我效能的中介作用

“自我效能”（self-efficacy）指人们实现特定领域行为目标所需能力的信心或信念。[⑥]作为人们对自我能力的判断，自我效能会影响到人们对活动和环境的选择。[⑦]一定程度上，具有较高自我效能的人更有可能进行信息分享。[⑧]一系列实证研究表明，用户自我效能与知识共享行为间存在着正相关

① 李贞芳，方新子，刘练. 2017. 影响社交媒体公众传播行为的情境因素——基于问题解决情境理论的视角[J]. 新闻大学，（2）：73-82，150.

② Yang, Z. J., Rickard, L. N., Harrison, T. M., et al. 2014. Applying the risk information seeking and processing model to examine support for climate change mitigation policy[J]. *Science Communication*, 36(3): 296-324.

③ 李龙飞，张国良. 2021. 新冠肺炎疫情中媒介信息特征对信息分享意愿的影响及作用机制研究[J]. 新闻大学，（4）：83-101，122.

④ Sumaedi, S., Saleh, A. & Syukri, A. F. 2021. Factors influencing millennials' online healthy food information-sharing behaviour during the Covid-19 pandemic[J]. *British Food Journal*, 124(9): 2772-2792.

⑤ Feng, S., Zhang, Q. & Ho, S. M. 2021. Fear and anxiety about COVID-19 among local and overseas Chinese university students[J]. *Health & Social Care in the Community*, 29(6): e249-e258.

⑥ Bandura, A. 1977. Self-efficacy: Toward a unifying theory of behavioral change[J]. *Psychological Review*, 84(2): 191-215.

⑦ Bandura, A. 1982. Self-efficacy mechanism in human agency[J]. *American Psychologist*, 37(2): 122-147.

⑧ 徐美凤，叶继元. 2011. 学术虚拟社区知识共享行为影响因素研究[J]. 情报理论与实践，34（11）：72-77.

的关系。[①②]在疫情期间，受制于社交范围、心理压力等因素，中国留学生在信息分享时也往往会对自我能力进行判断。因此，研究认为当中国留学生有足够的自信能够传递相关的信息，或者能给他人分享有价值的信息时，他们在推特上的分享意愿可能也会越强烈。基于此，提出假设：

H2：中国留学生的自我效能与其分享中国抗疫故事的意愿成正相关关系。

作为对主体的自我判断，自我效能是通过选择、思维、动机和心身反应等中介过程实现其主体作用的[③]，它以一定的经验或信息为依据并通过对这些信息的认知加工而形成[④]。在信息分享行为中，受众的媒介使用和信息接触程度等，会影响到受众对有关内容的认知，从而影响其自我效能。王一等人认为，通过媒体报道，更多相关信息和预防行为措施被传播并采用，从而使公众产生了好的自我效能。[⑤]疫情期间，媒体关于风险事件的报道和建构，成为公众了解和判断风险议题的重要信息渠道。[⑥]同时媒介在告知公众新冠肺炎疫情进展、传达官方应对举措、塑造公众的自我和集体效能感方面也发挥着至关重要的作用。因此，研究认为中国留学生接触官方主流媒体中国抗疫故事相关报道时，他们对中国抗疫故事的议题显著性感知增强，从而进行信息分享的自我效能也会增强。基于此，提出假设：

H3：中国留学生的议题显著性感知与其自我效能成正相关关系。

社交媒体的信息分享行为受制于主体、环境等不同因素，其中自我效能常具有重要的中介作用。[⑦]布鲁克指出，自我效能在经验（个体相关因素）、社会支持、信任（环境相关因素）与知识分享行为之间具有中介作

① 丁水平，林杰. 2020. 社会化媒体环境下消费者持续信息共享意愿影响因素实证研究——基于信息搜寻和信息分享的同步视角[J]. 情报科学，38（4）：131-139.

② Kim, H., Lee, J. & Oh, S. E. 2020. Individual characteristics influencing the sharing of knowledge on social networking services: online identity, self-efficacy, and knowledge sharing intentions[J]. *Behaviour & Information Technology*, 39(4): 379-390.

③ 高申春. 1998. 论自我效能感的主体作用机制[J]. 外国教育研究，（6）：1-5.

④ 王艳喜，雷万胜. 2006. 自我效能感研究综述[J]. 当代经理人，（4）：106-108.

⑤ 王一，高俊岭，陈浩，等. 2020. 2019 冠状病毒病（COVID-19）疫情期间公众媒体暴露及其与心理健康的关系[J]. 复旦学报（医学版），47（2）：173-178.

⑥ 高艺倩. 2021. 新冠疫情风险感知的媒介效应及其中介变量研究——以效能感为多重中介[J]. 东南传播，（5）：7-11.

⑦ 赵莉，孙建鑫，张玲. 2021. 媒体宣传与绿色消费行为关系研究——以社会认知理论为基础[J]. 山东工商学院学报，35（5）：79-91.

用。[1]在知识共享的虚拟社区中，自我效能在奖励与隐性知识共享[2]、社交媒体自我联系与社交媒体信息共享[3]之间都存在着中介作用。基于此，研究认为当中国留学生感知中国抗疫故事议题特征显著性强时，会增强对自我信息分享能力的信心，并进一步影响其在推特分享中国抗疫故事的意愿。结合H1、H2、H3，提出假设：

H4：自我效能在感知议题显著性与中国抗疫故事分享意愿中发挥中介作用。

3. 结果期望的中介作用

期望理论认为个体在采取某一特定行为前，其对行为结果的期望估计会影响行为的发生。[4]个体行为的结果，常基于主体的主观感知。根据议题显著性假设，公民倾向于获取他们认为重要的主题的信息。[5]因此，当人们对议题形成了重要感知之后，会形成对行为结果的期待，进而可能会增强他们实现目标的信心。目前的很多研究都指出，议题显著性的感知与行为结果之间存在着关联。[6]在媒体传播中，高网络显著性的话题比低网络显著性的话题也更能有效地促进行为的发生。[7]因此，研究认为中国留学生对相关议题显著性的感知越强，他们也越可能认为其分享行为能带来好的结果。据此，本书提出假设：

H5：中国留学生对信息接近性感知与其分享中国抗疫故事的结果期望成

---

① Brooke, J., Rasdi, R. M. & Samah, B. A. 2017. Modelling knowledge sharing behaviour using self-efficacy as a mediator[J]. *European Journal of Training and Development*, 41(2): 144-159.

② Wang, N., Yin, J., Ma, Z., et al. 2021. The influence mechanism of rewards on knowledge sharing behaviors in virtual communities[J]. *Journal of Knowledge Management*, 26(3): 485-505.

③ Kim, M., Jun, M., & Han, J. 2022. The relationship between needs, motivations and information sharing behaviors on social media: focus on the self-connection and social connection[J]. *Asia Pacific Journal of Marketing and Logistics*.

④ Bandura, A. 1977. Self-efficacy: Toward a unifying theory of behavioral change[J]. *Psychological Review*, 84(2): 191-215.

⑤ Mutchings, V. L. 2001. Political context, issue salience, and selective attentiveness: Constituent knowledge of the Clarence Thomas confirmation vote[J]. *Journal of Politics*, 63(3): 846-868.

⑥ Ang, A. U. J. & Peksen, D. 2007. When do economic sanctions work? Asymmetric perceptions, issue salience, and outcomes[J]. *Political Research Quarterly*, 60(1): 135-145.

⑦ Danner, H. & Thøgersen, J. 2022. Does online chatter matter for consumer behaviour? A priming experiment on organic food[J]. *International Journal of Consumer Studies*, 46(3): 850-869.

正相关关系。

在信息分享行为中，个体结果期望是指信息分享行为个体对可能带来的对自身有利结果的估计。[①]在社交媒体平台中，个体对预期获得的有利结果感知使其社交网络分享的动机显著增强[②]，并对信息共享行为产生影响。与个体结果期望相对，用户也会期望自己的信息分享行为能为社区的成长和持续发展做出贡献，即公共结果期望。[③]研究表明，公共结果期望增强了贡献者在互联网虚拟社区中知识共享的意愿[④]，是用户知识共享的主要动机[⑤]。新冠疫情作为兼具个体性与公共性的议题，公众在进行该议题的信息活动时同样可能受到个人结果期望与公共结果期望的影响。因此，研究认为当中国留学生认为分享行为能够结交到更多的朋友或者传播良好的中国形象时，他们在推特上的分享意愿可能也会越强烈。据此，本书提出假设：

H6：中国留学生的结果期望与其分享意愿成正相关关系。

一系列实证研究表明结果期望在个体与行为之间发挥重要作用。结果期望在环境与参与意愿[⑥]、主观规范与消费意向[⑦]、环境因素与知识贡献行为[⑧]之间存在着中介作用。疫情背景下，中国留学生对中国抗疫故事相关议题的高关注度，促进其产生相关结果期望，从而推动分享意愿的形成。本书结合

① Chiu, C. M., Hsu, M. H. & Wang, E. T. G. 2006. Understanding knowledge sharing in virtual communities: An integration of social capital and social cognitive theories[J]. *Decision Support Systems*, 42(3): 1872-1888.

② Zhang, X. 2022. Keeping up appearances: Testing a moderated mediation path of self-presentation motives, self-efficacy beliefs, social sharing of fitness records and fitness app uses[J]. *Behaviour & Information Technology*, 41(3): 644-654.

③ 宗乾进. 2013. 国外社会化电子商务研究综述[J]. 情报杂志，32（10）：117-121.

④ Fan, Y. W., Wu, C. C. & Chiang, L. C. 2009. Knowledge sharing in virtual community: The comparison between contributors and lurkers[J]. In *Proceedings of the 9th International Conference on Electronic Business*, 662-668.

⑤ Sinaga, S. A., Handayani, P. W. & Pinem, A. A. 2017. Knowledge sharing motivation in e-commerce online community[J]. In 2017 International Conference on Advanced Computer Science and Information Systems, 143-148.

⑥ 汪红梅，李琦. 2022. 农户持续参加科普培训意愿的影响因素[J]. 西北农林科技大学学报（社会科学版），22（3）：130-140.

⑦ 李志兰，马小娜，马勇. 2019. 主观规范和公共媒体影响对绿色消费意向的影响机制——一个被调节的中介模型[J]. 软科学，33（11）：113-119.

⑧ 何丹丹，郭东强. 2016. 基于社会认知理论的移动社区个体知识贡献影响因素研究——以个人结果期望为中介[J]. 情报理论与实践，39（9）：82-89.

H1、H5、H6，提出假设：

H7:结果期望在感知议题显著性与中国抗疫故事分享意愿中发挥中介作用。

4. 自我效能与结果期望的链式中介作用

个人结果期望和与社区相关的结果期望可以在虚拟社区中推动知识共享的产生。①自我效能对知识共享的结果预期有着显著的影响。②在线上虚拟社区，自我效能与结果期望之间成正相关关系③，比如在虚拟学术社区中自我效能对社区相关结果预期就有着正向的影响④。因此，对信息分享能力的感知可能会影响到中国留学生对抗疫故事分享的结果期望。基于此，提出假设：

H8：中国留学生的自我效能越强，其分享中国抗疫故事的结果期望越强烈。

以往研究指出，自我效能和结果期望在社区氛围与知识分享意愿⑤、信息性使用与消费行为⑥的关系中发挥链式中介作用。考虑到自我效能与个体结果期望之间的因果关系，感知议题显著性与抗疫故事分享意愿之间可能存在着链式中介的路径。感知议题显著性通过自我效能对个体结果期望产生影响，并进一步推动中国留学生对于中国抗疫故事的分享。基于此，提出假设：

H9：自我效能和结果期望在感知议题显著性与中国抗疫故事分享意愿中发挥链式中介作用。

---

① Chiu, C. M., Hsu, M. H. & Wang, E. T. G. 2006. Understanding knowledge sharing in virtual communities: An integration of social capital and social cognitive theories[J]. *Decision Support Systems*, 42(3): 1872-1888.

② Li, Z., Zhu, T. & Luo, F. 2010. A Study on the Influence of Organizational Climate on Knowledge-Sharing Behavior in IT Enterprises[J]. *Journal of Computers*, 5(4): 508-515.

③ Guan, Y. J. & Huang, G. Q. 2014. The research of influencing factors of knowledge sharing in virtual community[J]. *Applied Mechanics and Materials*, (687): 3070-3073.

④ Liu, R. & Shao, X. 2013. Understanding Knowledge Sharing Willingness in Virtual Academic Community: A Survey Study on College Students[J]. In *Emerging Technologies for Information Systems, Computing, and Management*, 1091-1098.

⑤ Cai, Y. & Shi, W. 2022. The influence of the community climate on users' knowledge-sharing intention: The social cognitive theory perspective[J]. *Behaviour & Information Technology*, 41(2): 307-323.

⑥ 孙建鑫，赵莉. 2020. 社交媒体使用能否推动绿色消费行为?——自我效能和个体结果期望的链式中介效应[J]. 兰州财经大学学报，36（6）：81-92.

三、研究方法与设计

（一）抽样方法与样本分析

研究根据预调研结果（n=50）对问卷进行多次修改和调整，形成了最终正式调研问卷，并通过滚雪球抽样在社交媒体平台面向中国留学生正式发放，具体涉及微信、微博、豆瓣中国留学生社群。2022 年 3 月 20 日至 5 月 1 日共回收 642 份问卷，其中使用过推特的中国留学生问卷共 491 份，经人工核实回收问卷国外 IP 地址归属，剔除答卷时间异常、答题矛盾等无效问卷，有效回收样本数为 310 份，有效回收率为 48.3%，样本涵盖英国、加拿大、美国、日本等高留学率国家。被调查者相关特征如表 4-1 所示。男性占比 46.8%（n=145），女性占比 53.2%（n=165）；年龄主要分布在 18—25 岁（n=252），占比 81.3%；在读硕博士留学生占比 59.0%；留学时长主要分布在 0—1 年（n=157），占比 50.6%。

表 4-1　被调查者相关特征（n=310）

变量	变量取值	频数	占比/%
性别	男	145	46.8
	女	165	53.2
年龄	<18 岁	3	1.0
	18—25 岁	252	81.3
	26—30 岁	52	16.8
	>30 岁	3	0.9
在读情况	初高中	3	1.0
	本科	124	40.0
	硕士	162	52.3
	博士	21	6.7
留学国家	英国	92	29.7
	美国	71	22.9
	加拿大	23	7.4
	日本	30	9.7
	韩国	48	15.5
	其他	46	14.8

续表

变量	变量取值	频数	占比/%
留学时长	0—1年	157	50.6
	1—2年	70	22.6
	2—3年	50	16.1
	3年以上	33	10.7
推特使用时长	0—1年	128	41.3
	1—2年	88	28.4
	2年以上	94	30.3
推特使用频率	1小时以内/天	145	46.8
	1—2小时/天	74	23.9
	2—3小时/天	69	22.3
	3小时以上/天	22	7.0
推特信息分享频率	1次及以上/天	44	14.2
	1—6次/周	91	29.4
	1—3次/月	78	25.2
	不曾分享	97	31.2
是否在推特浏览过中国抗疫故事	是	239	77.1
	否	71	22.9

（二）变量设置及其测量

研究各变量所采用题项均借鉴国内外相关研究中的成熟量表，并结合中国抗疫故事内容特性、新冠肺炎疫情的场景特点与推特平台特征，对部分题项做情景化修改。

1. 自变量

感知议题显著性指个体对议题与自我相关性、重要性的感知程度，该变量测量参考珍妮特等[①]量表，并参考李贞芳等[②]关于卷入认知的量表，具体询

① Yang, Z. J., Kahlor, L. A. & Griffin, D. J. 2014. I share, therefore I am: A U. S. China comparison of college students' motivations to share information about climate change[J]. *Human Communication Research*, 40(1): 112-135.

② 李贞芳，方新子，刘练. 2017. 影响社交媒体公众传播行为的情境因素——基于问题解决情境理论的视角[J]. 新闻大学，（2）：73-82，150.

问中国留学生对下列陈述的同意程度（“非常不同意”=1，“非常同意”=7）：①了解新冠肺炎疫情信息对我来说是重要的；②中国的新冠肺炎疫情形势是与我紧密相关的；③我非常关心中国抗击新冠肺炎疫情的情况。三项得分相加的均值为感知议题显著性得分（M=5.928，SD=0.931）。

2. 中介变量

研究测量的自我效能变量主要指个体对自我在社交媒体上进行信息参与能力的感知，借鉴班杜拉经典量表，并结合徐孟翔等①的题项，具体询问中国留学生对下列陈述的同意程度（“非常不同意”=1，“非常同意”=7）：①我对自己在推特发布信息的能力很自信；②我觉得自己有能力在推特与他人分享有价值的信息；③我觉得自己有能力理解推特上推送的中国抗疫故事内容；④我有信心能在推特上很好地表达自己对中国抗疫故事的观点。四项得分相加的均值为自我效能得分（M=5.065，SD=1.126）。

结果期望指个体对分享行为的预期结果感知，该变量量表主要改编自邱超敏等②，同时通过访谈进一步修改量表的题项，询问中国留学生对在推特分享中国抗疫故事相关预期结果的同意程度（“非常不同意”=1，“非常同意”=7），测量题项具体由五个维度构成：①与对该话题感兴趣的朋友有更多交流；②展现爱国形象；③表达民族自豪感；④传播中国良好的国家形象；⑤传递中国人民战“疫”精神。五项得分相加的均值为结果期望得分（M=5.323，SD=1.281）。

3. 因变量

分享意愿指个体决定进行信息分享的意愿的强烈程度，该变量测量题项参考伯克等③的量表，具体询问中国留学生对下列陈述的同意程度（“非常

① Hsu, M.-H., Ju, T. L., Yen, C.-H., et al. 2007. Knowledge sharing behavior in virtual communities: The relationship between trust, self-efficacy, and outcome expectations[J]. *International Journal of Human-Computer Studies*, 65(2): 153-169.

② Chiu, C. M., Hsu, M. H. & Wang, E. T. G. 2006. Understanding knowledge sharing in virtual communities: An integration of social capital and social cognitive theories[J]. *Decision Support Systems*, 42(3): 1872-1888.

③ Bock, G. W., Zmud, R. W., Kim, Y. G., et al. 2005. Behavioral intention formation in knowledge sharing: Examining the roles of extrinsic motivators, social-psychological forces, and organizational climate[J]. *MIS Quarterly*, 29(1): 87-111.

不同意”=1，“非常同意”=7）：①我认为在推特分享中国抗疫故事是件很有必要的事情；②在推特看到感兴趣的中国抗疫故事我会愿意进行转发分享；③我愿意在推特与他人讨论有关中国抗疫故事的话题。三项得分相加的均值为分享意愿得分（M=5.277，SD=1.396）。

4. 控制变量

一是人口统计学变量，包括性别、年龄、留学情况（在读情况和留学时长），二是推特使用行为，主要测量使用频率、使用时长、信息分享频率。

四、数据处理与分析

（一）信度与效度检验

研究分别检验量表的内容效度、聚合效度和区分效度。由于研究量表题项是在已有成熟量表基础上进行修订的，因此具有较好的内容效度。表 4-2 探索性因子分析结果显示所有变量的因子载荷超过标准值 0.7，KMO 系数为 0.924，总体巴特利特球形检验卡方值为 3236.826（df=105，$p<0.001$），四因子结构解释了总方差的 75.55%。

表 4-2 KMO 和巴特利特球形检验

相关性检验	KMO	巴特利特球形检验		
		近似卡方	自由度（df）	显著性（sig）
指标数据	0.924	3236.826	105	0.000

研究采用克龙巴赫 α 系数（Cronbach's α coefficient）来检验量表整体信度，如表 4-3 所示，整体问卷的克龙巴赫 α 系数为 0.933，各个潜变量的可靠性系数均高于 0.770。按照标准因子克龙巴赫 α 系数≥0.70 的信度判别标准，表明研究量表的指标是可靠的。

表 4-3 验证性因子分析结果表明所有潜变量的组合信度（CR）均大于或等于 0.775（标准：CR≥0.6），平均提取方差值（AVE）均大于或等于 0.538（标准：AVE≥0.5），说明研究问卷具有较高的内在一致性。研究进一步检验各潜变量之间的区分效度，表 4-4 显示，各潜变量 AVE 的平方根均大于对

应相关系数，说明研究量表的区分效度明显。

表 4-3　测量模型的信度和聚合效度检验

潜变量	观测项	因子载荷	克龙巴赫 α 系数	组合信度（CR）	平均提取方差值（AVE）
结果期望 OE	OE1	0.834	0.925	0.926	0.714
	OE2	0.832			
	OE3	0.895			
	OE4	0.838			
	OE5	0.825			
自我效能 SE	SE1	0.809	0.831	0.837	0.564
	SE2	0.615			
	SE3	0.81			
	SE4	0.754			
感知议题显著性 PIS	PIS1	0.839	0.775	0.775	0.538
	PIS2	0.621			
	PIS3	0.725			
分享意愿 SW	SW1	0.872	0.907	0.907	0.766
	SW2	0.874			
	SW3	0.879			

表 4-4　测量模型的区分效度检验

项目	感知议题显著性	结果期望	自我效能	分享意愿
感知议题显著性	**0.734**	—	—	—
结果期望	0.549***	**0.845**	—	—
自我效能	0.486***	0.656***	**0.751**	—
分享意愿	0.638***	0.781***	0.697***	**0.875**

注：表格对角线上的加粗数字为对应维度 AVE 的平方根，非对角线数字为维度间相关系数。***表示 $p < 0.001$。

（二）模型拟合优度与路径分析

研究通过结构方程模型（Amos）检验模型建构与各潜变量之间的关系，数据显示，χ^2/df 值为 1.908（χ^2=146.91，df=77），小于标准值 3，CFI=0.978、

GFI=0.94、IFI=0.978、AGFI=0.906，指标均大于 0.9，RMSEA=0.054，小于标准值 0.08，表明该模型具有良好的拟合优度。

图 4-3 展示了结构方程模型标准化路径系数，结果显示，中国留学生对在推特分享中国抗疫故事的意愿受感知议题显著性（β=0.208，$p<0.001$）、自我效能（β=0.190，$p<0.01$）和结果期望（β=0.608，$p<0.001$）的正向显著影响，研究假设 H1、H2、H6 成立；中国留学生感知议题显著性正向影响其自我效能（β=0.557，$p<0.001$）和结果期望（β=0.271，$p<0.001$），研究假设 H3、H5 成立；中国留学生自我效能正向影响其结果期望（β=0.534，$p<0.01$），研究假设 H8 成立。

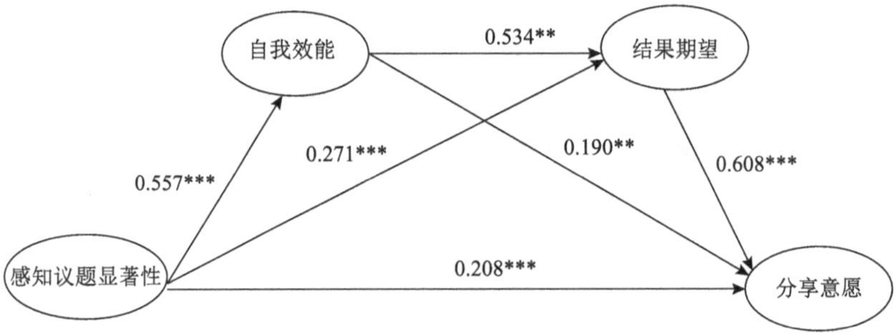

图 4-3　结构方程模型路径分析结果

注：**表示 $p<0.01$，***表示 $p<0.001$。

（三）中介效应与假设检验

进一步探究中国留学生在推特分享中国抗疫故事的心理机制，采用 Bootstrap 方法在 Amos 中进行中介效应分析，Bootstrap 样本量为 2000，置信区间为 95%。表 4-5 结果表明，感知议题显著性对中国抗疫故事分享意愿的总效应显著（95%CI=[0.894，1.246]）。中介效应主要通过三条路径实现，且均为部分中介：①自我效能在中国留学生的感知议题显著性与中国抗疫故事分享意愿中发挥中介作用（95%CI=[0.139，0.489]，p=0.001<0.05），中介效应值为 0.290（占比 27.1%），研究假设 H4 成立；②结果期望在中国留学生的感知议题显著性与中国抗疫故事分享意愿中发挥中介作用（95%CI=[0.059，0.292]，p=0.002<0.05），中介效应值为 0.158（占比 14.8%），研究假设 H7 成立；③自我效能和结果期望在中国留学生的感知议题显著性

与中国抗疫故事分享意愿中发挥链式中介作用（95%CI=[0.012，0.114]，p=0.001<0.05），中介效应值为 0.038（占比 3.6%），研究假设 H9 成立。至此，上述 9 个研究假设均得到验证支持。

表 4-5　各中介路径效应检验

变量/路径	间接效应	效应占比/%	95%置信区间		p 值
			上限	下限	
总效应	1.070***	—	0.894	1.246	0.001
直接效应	0.583***	—	0.413	0.756	0.001
Ind1：感知议题显著性→自我效能→分享意愿	0.290***	27.1	0.139	0.489	0.001
Ind2：感知议题显著性→结果期望→分享意愿	0.158**	14.8	0.059	0.292	0.002
Ind3：感知议题显著性→自我效能→结果期望→分享意愿	0.038***	3.6	0.012	0.114	0.001

注：**表示 $p < 0.01$，***表示 $p < 0.001$。

五、结论与讨论

（一）研究结果与启示

研究聚焦具有全球视野与中国特色的对外讲好中国故事学术命题，从宏大议题思辨转向微观分享心理机制实证研究，以具有天然海外传播媒介属性的中国留学生为对象，运用社会认知理论，综合考察了故事议题特征与个体心理认知变量在中国抗疫故事分享意愿中的作用。至此，研究实现了中国故事传播研究对象、方法与议题的三个转向尝试，得出以下研究结论。

感知议题显著性对中国抗疫故事分享意愿影响中存在直接路径和间接路径。感知议题显著性一方面能够直接影响中国留学生分享中国抗疫故事的意愿，另一方面可以借助三条不同的中介路径对中国抗疫故事分享意愿产生间接促进作用，即通过自我效能的独立作用路径、结果期望的独立作用路径以及自我效能与结果期望的共同作用路径。结合对 8 名中国留学生的深度访谈，对研究结论作进一步阐释。

疫情期间，官方媒体对新冠肺炎疫情的报道成为公众了解和判断风险议题的重要信息渠道。在特殊身份背景下，中国留学生对有关疫情风险的议题更加关注和重视。“其实我也浏览到过和中国抗疫故事相关的信息，比如一些英雄人物故事、疫情防控成果和疫苗等内容。但是怎么说呢，我如果要转发分享的话，倒不是因为要宣传什么，就是觉得这类新闻和我们有很大关系，因为我们也很关心在中国的家人朋友的情况。”（M-2-LYY）

尽管结论论证了中国留学生自我效能在感知议题显著性与中国抗疫故事分享意愿中起重要的中介作用，但研究发现中国留学生自我效能普遍较低，对于自我分享信息能力信心不足，主要囿于媒介使用频率低、黏性差。“虽然我们在外面留学，但是说实话，我们大部分还是在用微博、微信和国内家人朋友交流，要不就是刷照片墙，推特我们其实只是象征性刷一刷，几乎不发东西的。”（M-6-HTY）“其实我也不是不想发，主要因为我很少用推特，而且也不是什么政治类博主，我粉丝很少，我觉得我转发了也没用的。”（M-1-WTL）

访谈发现，中国抗疫故事的议题特征明确激发中国留学生两大结果期望。一是以自我印象管理与人际交往需求为代表的个人结果期望：“我个人觉得我还是很爱国的，我哥哥就是当兵的，就算来了国外读书，也没有影响我什么，（所以）我还是觉得我会去转发这些报道，民族自豪感就应该表达出来呀。”（M-2-LYY）二是以传播国家形象为主体的公共结果期望：“我就感觉推特上抹黑中国的信息特别多，很多都是恶意的，没凭没据。其实国内疫情根本不是他们说的那样，我们国家还是挺牛的吧，所以你说要在推特上转发《人民日报》那些抗疫故事报道其实也是蛮有必要的。”（W-5-LNY）双重结果期望感知共同推动分享意愿形成。

基于以上发现，研究从现实指向出发为中国抗疫故事海外传播“在地化”提供相关建议：首先，重视议题显著性特征对中国抗疫故事海外传播的积极影响。研究验证了感知议题显著性对中国抗疫故事分享意愿影响中多条路径的同时存在。因此，官方主流媒体在海外社交媒体推介英雄抗疫人物、先进抗疫事迹等中国故事时应注意把握话题的有效设置和适当引导，突出显著性元素，增强身份关联性，以促进受众对中国抗疫故事形成总体的感知和认可，激发其对故事分享形成的有利结果产生期待，从而增强其对中国抗疫故事的信息分享意愿。

此外，虽然中国留学生是天然海外传播中介，但也需充分关注其个体认知作用。海外官方主流媒体应强调中国留学生的“主人翁”意识与其在海外社交媒体传播的重要性，以增强其国家认同感与风险共同体意识，进而促进其在海外社交媒体分享信息的自我效能与结果期望的提升。

（二）研究局限与展望

需要指出的是，本书的研究尚存在局限性。一是样本量有待提升。疫情背景下出国留学的风险因素加剧，中国学生出国留学的比率一定程度受到了影响，使得该群体的样本获取便利性降低。此外，通过访谈得知，虽身处海外，中国留学生的媒介使用仍以国内的社交平台（微信、微博等）为主，且推特的用户具有相对显著的特征，如喜爱二次元动漫、关注国际政治议题等，寻找这一类型的中国留学生具有较大难度。未来研究可降低中国留学生媒介使用的横向要求，期望通过纵向提升样本的数量，以提高研究结论的稳定性和代表性。二是研究方法有待完善。本书采用问卷调查法进行横断面研究，严格意义上来说，在推断不同变量之间的因果关系和确定模型的准确度上有待提升。因此，未来研究可以考虑以本书所建立的理论模型为基础，通过控制实验法开展进一步的纵向或追踪研究。三是研究视野有待拓宽，本书基于推特的政治性媒介特征，对中国留学生在其平台上分享抗疫故事的意愿进行了探究，未来可尝试对中国留学生在不同海外社交媒体平台（如脸书、照片墙等）的分享意愿做对比研究，以扩展该领域研究视野的立体性。

第二节　故事还原、具身体验与主体回归：中国故事的沉浸式传播

随着虚拟现实技术（Virtual Reality，VR）、增强现实技术（Augmented Reality，AR）等媒介技术的蓬勃兴起，人类社会不断高度智能化、泛媒介化。波斯特所说的“第二媒介时代”[①]已不足以描述当下这场以 VR 技术为首掀起的人机交互革命为人类社会带来的重大变革，一种全新的信息传播方式随之兴起，以沉浸式传播为主导的第三媒介时代正在来临。在沉浸式传播中，VR 等沉浸技术通过对自然环境进行模拟创造出全新的虚拟空间，人们通过

① 马克·波斯特. 2001. 第二媒介时代[M]. 范静哗译. 南京：南京大学出版社.

技术具身化得以重返交流现场，调动身体感官进行具身体验，以实现跨越时空的在场交流。与此同时，人类的信息交流也拥有了更多冲破国界限制的可能，向着愈加丰富多元的交流格局迈进。从新闻、电影到游戏、综艺，不少媒体已悄然将沉浸式传播的思路应用至中国故事的讲述中，取得了可观的传播效果。然而，不可否认，在近些年的对外传播实践中，外部世界对中国故事始终存在着多方面的误读与曲解，故事的交流往往因存在于异质文化场域的不同个体在认知模式等方面的差异而受制，面临着“偏差化解码”的阻滞，难以走向“文化间性”。[①]因此，如何把“讲故事”的双方从不同的认知经验领域引向共同的心理感知场域成为有效交流的关键。作者认为，作为一种全新的传播交流方式，沉浸式传播具有打通跨媒介界面与跨维度边界、为人们提供前所未有的沉浸感和参与度的潜力，有助于解决我国对外传播的痛点问题。基于此，本书立足于沉浸式故事传播中的身体返场与沉浸交互意义，对其应用场景和作用机理进行分析，探究中国故事如何通过沉浸式传播达成不同文化群体间的沟通理解与内化认同，力图为“讲好中国故事”寻求新的思路。

一、故事传播中的身体返场与沉浸交互

讲故事，即“叙事”，是最古老、最有效的沟通方式之一。在经典叙事理论看来，叙事是对大脑中的认知模式进行建构与更新的过程，人们正是通过叙事，借由故事的搭建，将所发生的事件的要素加以组合，以更好地理解关系，形成想象，由此传达并巩固在人类命运共同体中生活所形成的文化价值系统。[②]在世界全球化与中西方对“中国观”存在着巨大认知差异的双重语境下，讲好中国故事就是讲好全球化时代中国在自信且被他信的制度和理论指导下实现中华民族伟大复兴、转型和创新的故事。[③]就这一实践本质而言，可以简单地认为，“讲好中国故事”就是发生在传者与受者之间关乎中

① 徐明华，李丹妮. 2019. 情感畛域的消解与融通：“中国故事”跨文化传播的沟通介质和认同路径[J]. 现代传播（中国传媒大学学报），41（3）：38-42.

② 段淳林，林泽锟. 2018. 基于品牌叙事理论的中国故事体系建构与传播[J]. 新闻与传播评论，71（2）：71-84.

③ 陈先红，宋发枝. 2020. “讲好中国故事”：国家立场、话语策略与传播战略[J]. 现代传播（中国传媒大学学报），42（1）：40-46，52.

国话题的一场交流，与人类的传播实践及特征息息相关。在沉浸式传播发展为所处媒介时代新特征的当下，故事的传递与交流同样拥有给予受众沉浸式体验的需求。着眼于“沉浸感”形成缘由，重拾“人与媒介关系”命题，再次探讨“身体”中介在信息交流中的作用及其对人类感知和认识经验世界的意义，成为理解用沉浸式传播方式讲述中国故事的关键切口。

（一）从离场到在场：技术迭代下的身体返场

在人类发展史中，最古老的传播以人际交流的方式进行。在语言与口语传播时代，身体作为信息传递的唯一媒介，承载了人们交流传播的全部功能。人们通过肉身的在场，调动表情、肢体动作、口语、语气等要素就可以向外界传递信息，灵活而便利，不需要过多的媒介技术辅助。在这时，讲故事就是共同在场的人际传播，既经济又直接。然而，受物理时空限制，肉体在场的口语传播终究难以使信息跨越远距离的阻滞，文字的出现及普及则打破了这种物理距离所导致的文化传播障碍，让人类的所思所想开始在媒介的依托下达到“脱离肉身的远程在场”，实现了信息在不同空间的广泛传播。①从文字印刷传播时代到电子传播时代，在交流中，人类的身体符号进一步被以语言、图像为载体的听视觉符号替代，电视等电子传播媒介的兴盛更是以声画同步的方式推动了信息的离身传播。可以看出，在传统的传播研究中，“去身体化”或“离身性”始终是发展的主要脉络，在这一时期，人类的传播活动被认为必须要克服传播者的身体及所处物质空间的障碍，借助离身的媒介符号才能完成信息的触达，在讲故事中，身体也一直是被忽视的存在。

孙玮②认为这一现象与传播学发展时期源于现代性哲学思想的理性意识主体观密切相关，提出在柏拉图、苏格拉底、笛卡儿等哲学家提出并弘扬“身心二元论”的时代，人类身体始终处于被贬抑的状态。直到现象学创立，这种“心物二元”割裂的境况才逐步得到改观。随后，不少学者开始沿着现象学、后现代人类学的视角，对“身体”与“心灵”的二元分割观点进行批判，

① 李舟，陈川. 2018. 试论媒介技术对跨文化传播的影响[J]. 新闻世界，（5）：60-63.

② 孙玮. 2018. 交流者的身体：传播与在场——意识主体、身体-主体、智能主体的演变[J]. 国际新闻界，40（12）：83-103.

重新思考“身体”对传播的意义。基于胡塞尔的观点，梅洛-庞蒂进一步打破传统哲学中灵魂与身体“主体–客体”的二元分野，创立了“现象身体”概念，认为身体是拥有心智的身体，人们只有从身体出发进行外向观察才能开始对世界的感知和认识。①海德格尔同样对“将心灵与世界万物进行绝对二分”的观点持反对看法。②不可否认，讲故事作为一种传播的社会实践，从来都没有真正与身体脱离。随着 5G、人工智能等新兴技术的发展与社会文化环境的演变，身体在当下传播研究中的显著性与重要性愈发凸显。当电话、广播等媒介技术不断消弭和跨越了以人的物质身体为尺度所丈量的物理空间和沟通距离，身体的缺席又将人们对交流的不确定性情绪裹挟而至，重新唤醒人们对故事传播中身体在场的热情，试图借助媒介技术在参与度、直播化等方面满足感官体验的欲望。③身体内涵在与技术的互嵌中完成了对肉身概念的突破，有了连接万物的可能。VR、AR 等数字沉浸技术的出现更使用户得以突破屏幕、键盘等物理媒介界面的禁锢，通过不断精细的机器端口进入与传播者共在的交流场域，以虚拟化身实现身体在传播中的“返场”，正式敲响了第三媒介时代到来的钟声。

（二）从游离到沉浸：身体在场下的媒介交互

从以报纸、广播、电视等媒介为依托，强调单向被动阅读、收听、观看的第一媒介时代，过渡至随网络的兴起转向强调交互、关系的第二媒介时代，再到迎来基于人工智能和大数据等物理基础、注重沉浸式体验的第三媒介时代，移动互联、VR、可穿戴设备等新兴技术的崛起让媒介如同水和空气一般泛在而重要。人类的生存环境被智能终端不断覆盖，生产生活越发高度智能，人作为泛在连接的一个节点，也在 VR 技术的嵌入下用仿真式身体在场形式弥补了真实肉身现场缺席的遗憾，以原始人际交流的姿态进入由人机界面形成的虚拟环境中，成为一种媒介形态，让传播无处不在、无时不有。媒介等于一切，一切都是媒介，媒介的意涵与范围扩大至包含身体在内的人类生存

---

① 莫里斯·梅洛–庞蒂. 2001. 知觉现象学[M]. 姜志辉译. 北京：商务印书馆.

② 马丁·海德格尔. 1999. 存在与时间[M]. 陈嘉映，王庆节译. 北京：生活·读书·新知三联书店.

③ 刘海龙. 2018. 传播中的身体问题与传播研究的未来[J]. 国际新闻界，40（2）：37-46.

大环境[①]，“媒介内”和“媒介外”的概念被突破，一种全新的传播交流方式由此而生，即沉浸式传播。

如果说传统意义上的人机交互只是意指人与机器之间的某种游离的互动关系，那么 VR 技术所创造的则是一种全新的人机界面，是基于对自然化生存环境及生活方式的完全模拟、与机器构造环境动态相生的一种沉浸式人媒交互。[②]在这一传播交流方式中，人的身体感官在斯蒂格勒所说的“义肢”以及海德格尔提出的“座架”的嵌入下被激活，拥有了进入媒介环境、实现媒介交互的能动性。对讲故事而言，这便意味着传者与受者双方身体的信息通道被完全敞开，人际交流得以在虚拟媒介环境的通道联通中回到最原始的状态，开启身体在场效应。值得一提的是，随着研究的深入，传播学者对沉浸式传播的关注点正在逐渐朝“沉浸”一词最初的概念意涵靠拢，从营造沉浸式虚拟环境转向重视形成人类内在沉浸式认知状态，往更宽阔的受众体验领域拓展。最早提出“沉浸”概念的契克森米哈赖认为，当个人完全投注在某种活动情境中，其感官体验会过滤掉所有不相关的知觉，只对特定的事物有回应和反馈，达到一种忘时忘我的和谐境界，这便是沉浸感。[③]在技术的人性化趋势愈发显著的当下，身体与 VR 技术的交融已经从肉身维度向意志、想象力的方向发展，在模仿人体功能和认知模式的同时，技术亦在不断强调通过媒介交互挖掘放大这种古老的、与心流相关的沉浸体验，使故事的在场交流朝着“身心合一”的理想目标不断靠近，最终达到让人完全沉浸的状态。

二、中国故事沉浸式传播的应用场景

随着智能化终端的快速普及与技术对人类身体的多维嵌入，人媒边界被消融，具身传播研究在对“身体”作为传播中介的探讨中逐步理论化、思辨化，为实践层面的人媒交互提供了多元思考。从文字读物到新闻报道，从电影电视到艺术展览，“讲好中国故事”的多元文化传播形式同样纷纷与 VR

① 李沁. 2017. 沉浸媒介：重新定义媒介概念的内涵和外延[J]. 国际新闻界，39（8）：115-139.

② 杭云，苏宝华. 2007. 虚拟现实与沉浸式传播的形成[J]. 现代传播（中国传媒大学学报），（6）：21-24.

③ Csikszentmihalyi M. 1997. *Finding Flow: The Psychology of Engagement with Everyday Life*[M]. New York: Basic Books.

技术相拥，焕发了故事内容的生命力，为拥有不同文化背景的受众带来了全新的沉浸体验。

（一）VR 游戏：角色代入下的快感体验

VR 技术天然的沉浸性、交互性与游戏的趣味性、刺激性特征相契合，在政策支持和技术的持续演进下，两者的融合成为当下“VR+”最为热门的趋向，游戏自身所架设的开放性世界亦为玩家的沉浸式体验与身份诠释提供了可供性选择。[①]2021 年 1 月，由我国经典名著《水浒传》改编而来的中国风 VR 游戏《水浒传之醉铁拳》在全球性数字游戏社交平台 Steam 登陆。作为四大名著之一，《水浒传》通过对八百里水泊梁山上 108 位好汉行侠仗义、除暴安良的故事进行讲述，传达了我国浓厚的儒家思想和忠孝仁义的民族精神。该游戏以原著剧情为蓝本，选择书中人物作为角色原型，在进行对游戏情节的深度挖掘与创作后，试图通过虚拟写实画面与全空间的物理交互，充分展现近乎真实的战斗体验，营造出既贴合中国历史文化特色，又符合现代全球审美需求的“江湖”世界，让玩家在角色扮演中真正走近并切身感受中国传统文化内核，获得沉浸式的文化体验。[②]为了增强游戏效果，开发组经过多方考察与史料对照，通过建立模型重现了 900 年前的宋朝，并采用全新的电影叙事方式推进游戏情节，使玩家能通过 VR 设备进入故事，与该虚拟世界中的事物进行互动，产生与现实感官贴近的模拟快感体验。

（二）VR 电影：基于故事卷入的完全共情

VR 技术的植入为破解观影人卷入度的难题提供了方向。通过佩戴 VR 眼镜，观众得以从“我”的视角出发，在影片制作人设置的画面拼接动态、字幕、声效等引导下，完成自身在全景视频中的融入，与演员实现零距离接触。随着技术的不断崛起，国内各大视频网站纷纷借此东风进行产业布局，我国 VR 电影也由此逐渐发展出圈。2021 年，中国原创 VR 电影《心境》获

① 周逵. 2022. 虚拟空间生产和数字地域可供性：从电子游戏到元宇宙[J]. 福建师范大学学报（哲学社会科学版），（2）：84-95，171.

② 国风动作游戏《水浒传之醉铁拳》VR 版 1 月 30 日登录（陆）Steam[EB/OL]. https://baijiahao.baidu.com/s?id=1690212951611723391&wfr=spider&for=pc[2021-01-29].

得威尼斯国际电影节的“最佳 VR 作品”奖项，引起了全球影迷的关注。电影以《红楼梦》中的经典场景“潇湘馆”为基础，将《齐谐》《山海经》等中国传统文学著作进行内容结合，通过采取多线并行的叙事空间结构，用 VR 技术完成了由经典园林到凌空幻境、从临帖抚琴到御风飞行的场景切换，大胆演绎了我国古代生活的场景，对传统文化进行了活化呈现。为更好地诠释中国传统文化精髓，制作组在影片多处设置了介入式互动环节，如提笔写字、翻阅书本等，并将纸鸢、投壶等中国元素嵌入场景中，使其成为场景连贯的关键，由此丰富受众观感。[①]从取材到叙事，从声音画面到互动触感，《心境》借 VR 之机完成了古代经典意象的复活与再现，让来自世界各地的观影人得以在方寸间走进中国传统文化故事的 VR 场景，于一动一静之间内化精神，形成情感共振，共同完成故事的讲述。

（三）VR 新闻：在现场贴近中触及真实

2015 年，“VR+新闻”的模式于国内外兴起，以《人民日报》、新华社等为代表所制作的相关新闻作品开始掀起我国 VR 新闻浪潮。在 2022 年北京冬奥会的媒体报道中，为尽可能向用户还原比赛现场的真实形态，多家媒体采取“自由视角+VR 技术”的方式进行报道，让用户仅通过手指滑动手机屏幕便可从任意角度观看由算法渲染出的关于现场情况的全部细节，实现“观赛自由”。此外，为进一步实现“千里看冬奥”的智慧观赛体验，媒体更运用了“5G+VR 科技”的方式进行沉浸式现场报道，用户戴上 VR 设备即可进入直播中的虚拟空间，自由选择视角进行虚拟在场式观赛，获得更深刻的具身体验感，加强对冰雪运动、北京冬奥会的认知。《人民日报》在推特发布报道称，中国正在不断实现技术突破，扩大 5G 网络的覆盖面，努力为全世界观众提供沉浸式的云观赛体验，让其感受真实的中国速度。[②]以 VR 新闻传播冬奥精神，充分展现了冰雪运动的“速度与激情”，这是激发世界人民共鸣的关键，也是实现中国故事对外传播的一次有益尝试。

---

①《心境》斩获威尼斯电影节最佳 VR 作品[EB/OL]. https://baijiahao.baidu.com/s?id=1708959796883850918&wfr =spider&for=pc[2021-08-24].

② 2022 北京冬奥会媒体角色研究报告[EB/OL]. https://c.m.163.com/news/a/GUNFTGVN000181KI.html[2022-01-27].

（四）VR 综艺：氛围浸染下的感官爆炸

除了新闻、游戏等领域，“VR+综艺”的文化模式也在不断发展。为了让世界各国人民感受中国非遗文化与民族音乐的独特魅力，助力中国文化“走出去”，广东卫视联合咪咕视讯、移动云 VR 等平台先后推出了 VR 沉浸式音乐竞演综艺《国乐大典》与杂技竞演文化综艺《技惊四座》，不断创新技术应用模式，在节目制作中使用高速穿越机，采用空中环形 360 度拍摄，打造 8K+3D 沉浸式 VR 舞台，尝试通过强化整体视觉空间感，营造集艺术性、观赏性、沉浸式于一体的现场氛围，以高科技释放传统文化内能，打破其和观众之间的审美壁垒。[①]在 VR 镜头下，观众得以突破采取固定视角的传统观看模式，成为画面的掌控者，无论是超高清的舞台特写抑或立体化的舞台全景，只要拉动屏幕进行旋转，就能实现画面的 360 度视角切换，身临所建构的中国民乐空间与杂技舞台现场，以全新的感官体验浸入节目氛围，连接中国文化。通过 VR 技术实现现代光影视效与视听呈现的结合，VR 综艺在人与现场的诗意统一上不断深耕，推动着中国故事的传播。

（五）VR 展览：零距离凝视与自由式探索

疫情期间，时间、空间的隔绝无疑成为人们参与观展的一种限制，越来越多国家及地区的古建筑、博物馆等文化场所开始使用 VR、三维全景等数字技术超越人类物理身体的局限，开展“沉浸式展览”，以扩大展览传播力与影响力，拉近人们同历史文化与艺术内容的距离，为数字化艺术呈现带来更多可能。央视于党的十九大期间上线的“砥砺奋进的五年”大型成就展网上展馆就采用了“VR+博物馆”的形式，通过虚拟与现实场景的组合为观众提供 360 度自由切换视角的选择与零距离凝视的权利，让展览内容的呈现立体化、多元化、交互化，催生更为真实的视觉刺激。全国多地推出了“喜迎二十大，奋进新征程”中国共产党党史学习教育 VR 虚拟展馆。对线下展览而言，VR 头盔、体感捕捉设备、可触摸屏等技术设备的应用也让用户的视、听、触等多种感觉通道得以打开，身体的在场交流达到最活跃的状态。如在

① 咪咕助力玩转“杂技+”，首档网台联动 VR 沉浸式杂技竞演综艺《技惊四座》圆满收官[EB/OL]. https://finance.sina.cn/stock/relnews/us/2021-03-07/detail-ikknscsh8897754.d.html[2021-03-07].

北京故宫博物院的“发现·养心殿——主题数字体验展”中，游客便可借助相关设备化身“宫中人”，进入由实体建筑及AR、VR等技术共同搭建的复原式虚拟历史空间，与朝中重臣对话，参与批阅奏折、“穿搭服饰”等互动活动，成为中国历史故事的讲述者，深刻化穿越体验。①

（六）VR路演：基于空间交叠的活动体验

中国传统文化基因与当代社会特质的结合也为多频道网络（Multi-Channel Network，MCN）、城市文旅体验等领域带来了新的“讲故事”可能。“南京周”作为南京市重要的国际文化活动之一，从2016年起便尝试用VR技术呈现多形态的中国故事。在2017年“南京周”纽约站活动上，六朝古都南京就以纽约时装周为平台，策划了“单车游南京”VR虚拟骑行体验活动，用“一城十面”的VR影像内容向全世界讲述了“南京故事”。通过佩戴VR头盔，体验者具有脚踩现实空间而眼观虚拟世界的同步体验，在身体实践中同频共进，凭借身临其境的新奇感在3分钟内“游览”完南京的十大著名景点。②可以看到，在线下路演等国际文化交流活动中，我国也正式开始探索VR技术的应用方式，不断开拓着故事传播的边界，尝试在虚拟现实中呈现中国从古至今一路继承和发扬的独特风貌与时代精神，让身处不同时空的人们突破地理边界，亲身体悟其中的人文温度。

三、中国故事沉浸式传播的作用机理

通过上述应用场景可以看出，中国故事的沉浸式传播趋势已初见端倪。从游戏到电影，从新闻到综艺，基于VR技术，传播者开始运用不同艺术形式讲述中国故事，尝试在角色代入、故事卷入、现场贴近、氛围浸染等路径疏通下带给受众全新的沉浸式体验。在这一过程中，传统叙事路径被突破，中国故事通过技术加持从一维形态“还原”为多维空间存在，呈现出更为立体的真实感。在每一次“身体进场”和“在场互动”中，受众的多感官通道

①看看故宫怎么玩：VR 技术让你过一把皇帝瘾！[EB/OL]. https://www.sohu.com/a/257731953_99896256[2018-10-04].

② 2017“南京周·纽约站”盛大开幕，火柴全景VR骑行游南京大获好评[EB/OL]. https://www. sohu.com/a/191265416_324615[2017-09-11].

被激发，情感能量也随之被唤醒。讲故事双方得以通过对中国故事空间的沉浸式体验从不同的认知经验领域向共同的心理感知场域汇合，实现不同文化间的沟通、理解与认同。

（一）故事还原：媒介叙事下的模拟真实

叙事是一种图式，以认知建构为核心，人类往往通过这种图式为自身经验和个人行动赋予意义。[①]在媒介化时代，如何通过媒介技术的加持调整话语方式，焕发故事活力，对讲好一个故事而言显得尤为关键。基于此，进行中国故事的沉浸式话语叙事便具有突出意义。其不仅通过 VR 等数字技术进行现场模拟，还原了最真实的故事场景，让用户获得接近现实的沉浸式体验，而且通过多模态融合的媒介形式进行信息扩充，在故事叙事中呈现出更为全面、多元的立体中国。

从以大众传播为特点，以报纸、广播、电视为主要媒体类型的第一媒介时代，到以分众传播为特征，以数字技术、移动通信技术为支撑的第二媒介时代，技术的进步使人们不断挣脱时间、空间等因素的限制，从通过现实进行直接经验获取向通过叙事话语对过去进行回顾的方式过渡。但这里的叙事不同于真实体验，而是对过去事件的一种简单表征，不具有现实性，难以使人产生真正的共鸣。以 VR 技术为代表的沉浸式技术的兴起，则打破了惯常的思维模式，用模拟叙事的方式对现实进行了最大限度的呈现与还原。所谓“模拟”，是指对真实事物或者过程的一种虚拟，是一种既现实又不现实的表征，与直接的现实和现实的表征都不相同，是存在于虚拟世界中的经验。[②]VR 技术沿用了这种叙事中的模拟思维，试图对现实世界进行全面仿真，模仿出所发生的故事场景，让受众通过浸入式体验，尽可能地从原本所处的线性时间世界中抽离，进入由特定事件呈现的故事空间，获得共时性体验。[③]此外，与以往的媒介相比，VR 技术在听觉、视觉、触觉等认知来源上具有更强大

---

① Polkinghorne, D. 1988. *Narrative Knowing and the Human Science*[M]. Albany: State University of New York Press.

② 张新军. 2012. 用媒介思维：数字叙事学的研究进路[J]. 山东外语教学，33（5）：84-88.

③ Middleton J. 2009. "Stepping in Time": Walking, Time, and Space in the City[J]. *Environment and Planning A*, 41(8): 1943-1961.

的信息搭载能力，能提供更具情景化的细节。在沉浸式中国故事的打造中，叙事不再强调通过文本、图像等符号介质形式呈现，而尝试向全景视野、立体影像等融合模态叙事模式转变，以突破已有视听框架的边界。

凯南曾对叙事话语进行了两种路径区分，认为“讲述”是以叙述者为中介的再现与表征，而“显示”则是对事件及对话的直接再现，是越过叙述者中介，由读者自己感知事物、获得结论的一种偏向视觉化的呈现方式。[①]实际上，从印刷术的发明，到广播、电视的普及，人类的视觉感知早已脱离纯粹的自然感受范畴，向视觉文化领域延伸，视觉与听觉共同构成了人类认知框架，并持续支配着人类感知的其他形式。因此，VR 技术为叙事贡献的最大价值并不在于观看视角与听觉类型的增多，而在于其为人们的视听感官在故事场景的沉浸提供了一种全新的可能。[②]这种由媒介技术催生的“目击感”与“临场感”在丰富、多元化故事画面的同时，更容易激发受众产生“亲身经历”记忆，对通过模拟所还原的中国故事更为信服，中国故事不再只是一张纸、一面屏所承载的符号再现，媒介叙事下的模拟真实实现了对“讲述”的隐化，使故事在受众身临其境的想象中焕发出真正的生机。

（二）具身体验：虚拟空间下的感官共振

有效的沉浸式传播可以通过对现实进行最大限度的模拟还原故事，为受众带来身临其境般的沉浸式体验。然而，需要明确的是，这种“沉浸”并非仅仅源于 VR 技术所呈现的“目击感”与“真实感”，真正为受众带来沉浸高峰体验的往往是具有一定“虚构”性、包含着各种社会关系和文化隐喻的虚拟故事空间。[③]正是这些蕴藏在图像、言语等符号媒介背后特定的文化意义，组成了具有“凝视快感”和“文化价值”的体验场景，让受众在不自觉的感官共振中与所处空间融为一体，获得对中国故事的新认知。

1. 感官共振增强空间感知

莱文森认为，媒介技术会朝着实现真实世界中的人性化的传播环境趋势

① 里蒙·凯南. 1989. 叙事虚构作品[M]. 姚锦清，黄虹伟，傅浩等译. 北京：生活·读书·新知三联书店.

② 张卓，王竞. 2021. 身体、场景与共情——体育赛事沉浸式传播[J]. 电视研究，（8）：24-29.

③ 孔少华. 2019. 从 Immersion 到 Flow experience：“沉浸式传播”的再认识[J]. 首都师范大学学报（社会科学版），（4）：74-83.

不断发展，弥补人类在在场交流中的缺席遗憾。[①]在VR技术对以“声音叙事”为主导的拟真性故事交流环境进行空间搭建时，人类身体也成为跨越现实与虚拟空间的信息交互界面，人体感官的外化延伸与内在匹配交互过程得以开启。胡塞尔在其著作中阐述了身体与空间的关系，认为身体是知觉经验的方向原点，在空间的感知中具有承载性。人通过身体经验空间的过程，也正是人建构空间的过程，对身体的感知及其运动的把握是我们认知所处空间、获得相关经验的纽带。[②]当视觉、听觉、嗅觉、味觉、触觉被完全刺激打开，在身体的无中介感知中，受众往往会对所处的虚拟故事环境产生在物理上是真实的感受，认为自己正在直接与客观实在打交道，因而更容易催生出原始而强烈的交往欲望，实现对中国故事的沉浸式体验，进一步增强对所存在的故事叙事空间的感知。需要关注的是，在这一具身体验中，“空间”不再只是一种客观存在或单纯的中国故事叙事情境，而成为一种以技术为依托、承载着受众虚拟存在的隐喻。[③]媒介营造的临场感体验使传统媒体表征的二维、抽象的意义空间重新获得了地理属性，朝“再地方化”方向迈进。

2. 具身体验催生地方意识

随着社会科学的空间转向，段义孚、雷尔夫等人文主义地理学学者把“地方”的意义引入了空间概念，提出只有当空间被“人化”为“地方”时，人们才会因其所承载的符号意义和共同的经验，产生对空间的认同感。[④]在沉浸式传播中，中国故事通过VR技术进行中介化、符号化的模拟叙事，还原出承载着“身体–空间”关系的故事现实场景与叙事空间，让受众得以在拟真化的环境中存在，为其提供“在地化”的身体实践机会，像旅游一般到另一个时空去探索价值、寻找认同。中村丽莎就曾提出“身份旅游”（identity tourism）[⑤]这一概念用以形容人们在互联网游戏等媒介形态中创造另一个身

① 保罗·莱文森. 2017. 人类历程回放：媒介进化论[M]. 邬建中译. 重庆：西南师范大学出版社.

② 周逵. 2018. 沉浸式传播中的身体经验：以虚拟现实游戏的玩家研究为例[J]. 国际新闻界，40（5）：6-26.

③ 段鹏，李芊芊. 2019. 叙事·主体·空间：虚拟现实技术下沉浸媒介传播机制与效果探究[J]. 现代传播（中国传媒大学学报），41（4）： 89-95.

④ 段义孚. 2017. 空间与地方：经验的视角[M]. 王志标译. 北京：中国人民大学出版社.

⑤ Nakamura, L. 2013. Cybertypes: Race, Ethnicity, and Identity on the Internet[M]. New York: Routledge Press.

份去感知、体验“在别处”漫游的过程。与传统的非具身化叙事相比，VR 技术的应用为“身份旅游”带来了更逼真的实体空间感，这种基于身体感官体验的开放性空间叙事不仅能让受众在接受视觉、听觉、触觉等刺激后对环境形成更为强烈的心理投射，往往也让受众产生媒介透明感，以及无中介或中介隐形化的错觉，进而对沉浸式中国故事叙事空间形成具有共享意义、带有独特“人文”和“历史”景观韵味的地方感，增强人们对中国的地方意识感知。

（三）主体回归：情感动员下的在场交互

随着 VR 技术的发展，由技术带来的环境沉浸性正在逐渐增强，人们的情感被更快、更广泛地激活，由情感刺激所导致的受众行动外化与意识内化也在同步加速发生。在传统的“闭环式”叙事文本被打破、故事叙事不再是以叙事者为绝对权威的单向输出的情况下，沉浸环境的情感动员使受众成为推动故事发生的重要组成部分。在这种传播模式中，受众不再是被模糊化的大多数，而成为传播的核心，得以通过具身运动形成在场意识，向中国故事的意义内核不断靠拢。与此同时，身体的在场交互使得人的主体性不断强化和凸显，由政治、经济等权力话语的侵入裹挟而至的叙事内容与意义干扰将得到最大限度的抑制，进一步推动中国故事朝着与世界人民共情的方向迈进。

1. 情感共鸣促进故事接纳

人类的交流互动依赖于对各类沟通介质的意义共享，交流的有效性往往取决于意义空间的重合度。行为神经科学研究发现，情感与人们对信息的注意力以及关注程度之间存在相互关系，情感会参与认知过程，并在“神经机制”与“心理功能”两个层面影响认知和判断，指导人们的感知、接受及行动。基于此，不少研究瞄准“情感”在人类个体间的共有性基础，探讨了以其作为沟通介质对避免因各种要素而导致传播产生偏差性解码的重要意义，并发现多感官的浸入与互动参与可以增加人的情感参与度，引发更深刻、具有共鸣的体验，产生“共情现象”。[①]所谓“共情”，是指人们通过内在想

① 王红，刘素仁. 2018. 沉浸与叙事：新媒体影像技术下的博物馆文化沉浸式体验设计研究[J]. 艺术百家，34（4）：161-169.

象，对他人的境遇进行模拟，形成心理意象的一种体验过程。神经科学领域的研究认为，个体感知或对他人情感状态进行想象可以激活自我的神经表征，从而产生相同的情感体验。[①]在沉浸式传播中，中国故事试图通过VR技术营造的模拟空间带给人最直观的意象体验，受众不需要进行复杂的内在想象即可在心里勾勒出模拟情境。与此同时，受众通过身体在场，从感官上与环境同频共振，这种由身心合一形成的感知将进一步深化由视觉体验催生的内心意象，激活人类情感，使人们更易于从经验层面调动亲身情感体验，对中国故事中的他人情感进行"移情"处理与自我代入式解码，进入与他人共在的情感空间。这种对情感意义的共享将超越人为建构的差异化的语言文化与社会制度带来的障碍，以"具身化"的本能反应和心理状态构建沟通交流的基础，在对故事叙事对象的认知与接纳过程中生成促进效应，推动实现"全人类联结"。

2. 在场交互激活文化间性

接受美学与接受理论认为，读者对文本的接受过程就是对文本的再创造过程。[②]在沉浸式传播中，虚拟空间的营造给予了受众身份建构的机会，受众往往会下意识模仿符合中国故事情境中角色设定的身体语言，按照与故事共享的文化意义进行身体表达与回应，对串联故事上下文情节、推动叙事发展起着决定性作用。此时，传统媒介语境被消解，中国故事不再仅仅是创作者主导的"闭环式"场域，在受众通过身份建构将所迸发的"情感经验"完全带入这一由自身主导的叙事行为中时，受众与叙事者便在故事的交互中实现融合，合为一体，故事交流模式从符号主导的话语实践向身体实践回转，传播活动重新回归至以人为单位、植根于人类天性的在场交往形式。受众单一的体验维度也在这种由浅至深的全方位交互叙事中被突破，原本仅停留在其"想象过程"中的创作内容得以借助在场互动转化为真实行为，人类自身主体性因此被唤醒。在"你中有我，我中有你"的沉浸式体验中，受众与叙事者通过交流互动等结构化方式不断融合彼此视域，于无形中达成对双方主

① Singer, T. & Lamm, C. 2009. The social neuroscience of empathy[J]. *Annals of the New York Academy of Sciences*, 1156(1): 81-96.

② R. C. 霍拉勃. 1987. 接受美学与接受理论[M]. 周宁，金元浦译. 沈阳：辽宁人民出版社.

体地位的确认，朝主体间性的方向转化。持续性的交流表达将进一步提高受众对虚拟空间的熟悉度与信任度，使其产生情感归属，进一步去除政治、经济等权力话语给受众解读中国带来的干扰，加强其自我认知与对“空间”向“地方”转化的意义赋予[①]，使存在于异质文化场域的不同个体在唤醒自身主体性的同时，重获向跨文化传播场域进一步靠近的自主权利，推动交流互动走向“文化间性”，使中国故事真正走出去，走进受众心里。[②]

当前，媒介技术正面临着一场人机交互的革命，VR 技术的兴起实现了人们突破媒介边界、以沉浸式体验的方式进行跨时空模拟在场交流的愿望，为艺术创作带来了新动能与无限张力。随着技术在游戏、新闻、网络综艺等传播领域的应用，关于沉浸式传播的研究逐渐兴起，然而在如何讲好中国故事这一议题中，其效能未被予以凸显和重视，相关探讨仍然较少。在我国对外传播进入新阶段的当下，基于媒介技术发展产生的沉浸式、多元化传播以媒介叙事构建虚拟故事空间，最大限度地还原中国模样，让受众通过技术具身进入其中，在感官共振与在场交互中获得情感共鸣与主体意识的回归，是完成传播思路转型、叙事方式转变的关键。通过沉浸式传播，在悄无声息的浸入式体验中打通传受双方的认知域，构建共享意义空间，将为讲好中国故事的发展注入新思路，带来创新性发展。

① Hubbard, P., Rob, K. R. & Valentine, G. *Key Thinkers on Space and Place*[M]. London: Sage.

② 文化间性的理论根源：从主体间性到文化间性[EB/OL]. http://m.cssn.cn/mkszyx/gkszygdxp/201907/t20190703_4929150. shtml[2019-07-03].

第五章 进路勘探：中国故事跨文化对话国家叙事

第一节 中国故事出版传播的结构叙事、话语实践与路径创新

以文化人，更能凝结心灵；以艺通心，更易沟通世界。①文化交往能够创造共情，打破语言屏障，实现思维层面的价值碰撞。在中国融入全球文化体系过程中，面向全球的中国故事不断生产，用“故事”代替“口号”的国际话语传播形态也能更好地消弭文化交往的地理区隔性。②中国故事是中国文化话语传播的天然载体，兼具文化与对话的双重特质。一方面，故事体裁的文学特性奠定了中国故事的文化属性。中国故事是一种用文学语言刻写中华民族记忆与文化的国家叙事体裁③，故事的创写映射中国社会的文化传统与价值观念。另一方面，中国故事的对外传播表现为一种跨文化对话的形态。中国故事的语言学特征将其中的文化交际活动投射到话语平面，讲述中国故事的过程就是不同国家文化持有者之间双向对话的过程。当我们思考如何借助中国故事传递中国文化时，应当充分考虑中国故事在国际话语体系中的表达与出版。近年来，中国故事的文化主题出版物层出不穷：国风流行乐曲的数字出版、新编神话故事的音像制品出版、经典中国传统文化的主题出版、中国古典著作的翻译出版……在这样的出版传播背景下，从话语分析的视角考察当下中国对外话语体系与话语现实，进一步明晰中国故事出版传播的叙

---

① 习近平. 2021. 在中国文联十一大、中国作协十大开幕式上的讲话[EB/OL]. https://www.ccps.gov.cn/xxsxk/zyls/202112/t20211215_152323.shtml[2021-12-15].

② 徐明华，李丹妮. 2019. 情感畛域的消解与融通：“中国故事”跨文化传播的沟通介质和认同路径[J]. 现代传播（中国传媒大学学报），41（3）：38-42.

③ 李云雷. 2004-01-24. 何谓“中国故事”[N]. 人民日报，（24）.

事范式与对话语境，有助于打破文化藩篱，实现与“文化他者”之间的真实对话。

一、时空跃迁：中国故事出版传播的文化话语结构

当我们整体描摹中国故事的话语现实时，首先需要考虑中国故事的话语体系是基于多维度话语要素（如政治、历史、文化等）搭建而成的立体话语框架，并通过不同话语平面的交往互动展现出独有的言语景观。它以修辞叙事手法完成句法平面和话语平面的搭建，并在转译传播中实现语素平面和音位平面的文化价值延伸。这样构建而成的中国故事出版话语结构具有时空穿梭属性，它纵向承载了不同时间之维的历史隐喻，横向刻画了不同空间之维的国家形象，最终在话语转译中实现不同文化系统的碰撞，完成文化价值的转化。整体而言，中国故事出版话语结构明显呈现出以文化话语为核心的交往态势，勾勒出中国故事出版传播的话语现实。

（一）文化景观叙事的认知隐喻

中国故事在讲述之初便具有与生俱来的隐喻属性。它承载国家社会文化传统与价值观念，通过话语加工对国家文化进行采集、记录与传播，向海外受众讲述国家发展的动态过程，最终在出版传播中完成文化价值的释放，以开展形象生动、有感染力和说服力的对外传播。在这一过程里，其话语系统蕴含了三个层次的隐喻结构：历史文化的思维隐喻，当下精神的概念隐喻，对未来理念的创造隐喻。

历史文化的思维隐喻旨在通过奇观描绘讲述中国文化或中国历史，使海外受众在思维认知被隐喻激活的过程中为中华民族五千年历史孕育的华夏文明魅力所震撼。历史隐喻被编制在具象化的传统文化符号的出版传播中，能够提升我国文化价值和增强文化生命力，为展现我国当下的精神文化风貌开辟路径。当下精神的概念隐喻则借助抽象化概念将社会主义核心价值观内化于行文结构中，传递大国崛起形成与发展的具有鲜明的民族特色、时代特征的宝贵精神，扩大中国文化的国际影响力。在此基础上，加入对未来理念的创造隐喻，能够进一步打开以人文交流为主题的国际交往格局，增强中国文化感召力，提升我国国际话语地位。如“‘一带一路’故事丛书”（第一辑）

《共同梦想》在展现中国瑰丽传统文化之余呼应当下民族文化的精神高度，并展望人类命运互联的全球生态，向世界绘制了中国独有的文化景观。该书从“古丝路”的考古记忆说起，不仅追忆当下中国转型期创新之举“新丝路”的历史必然性，探索时代精神发展，还从政治、经济、文化的视角建构“一带一路”的未来价值，为中国故事的对外传播赋予人类发展的理念高度。三个不同隐喻层的共同诠释让《共同梦想》得以贯通历史和未来，促进各国文化沟通、民心相通。

上述三种隐喻结构互相支撑，结合根植于国人思维的隐喻式思维方式，在对内、对外两大话语场域内实现话语的激活。一方面，中国文化的主题出版能够赋予国内人民群众坚定的文化自信，让国内民众深刻意识到我国国家文化魅力，使人民群众更加团结；另一方面，它强调价值观念的传递与内化，能够促进文化认同的达成，使我国国家文化保持长久的生命活力，成为世界话语未来构想不可或缺的一部分。

（二）国家形象呈现的蒙太奇组合

语言蒙太奇是电影蒙太奇的衍生概念，指通过形象化语言的视觉联想，在记忆的基础上构建虚拟的“重现”效果，进而完成一系列围绕话语主题的叙事体系的构建。[①]当我们传递国家文化、讲好国家故事时，不仅要讲好国家的故事，还要讲好中国地方的故事、中国人民群众的故事。我们往往借助不同视角的结构编排，改变话语空间的体验历程，让文化话语结构更具张力。中国故事的语言蒙太奇主要表现为一种线性叙事、平行叙事和立体叙事的组合。三者之间相互构建，能够扩大话语视野，了解全局，构建有立体感、层次感的国家形象。

中国故事在讲述历时性的国家故事纲要时，多以线性叙事完成时空场景的跳跃。通过展现同一空间场景下的不同事件，借助今昔对比的心理冲击让海外受众直观感受到中国魅力，展现中国社会发展进程与文化底蕴。讲述中国地方的故事则多以平行叙事结构为主导，在同一时间场景下表现不同空间场景产生的不同向度的中国故事。此类叙事手法从多维度弥补了国家记忆的

① 李春华，李勇忠. 2013. 语言蒙太奇模式的认知理据[J]. 西安外国语大学学报，21（4）：5-8.

细节缺失，加深文化记忆。讲述中国人民群众的故事多借助立体叙事手法，往往采用时间与空间的分离营造故事氛围，其目的在于印证国家故事的真实性。这是一个抽丝剥茧的过程，它弥补了中国故事出版大而空的失真缺憾，让国家文化的传播更具有吸引力、说服力，最终成为国家记忆的一部分，充实我国国家文化景观。如中央广播电视总台文化类节目《故事里的中国》，一方面将不同时期的风土人文特色搬上舞台，展现中国传统文化的多维美感；另一方面以普通人的视角将家国情、强国志、报国行浸透在故事的铺展中，让观者感触更为真实、亲切。可以说，该节目灵活组合不同的语言蒙太奇结构，将文学创作的艺术生命同国家前途、民族命运、人民愿望紧密结合起来，展现真实、立体、全面的中国。

这样一种蒙太奇组合包含两个话语层次，第一个层次在于能够让各国民众了解"看得见、摸得着"的中国形象。通过最真实的地方形象与人民形象的表达，能够让海外民众更深切地触摸到真实所在的国家纹理。第二个层次则是在传播声音的同时塑造中国的大国形象。在中国故事的出版传播过程中，我们通过向世界各国民众展现中国各个地方的卓越成果，能够更有说服力地展示中国为人类文明发展做贡献的国家形象。

（三）话语转译实践的可思性原则

话语转译是中国故事出版传播文化话语落地不可或缺的一环。它不仅是语言符号在不同话语系统中的变形，而且是一种文化转换的模式。[①]已有对文化因素的转译方法一般分为两种：异化与归化。前者以源语话语系统的文化规则为参考，强调保留话语转译的文本性特征，突出源文化特色，但往往导致理解障碍与话语误读；后者则以目的语话语系统的文化规则为归宿，在保证通畅理解的前提下，舍弃部分源文化结构，但也时常因文化系统差异过大导致话语被曲解。中国故事是一种以"表述"牵引理念和实践变革的话语策略，其话语转译是建设中国故事出版传播文化话语体系的关键环节。我们需要充分考虑不同文化话语系统的语言结构，利用转译空间所带来的话语思考与话语联想，在二者相结合的基础上完成文化记忆的拟合，以提升转译话

① 郭建中. 1998. 翻译中的文化因素：异化与归化[J]. 外国语（上海外国语大学学报），（2）：13-20.

语的准确性与文化感染力。两种方法能够相辅相成，共同实现文化话语的传递，从而展现中国传统文化魅力，让海外受众可以从不同视角感受中国千百年来的文化底蕴。

总而言之，在文化话语的结构维度上，我们得以归纳出中国故事出版传播的话语逻辑，即通过把握价值隐喻的基层结构，加以语言蒙太奇的纹理描绘，在可思性转译中实现话语的落地。它们都强调话语行文中的文化特性，这也将成为中国故事在不同文化话语系统中的基本驱动力，在不同时空场域下发挥作用。

二、时空分离：中国故事出版传播的多重语境

现代社会的发展带来了时间与空间的虚化，“时-空”分离加快了现代社会的扩张范围和发展速度。[①]不同话语平面的势能差让中国故事的出版传播处在多重语境漩涡的中心，现有的文化话语体系难以应对错综复杂的国际交往局面。我们需要从话语交往的视角探讨中国故事话语体系所面临的语境现状，以寻得提升中国故事传播到达率的策略。

（一）文化进化与精神认知的双重脱域

社会生产的“脱域”是以“泛在”的生产关系为支撑的。[②]泛在化文化产品的扩大化出版让大量话语交往活动脱离其特定的文化空间场域，成为无所不在的社会行为。一方面，全球化经济、政治、技术等的发展为超越时空限制的文化交往提供话语环境，文化交际实践更加频繁。另一方面，文化交往时空区隔被打破，又强化了文化系统之间的竞争关系。过去以地缘标准划分的文化生产关系被挑战，不同国家立场之间文化话语的经济争夺与权力博弈进一步加剧。

中国故事长期处在全球文化话语的竞争与博弈中，它的传播语境是矛盾的集合，体现感知层与认知层的双重脱域：一是文化交往与文化认知的脱域。多维的全球化趋势加剧了本域文化生产的内卷走向，他域文化的内化成为破

① 安东尼·吉登斯. 2011. 现代性的后果[M]. 田禾译. 南京：译林出版社.

② 胡潇. 2016. “泛在”和“脱域”——当代生产关系空间构型新探[J]. 哲学研究，（10）：9-16.

局“蹊径”。为打破内卷困局、刺激本域文化的继续进化，亟须内生动力的文化自觉与外来动能的文化生机共同驱动。中国故事所展现的文化景观弥补了西方媒体中东方声音的缺位，促进文化内省的同时也能为全球文化产业生态注入新鲜血液。二是文化生产与文化感知的脱域。文化产品的传播具有渗透性，但固有文化话语体系的稳定结构使得海外受众对他国文化话语的认知接触具有天然的排他情绪。中国故事通过海外出版传播向海外民众传递中国的精神价值取向时，不同的知识结构体系导致了语言感知上的抵触与对抗，造成海外民众接触中国故事的理解屏障。因此，中国故事所处的文化语境是复杂的。一方面，全球文化发展需要内在的文化创新价值，另一方面，本域文化的稳定性又排斥特殊的文化话语结构。面对这样一种矛盾境遇，如何在保证文化独特性的前提下实现文化话语的契合，是中国故事出版传播所要解决的核心问题。

（二）超个体偏见与西方话语攻讦的双面制约

中国故事出版传播所面临的理解屏障外显于国家文化的语言框架，但本质上仍根植于历史语境的偏见认知。所有高级心理机能都是社会关系的内化。[①]人们认知的形成起源于“人－社会”的交互，再经由“人－心理”的内化而实现，并在持续的“人－社会”交互过程中实现对历史文化的反哺，在历史发展的长河中逐渐演化成潜藏在人们认知框架里的“真实”。这样一种超个体共有认知的内化形成的历史语境由社会环境中的阶级权力和资本意志引导，逐渐形成一种为权力集团所用的文化偏见。

在中国故事出版传播的过程中，我们尚难以仅借助文化话语正面打破西方话语环境构筑的认知偏见框架。一方面，西方媒体对于同一问题常以双重标准对待，形成了对中国不利的话语氛围。面对中国突出的现代化建设成就，西方媒体更加习惯用不同的道德标准关注中国的处事方式与行为模式。在西方媒体的引导下，真正客观公正的国际舆论环境难以实现，对中国不利的文化偏见长期存在。另一方面，用中国的“恶”衬托西方国家的“善”成为外国政客凝聚其国内共识的政治化手段。西方国家政客借用中国发展中出现的问

① 维果茨基. 2005. 维果茨基教育论著选[M]. 余震球选译. 北京：人民教育出版社.

题衬托其国家道德、制度的优越性，彰显自身的成功。对于西方国家而言，中国形象的客观准确并不重要，重要的是他们对于中国的“解读”有利于凝聚其国内共识，这样一种共识正是建立在对中国偏见的基础上的。中国的“恶”反而成为西方认知体系中的“真实”，并逐渐成为一种“先验性”的话语理解。

当我们想要论证“真实”的“真相”是什么时，所需要对抗的不仅是话语结构的互异性，还有认知框架的互斥性。中国故事出版传播如何突破话语限制、打破认知隔阂，是打破话语困局的关键节点。

（三）文化出口与贸易交往的双向争夺

中国故事所传递的政治思想和文化价值观是否能被他国民众接受，不仅在于他国民众对中国国家文化认可度的高低，也在很大程度上受到物质载体强弱的影响。国家对外文化贸易作为中国故事出版传播话语语境中重要的制度因素，对我国国家文化传播有着举足轻重的作用。长期以来，大量的中国文化主题出版能够提升中国的文化产品出口的国际竞争力，但仍然存在中国文化服务贸易长期逆差、文化服务出口的国际竞争力较差等问题。[①]以数量取胜的粗放式文化生产缺乏文化多样性的多元拓展，不利于我国文化产品出口二元边际结构的平衡。

这种文化贸易的矛盾境遇也导致了中国故事出版物数量大，但真正产生影响的“落地”出版物较少。从文化产业的角度上来说，这种局面的形成是贸易交往的缺陷所致。第一，西方国家的文化出版实践较为成熟，早已规划了成体系的文化市场规则。我国文化贸易交往的市场化经验不足，文化产业的多样性发展不具备比较优势。在中国，文化产业多承担主流价值观传递的任务，市场化操作不足，市场开放度不高，文化出版开发硬件上并不具备优势。第二，我国文化服务产业外资程度低，掌握国外贸易交往规律不容易。文化服务贸易消费过程中往往涉及文化折扣的问题，需要出版方更好地了解海外受众的阅读需求。我国文化出版过程中，国内文化产品厂商只负责内容的生产制造，产品分销多由国外外包公司承担，这样一来，在文化服务生产

① 罗立彬，孙俊新. 2013. 中国文化产品贸易与文化服务贸易竞争力：对比与趋势[J]. 财贸经济，（2）：91-100，136.

的过程中，内容提供者难以获取消费反馈，无法深入了解什么是国外消费者想要看到的、需要得到的，需求方与供给方脱节，文化折扣问题加重，从而导致了中国故事出版物的“滞销”。中国故事的出版传播在保持现有出口优势的基础上,实现由以数量取胜的粗放式增长转向以质量领先的多样性发展,促进出口沿扩展边际方向增长，是弥补文化出口与贸易交往逆差的重点，也是中国故事出版传播实现“落地”的核心要素。

简而言之，决定中国故事出版传播的话语到达率的关键，不仅在于其话语结构的完整性，还在于它所面对的国际交往语境。中国故事的文化属性推动了其话语传播进程，但也进一步突出了语义理解屏障的存在性。这种理解屏障是一种历史偏见的内化，根植于国际话语交往语境中的超个体认知。这也导致中国故事的文化出口易被市场规则边缘化，难以在贸易交往中占据中心位置。这些语境因素是现实因素，但也是中国故事出版传播面临的现实困难。

三、时空延伸：中国故事出版传播的可供性路径

文化差异、历史偏见与贸易矛盾弱化了中国故事出版传播的客观可供性，但并非没有破局之策。客观物质属性无法改变，但环境可供的理解是由环境的客观条件和环境提供的促成行动的可能性来共同决定的。[①]我们可以根据中国故事文化交流的需要，感知、关注特殊的出版可供性，对症下药，在保证中国故事出版传播的话语优势基础上弥补其话语障碍，增强中国故事海外出版物的国际影响力，实现中国文化的时空延伸。

（一）“符号–信息”匹配赋能语料库生产

中国故事话语结构的文化间性一方面保证了它与不同文化体系之间的文化交流张力，另一方面也成为语义顺利传递的阻碍。为解决同一内容在不同语言符号体系的准确表达问题，有学者提出了语料库语言学和语料库方法。从一个语料库中检索词汇，检索上下文或临近若干个词组成的并置结构，并

① 罗玲玲，王磊. 2017. 可供性概念辨析[J]. 哲学分析，8（4）：118-133，200.

将出现这些并置结构的句子进行比较分析[①]，进而完成“文化符号—信息内容—文化符号”的转换，实现同一内容在不同文化体系内的准确表达。

为了准确传递中国思想文化，中国故事的话语符号系统可以在建立平行语料库的基础上，建设“符号－信息”匹配的数字语料库，从研究中国故事出版传播的规约性向描述性探索过渡，在保持中国故事内在的文化创新价值的同时弱化文化隔离效应。例如在北京大学中国语言学研究中心（Center for Chinese Linguistics PKU）CCL语料库中完善文学著作的转译出版，在新时代人民日报分词语料库（New Era People's Daily Segmented Corpus, NEPD）中实现中国政策话语的准确表达等。除此之外，加强可比语料库收集，扩充特定历史环境下中国文化出版案例，寻找话语规律，也能扩大话语认知的契合点。在中国故事的转译实践中，涉及中国传统意象表达时，多比对语料库中的同义词语，尽量选择世界共识性较强的语料主体，避开知识结构上的理解差异，减少读者因话语认知错位而产生的误会，准确展现中国故事中的价值内核。

（二）情感传播驱动文化价值观传递

数字出版的普及化使得情感特性成为人类认知结构与数字新闻生态之间的首要链接。[②]这种情感链接在一定程度上能够左右受众对于话语内容的接受心理，从而起到改变社会接触经验、调整认知结构的效果。在中国故事的出版传播中，将中国故事里展现的中国价值观念置于情感驱动的文化主题下，是打破认知隔阂、传递中国文化话语的有效手段。通过组合内容向全球持续传播蕴含“中国道路”“中国制度”“中国价值”的文化精品，潜移默化中将真实的中国形象展现给世界，将中华民族文化精髓和社会主义核心价值观传递给世界，逐渐弱化西方民众心中的中国偏见。

其一，可从全球化价值观念的视角进行文化价值的传递，提升情感扩散速率。人们更愿意接受在相似价值观下的对话，我们应该将中国故事的文化话语置入一种全球化的共同价值观念中，以打破文化藩篱，创造情感共鸣。[③]如从乌托邦式的田园风景中描绘中国乡村文化、从色香味俱全的佳肴展示中

① 廖七一. 2000. 语料库与翻译研究[J]. 外语教学与研究，（5）：380-384.

② 常江. 2020. 数字新闻学：一种理论体系的想象与建构[J]. 新闻记者，（2）：12-20，31.

③ 孙玮. 2021. 从版权输出到中华文化“走出去”[J]. 中国编辑，（12）：33-37.

讲述中国饮食文化等。其二，可聚焦当代中国国际性倡议的共情传播，提升积极情感能量。加强中国国际性倡议（如“一带一路”倡议）的报道与宣传，使海外民众能够切实感受到中国带来的互惠效益，感受中国文化兼容并包的开放态度与义利统一的价值取向，进而在国家形象认知层面实现情感延伸。在长此以往的情感积累中，能够提升中国文化感召力，修正历史误读，在海外民众心中塑造积极、正面的中国形象。

（三）跨界融合、跨域联动共造文化传播生态

优秀的内容出版需要搭配强势的渠道传播才能达到传播效果的最大化。提升中国国际媒体政治影响力、增强文化经济建设是拓展中国文化出版格局最直观的手段。这需要加强我国文化产业建设，提高出版企业在国际文化服务市场的竞争力，以形成以中国话语为核心的文化传播生态。

一方面，应鼓励国内文化行业的跨界合作，创造多元、丰富的文化出口精品。一直以来，跨界融合是我国文化产业领域最主要的特征，是创新发展文化产品、保有文化产业发展动力的重要手段。中国故事的出版传播可联动数字零售产业、电商直播产业、智能制造业等新兴领域，实现从两两联合到多元混合的跨越，把中国的文化形式多维度、多层次地展现出来。另一方面，国内出版机构可主动与海外企业展开合作，深入了解海外文化出版的市场规律。出版商需要集结全球优秀资源，准确抓住国际文化出版服务发展机遇，使我国文化出版发展成具有国际竞争力的文化服务产业之一。除此之外，政府应适当介入中国故事文化服务出口中，解决涉及的“市场失灵”问题，增强中国文化服务在与外国本土文化服务竞争中的优势，合理利用外部规模经济效应，吸引更多优秀文化服务企业聚集，活跃文化产业并带动新兴领域发展，形成资源共享、价值共守、精神共通的良性循环。

中国故事出版传播是一项长期持久工程，我们应立足于中国故事的出版现实，增强潜在话语的主观可供性。即以中国传统文化精髓为价值基点，“心系民族复兴伟业，热忱描绘新时代新征程的恢宏气象”[①]；以凝聚现代民族

① 习近平. 2021. 在中国文联十一大、中国作协十大开幕式上的讲话[EB/OL]. https://www.ccps.gov.cn/xxsxk/zyls/202112/t20211215_152323.shtml[2021-12-14].

文化共识为导向，融入全球文化价值体系建设，形成多元化主体参与的出版格局。用情用力讲好中国故事，方能使中国故事的价值传播实现时空之维的话语延伸。这样才能真正超越话语斗争，提升国家文化感召力，展现可信、可爱、可敬的中国形象。

第二节　“讲好中国故事”的对话哲学、话语间性与间性磨合

后疫情时代，西方国家面临着深刻危机及向外转化矛盾的迫切需求，海外语境中对“中国话语”的误读与偏见逐渐加深，国际社会对中国存在的负面刻板印象进一步阻碍中国文化融入世界舞台。①

近年来，中国国力日益增强。“一带一路”倡议等的提出标志着中国参与世界发展进程的步伐日趋加快。将客观、真实的中国形象传递出去，让世界更加了解中国，为中国的国际交往创建公平、尊重、协商的对话环境，成为当下中国对外传播工作的重要目标。

为了促使中国话语在海外语境中的“落地”，我们需要关注中国话语在不同政治文化语境下的对话表现。要从话语理论的视角对“讲好中国故事”进行研究，着力探讨中国话语的内置逻辑，分析不同国家主体认知结构下的话语碰撞，寻找传递中国声音的有效渠道。

一、“讲好中国故事”是一种“国家对话”

（一）主体性的探讨与对话的形成

对话在自然哲学时代并未得到重视，原因在于这一时期人们忽略了人的主体性作用。直到智者学派将目光转到“人”上，在追寻客观真理时采用了“主体－客体”的论述思路，才构成对话出现的基础。这样一种以主客二元对立为核心的“镜子隐喻”思维模式在笛卡儿以来的近代哲学中达到了登峰造极的地步，几乎统摄了人文领域的思维方式。宗教生活、国家和社会，以及

① 王维佳. 2021. 中国故事的讲法：展望后疫情时代的对外传播[J]. 对外传播，（1）：14-17.

科学和艺术都体现了主体性原则，与若干年后康德道义论中所展现的主体性伦理不谋而合。他们“涉及到认知主体的自我关联结构，为了像在一幅镜像中一样，即‘通过思辨’把握自身，主体反躬自问，并且把自己当作客体”①。费尔巴哈则对主体与客体的关系做出了更为合理的解释。他认为主体与客体不仅是第一人称与第三人称的对话关系，而且更多表现为第一人称与第二人称的交互。这样的观点也成为哈贝马斯交往行为理论的先声。

但德国古典哲学对于主客体关系的探讨将人的精神世界理性对象化，使人的感性和理性产生了严重分裂。在现象学、解释学和新马克思主义等众多哲学思潮的影响下，跨世纪的对话理论兴盛起来。

（二）对话中的间性原则

哈贝马斯的理论涉猎非常广泛，但在其交往行为理论的研究中，他对“对话”投以大量的关注。在强调语言、强调对话的背景下，他打破了“主体–客体”的传统思维模式，倡导“主体–主体”的思维模式，从独白式的自我交流走向了对话式的互动交往。哈贝马斯从交往行为理论出发，强调共识的达成需要主体间的对话与商谈，体现主体间的交互性，这也是交流话语的基础。在这个过程中，主体之间的互动关系被放到了一个极其重要的位置上。一方面，主体间的差异性影响了主体间共识达成的有效率，另一方面，这种主体间性为对话提供张力，是对话主体之间持续交往的保证。

但哈贝马斯所研究的交往和对话的主体是抽象的理想化模型，忽略了不同主体在不同文化价值观念、不同社会历史背景、不同政治话语体系中的话语间性。不同利益主体能否通过对话解决问题值得进一步探讨。但从话语的主体间性出发，通过双向对话达成认同的方法，在国际话语交往中是值得我们借鉴的。

（三）讲好中国故事中的对话原理

“讲好中国故事”是我国重要的时代命题，是一种以国家为主体的社会交往行为。在“中国故事”的国际传播过程中，传受双方均以独立国家为单位加入全球化政治文化交往中。对于传播者而言，“讲好中国故事”是一项

① 于尔根·哈贝马斯. 2008. 现代性的哲学话语[M]. 曹卫东译. 南京：译林出版社，20.

由中国政府主导的，媒体、企业、民众等共同参与的对外传播事业，而接收者则是不同的世界民族多元文化复合体。[1]

长期以来，西方国家与发展中国家和地区之间的不平等媒体互动与不对等文化传播影响了全球文化的多元发展。在全球媒介回流现象的驱使下，长期占据全球文化市场主导地位的西方国家开始有意识地接纳吸取他国文化。[2]与此同时，随着经济全球化发展，越来越多的新晋话语权追逐者力图打破这种新闻信息传播流通的不平衡状态，本土媒体机构逐渐突破国内市场限制走向国际市场。[3]这标志着国际文化传播格局由单向输出向双向交流转变。

在不同的国家之间，“中国故事”在不同的主体之间往返，作用双方，经由不断的交流、沟通以形成不同国家主体之间的对话关系。在国家交往中，说话人与听话人二者之间的对话关系能够在一定程度上弥补“讲好中国故事”中话语交流的视域缺陷，为构建双向理解通道创造了可能。

二、“讲好中国故事”的话语间性

（一）“讲好中国故事”的话语困境

在“讲好中国故事”的国家对话过程中，“中国故事”的话语理解是开放的。面对不同知识结构体系下的受众群体，其话语背后也必然存在意义的理解差异。这导致了话语间性的产生。此种话语间性具有二重性，虽然保证了国家对话的张力与文化交流的多样性，但也成为对话语义顺利传递的阻碍。中国话语构成了“中国故事”的承载意义，在展现国家魅力的同时也有一些与生俱来的隔离属性，导致了对话中话语困境的产生。

现有的“中国故事”话语类型主要有三类：第一类是以官方媒体话语为主导的“讲好国家故事”；第二类是以中国人生活故事为主的“讲好民间故事”；第三类是以多模态叙事为主的文化产品“讲好全球故事”。[4]内容上，这三类“中国故事”往往采用中国传统文化意象作为输出语言，嵌套于国内

① 李华君，庆雪萌. 2018. “讲好国家故事”的语言策略：建构主义与后结构主义的中间道路[J]. 现代传播（中国传媒大学学报），40（6）：59-64.

② 洪浚浩. 2014. 传播学新趋势[M]. 北京：清华大学出版社.

③ 洪浚浩. 2014. 传播学新趋势[M]. 北京：清华大学出版社.

④ 陈先红. 2017. 用中国话语讲好中国故事的回顾与前瞻[J]. 对外传播，（1）：16-18.

话语语境，其间天然的文化隔阂使得“中国故事”的讲述难以达成不同话语体系之间的互惠性理解；手法上，多采用直接讲述中国奋斗史的“硬宣传”，大范围使用易导致传播对象的先导性排斥，比较难以形成不同政治主体之间双向理解的国家对话，影响了传播效果。

从话语体系视角研究“讲好中国故事”，能够探讨其传播落地效果的影响因素。当前国际传播媒体覆盖地域范围和覆盖人口数量大大增加，但我们发出的信息存在“半悬空”现象，而没有真正落地，实际传播话语到达率较低。[①]通过对“国家对话”的话语系统进行分析，能够寻得如何解决“讲好中国故事”传播困境的策略。

（二）“讲好中国故事”话语间性的结构组成

“讲好中国故事”国家对话发生在国际话语环境下，而中国话语所构成的“中国故事”是这场对话中中国思想的输出媒介。在国家政治、社会环境的影响下，接收者基于不同的文化认知框架，生成由他国话语所组成的他者视角下的“中国故事”。在这个过程中，二者形成相互对立的交流势能，保证了国家对话的继续进行。如此一来，“讲好中国故事”国家对话体系的话语模型（图 5-1）就形成了，话语间性在话语交往过程中逐渐显现。

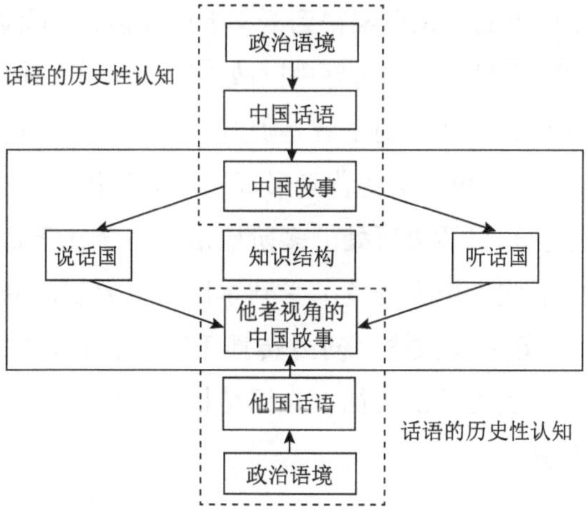

图 5-1　“讲好中国故事”国家对话体系话语模型

① 张毓强，黄姗. 2019. 中国国际传播中的信息生产、信息在场与沟通达成[J]. 对外传播，（8）：61-64.

1. “讲好中国故事”话语间性的内置结构——知识话语

语言内嵌于对话双方的知识结构中，知识话语则反映了不同民族文化主体的先验性价值取向。[①]知识话语可以隐含在相同的话语交际场景中，也可以悬浮于不同的对话场域，是话语间性的内置结构。知识话语的主要作用场景集中在两个方面：一方面是在同一对话平面内，在相同文本网络之间产生作用；另一方面是在不同阶层对话中，在各级海外会话场之间产生作用。

白森的框架分析模式认为，在不同的话语框架下，同样正常的语句都可以做截然不同的理解。[②]因此，即使在相同文本网络中，拥有不同知识结构的人进行文化符号解读时，也往往会产生激烈的碰撞。例如，“龙”在中国神话传说中象征着尊贵与权势，而在古希腊传说中，dragon（龙）则象征着邪恶与暴力；中国诗人用“松树”代表长寿，而西方诗人多选择“橡树”。不同的知识结构体系导致了语言抽象理解上的差异性，这也不可避免地体现在讲述“中国故事”的过程中，推动话语间性的产生。

单一语言句段难以具有明确指向性的意义，话语在对话中的意义只能通过不同句段间的相互碰撞与相互关联产生。即在讲述“中国故事”的过程中，往往以一个基本故事单位为出发点，激活不同语言场域下不在场的符号意义，实现话语的多重知识指向。这样，一个“中国故事”的特定话语文本，通过唤醒不同海外对话场域下的知识框架得到语义上的丰富，不同海外对话场域语言文化信息单位间的联想组成了“讲好中国故事”国家对话体系的多级对话。

在古代东方文化中，话语的宗旨是促成和谐，西方话语体系强调高度个人化的传播事件，不同的知识文化背景形成了不同的语言组合间的联想框架，具有很强自然属性。知识话语所处的多阶层语义系统在千百年来人民的生活经历与日常交际中形成，极大程度上受到本民族世界观的局限，是难以改变的。[③]因此，在“讲好中国故事”对外传播策略中，若将中国传统意象作为文化输出符号将必然受到话语表征下知识结构体系的影响，从而导致话语认知意义上的理解差异。

---

① 戴阿宝. 2004. 知识传统批判与后知识话语之可能[J]. 文史哲，（6）：131-137.
② 转引自牟永福. 2007. 社会语言学视野下的话语困境及其话语治疗[J]. 学术月刊，（3）：21-27.
③ 杨永林，门顺德. 2004. 语言相对论与外语教学的跨文化比较研究[J]. 现代外语，（3）：294-301，329.

2. “讲好中国故事”中话语间性的外显形态——历史话语

话语有效信息的传达效果不仅取决于知识话语的内置框架，而且受到历史话语环境长期潜移默化的影响。对话的意义通过知识话语之间的自由联想产生，这种关联性在不同的语域中仍然遵循不同的话语规范。但话语的历时性与共时性使得话语无法摆脱传统的“前理解结构”，即使在话语规范的约束下，这样一种在历史长河中所积累的对话语境仍然对当下的对话产生作用。基于此，我们可以从两个层面对国家对话中的历史话语进行探讨：一是在语域上，“讲好中国故事”对外话语体系中任意性与规范性的对抗平衡组成了语境间性的基础条件；二是在语境上，语境层级与历史话语影响程度呈现负相关关系，“中国故事”难以跨越低层语境的历史话语影响。

语域体系的任意性保证了对话主体的思想表达自由，规范性则限制了对话主体正确表达语义的途径。①当“讲好中国故事”的国家对话进行时，话语的任意性表现为对互联网时代内容发布较高的包容性，而话语的约束性则体现在长年累月的历史性制度与社会观念约束中。在这些约束中，法律是它们的显性表现形式，社会伦理道德规范的约束则是隐性的。若是在讲述“中国故事”的过程中忽略这些约束，必然会影响故事“落地”后的传播效果。因此，在“讲好中国故事”对外话语体系中，任意性与规范性的矛盾冲突构成了其历史话语间性发挥效应的先导条件。

基于对话语域上的矛盾，在实践对话环境中，各种历史性限制条件的释放则构成了话语的现实语境，它体现在正在交流的双方现时的视界间隔上。语言学家将语境分为逻辑平面语境、心理平面语境、背景平面语境，其中逻辑平面语境是最高层级语境，由话语结构本身决定，是稳定的且难以打破的，其间性最容易突破。②心理平面语境与背景平面语境则展现出较强的易变性，相同的话语在不同心理、背景语境下会产生不同的理解效果。由此可见，在讲述“中国故事”的过程中，逻辑语境张力最小，也最稳定、对称。故事传达方的心理、背景语境保证了语言对话张力，但却使其难以获得一个不易受

① 张德禄. 1987. 语域理论简介[J]. 现代外语，（4）：23-29.

② 朱放成. 2004. 语境的分层研究与话语理解[J]. 外语与外语教学，（1）：60-63.

到时空变化影响的对话理解通道，话语隔阂难以突破。话语间性始终无法摆脱历史性的语境约束，“中国故事”该如何在保证对话张力的同时缩小历史性话语所造成的话语语境间性也是值得思考的。

3. “讲好中国故事”国家对话体系中的交往势能——国家话语

知识的生产必然受到社会语境的制约，话语是文化的产物，其传播与发展也无法逃离国家话语下政治体系的影响。“讲好中国故事”国家对话体系中，话语的传受对象是国家，其意义传递的过程也必然受到各国政治体系的束缚。随着国家对话的推进，国家形象认知误差的存在成为必然。这种“想说”与“说不出”互相抵触的作用力，构成了一种交往势能，需要中国进一步加大“中国故事”传播力度，以纠正长期积累的形象偏见。

布朗在 1960 年将“权势量”和“共聚量”两个社会语言学概念引入语言学范畴。[①]“权势量”和“共聚量”是一对矛盾制衡的变量，对话双方之间地位差是二者生产的元动力。二者所处社会阶层地位差别大，权势量大，共聚量小；所处社会阶层地位差别小则相反，即权势量小，而共聚量大。受到权势量与共聚量的影响，话语主体会试图对实力较弱的一方进行操控，说服对方接受与服从自己的意志。过去的几十年里，西方国家通过“符号名流”对“符号资本”进行控制，以形成文化的“象征性隔离”。这种现象导致在世界话语体系中西方国家作为对话掌控者身份的固化，促进文化全球化的同时在一定程度上抹杀了文化传播的多元性，西方化的世界价值体系框架为越来越多的国家和地区接受。西方国家长期占据世界话语的主导地位，并借助媒体对中国话语进行政治打压。中西方长期的话语权逆差导致了对话受众对中国的刻板印象，在面对“中国故事”时会下意识地保持固有状态，致使传播效率低下。这也对“讲好中国故事”提出了更高的要求：“中国故事”的传播需要提升国家实力，争取世界文化对话中的权势量。但在中国高速发展的同时，西方媒体对中国话语的曲解也愈发严重。西方经济体与中国经济体的结构性互斥愈发严重，我们亟须寻求新的对话思维，打破当下不同政治立场下国家对话的桎梏。

① Brown, R. & Gilman, A. 1960. The pronouns of power and solidarity[J]. *Style in Language*, 252-281.

三、“讲好中国故事”的间性磨合

“讲好中国故事”的对话理念是希望通过价值观念之间的包容性沟通达到意义层面的共识，形成中西方对话过程中的互惠性理解。“讲好中国故事”国家对话体系中的话语间性是客观存在的，它的存在打破了国际交往对话中的话语理解边界，但同时也使话语意义在不同文化、政治体系中的耦合度大大降低，“中国故事”的话语传播量虽大，但传播转化率低下，真正得到西方民众理解认可的很少。因此，话语间性负面效应的处理成为影响“中国故事”传播到达率的重要因素。

（一）理想言谈情境——超群体共识正在构建

“讲好中国故事”中的国家对话不能仅局限于传达，对传播“落地”后的文化理解提出了更高的要求。因此，如何在话语间性中寻得对话真正的理解是需要我们思考的。

为了寻得对话意义的理解互通，哈贝马斯提出一种理想模型，即“理想的言谈情境”。这样一种交往活动不再笼罩在前理解结构的阴影中，理性只是在主体的对话交往中形成的共识性理解，即交往理性，这就是哈贝马斯所说的“新理性”。这样一种共识性理解的取得是通过“公共领域”实现的。即通过对理性的运用，使不同对话主体能够抛下间性限制，达成公共意见和意志。

维特根斯坦也曾试图以“理想语言”加入“理想话语情景”建构。他希望构建一套完全符合逻辑的语言符号系统，从而规范对话体系，实现只受到逻辑支配的话语沟通与交流。巴赫金推崇的“狂欢广场”也是这样一种打破阶层、打破秩序的“狂欢式”公共对话空间。话语间性导致对话双方信息交往的不平等，巴赫金认为通过平等对话场域的构建能够打破对话主体之间的不平衡局面，在这个场域下只有对话者身份与话语规则的存在。

在“讲好中国故事”话语体系中，不同政治主体之间交往生活的非逻辑规则阻碍了“理想情境”的建构。虽然中国故事作为国家文化的表达，其话语传递无法消除不同主体语言体系的多元差异性，但在新消费主义和后现代主义的媒介文化语境下，日常生活获得了被观看的价值，传统文化亦得以摆脱时空束缚，借助视觉与听觉的感官交往超脱语言文化的隔阂，打破对话主体的不平衡局面，直达西方民众。例如，“桃花源”式的中国乡村视频在海外市场的爆火，让海外民众打破西方媒体的“滤镜”了解真正的中国；部分 YouTube 博主自发为中国抗疫成果公开发声，让海外民众进一步反思长期以来西方的政治宣传对真相的蒙蔽。“构建真相”与“事实真相”不断与其背后的社会力量与知识力量保持互动，二者之间的矛盾冲突也让西方民众逐渐醒悟，在知识对话中达成理性的回归，实现话语间性的解蔽。一种弱化政治偏见的超级对话环境正在形成，也为超群体共识的构建提供可能。

（二）故事共同体——形成平等互惠的国家对话情境

社会的大多数人民都具有类似的“道德感”，即“浅层”的关于什么是正确和谬误的基本概念的最低限度道德。[①]总的来说，历史话语虽然存在隔阂，但随着时间的流逝与跨文化对话的加深，历史文明仍然存在相同走向。人类在文明上正在趋同，全世界各民族正日益接受共同的价值观、信仰、方向、实践。而这个过程正是通过“故事”的对话传播完成的。人们通过故事来理解世界、阐释世界，一个基于故事的虚拟共同体正在形成。因此，我们应该思考如何将“中国故事”的讲述融入世界文明进化过程中。通过故事凝聚群体信仰，构建根植于中华优秀传统文化、汲取和提炼中华优秀传统文化智慧的人类命运共同体价值观，以提升中国文化感召力，形成平等互惠的双向对话语境，以减少话语间性所带来国际交往的负面效应。

一方面，在语域体系中，可以通过丰富“中国故事”中文化传播体系的话语体量与话语形态，增大知识认知契合点相遇概率。在“中国故事”横向文本网络的话语使用中，可以跳脱中国传统意象的使用，减少因话语认知错位而导致的误会。在纵向对话阶层中，加入在不同海外会话场域具有世界共识的话语符号、语言形态，通过对各类叙事资源的整合，弱化“中国故事”话语的社会属性，避开认知结构上的理解差异元素，生动展现“中国故事”

① 塞缪尔·亨廷顿. 2002. 文明的冲突与世界秩序的重建[M]. 周琪等译. 北京：新华出版社.

走进全球文化体系的交融过程。

另一方面，在语境体系中，遵循话语语境的自然属性，模拟相似的历史语境，将“中国故事”置入世界文化跨文化对话体系中，完成构建逻辑平面语境规范的基础。为了达成心理平面语境和背景平面语境中间性的消解，在宏观层面上，将“中国故事”中的价值观构建置入全球文化观建设，推进中国文化价值观在世界共享；在微观层面上，聚焦当代中国开展的国际性倡议，以长期的历史性话语影响社会行为，在长此以往的积累中提升中国文化感召力，达到对话的历时性与共识性的融合。

（三）把握第一主讲人——转换他者叙事思维

中国的对外传播向西看、向北看，而中国的商贸投资和外交关系则是向东看、向南看，这种文化朝向上的不对应，使得中国故事话语传播与商贸战略脱节。“一带一路”沿线发展中国家与中国之间的经贸合作密切，民间沟通渠道却非常有限，被媒体转述的他者叙事所围困。

巴赫金依据我语与他语的界限明晰度将风格分为“线性转述风格”与“图示转述风格”。前者尽量保持原话的完整性，我语与他语的界限明确；后者则着力于表现他者的评述和情感色彩，模糊我语与他语之间的界限。但无论是哪种转述风格，都势必破坏我语结构的统一性和完整性，也为其他意识形态的入侵提供缺口。大量发展中国家在冷战结束和进口替代战略失败之后，为偿还债务被迫开展政治体制改造和经济模式调整，新殖民政治、部族政治、家族政治和复杂党争被嵌入正在经历自由化、商业化变革的媒体系统，这给中国故事的海外传播带来了极大的舆论安全隐患。因此，我们需要转变对话思路，不仅局限于对西方舆论垄断的对抗，还将话语争夺市场扩大到与中国商贸往来更加紧密的发展中国家和地区，使中国对外投资与外交整合呼应，高度把握第一主讲人的地位，促进跨文化对话的持续发展。

这需要我们在充分提升国家实力以促进国家对话交流的同时，把握对话主体之间的国家话语平衡。一方面要增强中国国际媒体的政治影响力建设，打破西方媒体话语垄断，以提升中国在全球话语体系中的权势量。另一方面还需以亲和、包容的态度平衡与第三世界的话语共聚量，共建多元化全球文化体制。除此之外，“中国故事”不仅需要抽象的意识归纳，还应做到“落地”——减少自上而下的国家主导叙事，增强公众参与度，修正历史性误解，加强中国文化的声音传递，最终形成公平、尊重、协商的国家对话环境。

从国家对话的视角对“讲好中国故事”进行分析，能够更实际地了解“中国故事”对外传播过程中的话语间性的作用机制，为“讲好中国故事”对外传播策略中现存的话语困境寻得解决之道。这是对中国话语、中国道路、中国制度宣传的系统性挖掘与理论建构的过程。但理论的建设绝不可脱离“讲好中国故事”的传播实践。若没有付诸实践，理论仍然是理想主义的空谈。因此，我们需要在理论研究的基础上，结合“中国故事”传播现状，探索能够体现中国价值、具有中国特色又易于国际社会理解和接受的中国话语体系，把大国崛起的“理”讲清楚，把中国发展的“道”讲明白，更有效地向全世界“讲好中国故事，传播好中国声音”。①

第三节　智媒时代中国国家品牌对外传播实践特征与路径创新

国家品牌以国家正向价值建构为本位，以“双向对称”沟通为原则，以多元主体传播为特征，通过“内获认同、形成合力，外获信赖、达成合作”，实现国际话语权与软实力的提升。②构建国家品牌成为许多国家全球传播的重要战略。国务院在《中国制造 2025》中特别提到，要“充分发挥各类媒体作用，加大中国品牌宣传推广力度，树立中国制造品牌良好形象”③。

以人工智能为代表的信息技术推动全球传播领域的媒介革命，国家品牌传播正在进入万物皆媒、人机共生、自我进化的智媒时代。智媒技术改变了国家品牌对外传播生态的实践特征，推动了信息生产、内容矩阵、传播渠道、受众分析、效果监测等传播运作流程的革新。智媒时代的国家品牌对外传播旨在通过智媒技术的辅助，实现信息内容与受众之间供求关系高度智能匹配，

① 韩蕾. 2017. 用国际语言和中国范式讲好中国故事[J]. 新闻战线，（19）：95-97.

② 舒咏平，沈正赋. 2016. 论国家品牌传播——信息社会语境下价值导向的国家传播[J]. 学术界，（9）：76-86，324.

③ 国务院关于印发《中国制造 2025》的通知[EB/OL]. http://www.gov.cn/zhengce/content/2015-05/19/content_9784.htm[2015-05-19].

满足受众信息需求，释放国家品牌价值。

一、智媒时代中国国家品牌对外传播的挑战与机遇

改革开放四十多年来，中国历经了翻天覆地的变化，成为全球发展最快的经济体之一，在稳中求进迈向现代化的同时积极参与全球性事务建设。然而，全球舆论对于中国的认知和印象并没有伴随中国的变革而更新，中国经济迅速发展带来的社会进步仍难以被外界正确地认识和评价。中国国家品牌对外传播面临以下挑战。

第一，真实形象与主观印象的“反差”。在西方主导的全球媒介话语体系内，部分媒体蓄意歪曲抹黑，不断妖魔化稳步发展中的中国，“中国威胁论”“中国崩溃论”等言论甚嚣尘上，被歪曲、捏造的中国信息广泛传播。第二，软实力与硬实力的“落差”。中国在以军事力量、经济力量和科技力量等为代表的硬实力方面已逐渐缩小与发达国家的差距，但在国家凝聚力、文化被认可的程度以及话语权、议程设置等软实力方面依旧薄弱。第三，信息渠道与受众平台的“偏差”。相较于发达国家，中国的全球传播体系布局较晚，无论是传播方式还是传播能力都相对滞后，传统媒体的宣传方式与海外受众信息接触平台出现渠道偏差。第四，国家品牌叙事与国家发展现实的“误差”。中国在国家治理、社会发展、人权改善和制度建设等方面的成功，没有自然流畅地嵌入到中国故事的叙事之中[①]，国家品牌的叙事依旧被西方的经验和话语束缚。

信息技术的变革不断深入影响大众传播格局，正在加速成果转化与应用普及的智能技术是塑造国际传播格局的重要力量[②]，为中国国家品牌对外传播创造机遇条件：首先，中国在现代信息技术领域的发展优势，能够给予传媒产业充分的技术支持与经验借鉴。其次，以人工智能为代表的智能技术按照算法进行内容采集、生产、编译和传播，有助于从业务流程上提高跨文化传播的速度与精度。再次，智能技术所创造的新的优势条件导致新的国际权力竞争，西方主导的全球传播格局面临变局，以中国为代表的新兴力量获得话语体系重构的机会。最后，中国几千年历史所沉淀而成的多元独特文化，

① 范勇鹏. 2015. 讲好“中国故事”需要“多元主体”[J]. 决策探索，（1）：73.

② 马宁. 2018. 人工智能、大数据与对外传播的创新发展[J]. 对外传播，（10）：7-10，1.

能够借助技术力量满足不同地区、不同文化背景下多元化、个性化的内容需求，从而最大限度地释放中国国家品牌的内容价值。

二、智媒时代中国国家品牌对外传播的实践特征

在信息爆炸的全球网络之中，信息的生产者和消费者都饱受信息过载的困扰，尤其在跨文化的传播中，实现信息生产与消费的匹配面临更多干扰因素。智媒时代传播的关键在于，将受众价值与内容价值高度匹配，而这离不开人工智能等技术的支撑。[①]智媒技术主导的逻辑与范式，以技术嵌入铸就新型的智慧化传播生态：通过泛在化的信息生产、多元化的内容矩阵，构建以受众为中心的定制化传播，实时感知国家品牌信息传播的反馈。

（一）泛在化：基于人机协作的信息生产

泛在一词随着“由所有人面向所有人”的新媒体时代而兴起，意指“无所不在的、普遍存在的”。对于国家品牌的海外传播而言，泛在化不是一个简单的概念，而是实现任何人和智能体都能够参与国家品牌的信息生产。目前，智媒技术的生产主要依靠用户生成内容（User Generated Content，UGC）、专业生产内容（Professionally-generated Content，PGC）以及机器生产内容（Machine Generated Content，MGC）三股力量来完成。

规模化的 UGC 参与对外交流，是当下信息生产泛在化的重要特征之一。在传统媒体时代，中国国家品牌对外传播通常以政府力量为主导，信息生产主体单一有限。得益于移动互联网技术、社会化媒体等的应用，多元化的 UGC 涌入全球社交媒体平台。

专业化的 PGC 加入全球传播市场的竞争，构成泛在化信息生产的另一股新力量。基于全球市场竞争的战略规划，大量中国组织机构在以脸书、推特等为代表的全球社交媒体与海外受众直接交流，一些中国企业开始尝试在海外社交媒体开展“本土化”的内容制作，拉近与海外受众距离。

智能化的 MGC 则是对泛在化信息生产主体的历史性颠覆。在跨文化的信息环境中，机器可以帮助人发现、采集具有价值潜力的信息选题，协助完

① 胡正荣. 2017. 智能化：未来媒体的发展方向[J]. 现代传播（中国传媒大学学报），39（6）：1-4.

成程序化的信息生产，甚至通过深度学习完成信息在跨文化传输过程中解码、再编码等工作，简化对外传播的繁杂工序，提高国家品牌对外传播的效率。

（二）多元化：基于深度学习的内容矩阵

“地球村”的受众力量汇聚和“更新中”的智能技术辅助，构成泛在化的信息生产力量，对于演绎学习、类比学习等智能学习方法的应用，跨文化传播的技术支撑和形式呈现趋于智慧化，促进中国国家品牌多元化信息内容矩阵的建构。

由于跨文化、跨语言的背景限制，国家间的信息传播不仅仅是单纯的符号互动，还是社会关系和文化体系的互动以及意义的流通。①长期以来，我国对外传播是以“译介”形式间接传播，容易因为编码、解码过程文化差异而产生信息干扰现象。而人机协作的信息生产系统借助自动化计算，基于海外受众的理解水平、认知程度、文化习惯等调整内容输出，通过人工智能语音技术、人工智能识别技术，实时根据传译语言需求、应用情境等进行翻译。通过深度学习，不同文化背景下信息编码、解码过程的损耗与误读可以由智能化操作解决，符合受众叙述习惯的内容生产传播效率得以提升，中国信息的叙述、传播被人工智能技术赋予了更多的感情色彩。②

在文化内容的呈现上，交互技术不断丰富中国信息内容的“包装”形式，借助跨媒体关联与深度挖掘等智能技术优化中国品牌信息的体验。VR、AR、全息影像等混合现实技术以及短视频等多媒体形式的出现，使跨空间的信息传播将不再是枯燥的文字、图画，受众对于信息的体验感、现场感、沉浸感等新需求逐渐得到满足。

（三）定制化：基于算法智能的渠道交互

未来互联网的发展与竞争高地是对广域网络空间中人与人、人与物、物与物价值匹配与功能整合的高度智能化③，内容生产与消费的匹配成为信息

① 陈昌凤，马越然. 2018. 重视用户思维：数据时代讲好中国故事的关键[J]. 对外传播，（1）：38-40，1.

② 程曼丽，赵晓航. 2018. 数据时代的国家品牌传播[J]. 南京社会科学，（1）：105-110.

③ 喻国明，兰美娜，李玮. 2017. 智能化：未来传播模式创新的核心逻辑——兼论“人工智能+媒体”的基本运作范式[J]. 新闻与写作，（3）：41-45.

传播的痛点。而异质文化的传输对于精准度要求更为严谨，通过算法推荐个性化的品牌内容，建立点对点的信息链接，成为构建国家品牌竞争力的关键。

在万物皆媒的信息化时代中，脸书、推特、YouTube 等全球主流平台沉淀积累的受众资源足够覆盖全球大多数国家及地区，而社交网络节点中每一位受众都可能成为中国国家品牌信息生产源头和连接触点。在定制交互的信息需求之下，基于智能算法进行推荐逐渐成为平台信息分发的主流方式：通过建立受众导向的混合推荐模式，为每一位海外受众输出适配的中国信息产品和服务，以受众的兴趣为核心，赋予受众定制化中国品牌。例如，对于中华美食信息的有效曝光者，进一步优化投放策略；而对于拒绝相关信息的受众，可以依据相关好友的推荐系统挖掘其他类型信息进行关联投放。算法智能优化下的渠道交互，不仅能最大限度激活中国品牌的内容“财富”，还能满足“千人千面”的受众需求，达到精准传播的效果。

（四）智慧化：基于数据融通的受众分析

互联网、物联网、人工智能等技术的介入，对于传媒领域而言，实质上是一种传统的寡头权力逐步让位于技术逻辑主导的受众权利的过程。①没有基于受众认知水平、需求层次而输出的信息内容，在海外市场注定会“水土不服”。信息需求的个性化发展趋势，决定受众分析精细化、智慧化的需求程度。

无论是基于地理位置的空间环境，还是基于社交关系的社会环境，信息在应用智媒技术的前提下都是可以量化的。通过对受众数据的算法分析，认知受众的自然属性，实现从人口学的群体印象到个性化的受众画像；认知受众的社会属性，实现从间接推测受众行为、心理特征到直接通过数字行为追踪智能分析受众需求。在自然属性方面，通过标签化的方式对受众进行趣缘性匹配，如“京剧爱好者”“汉服控”“中华文化发烧友”等，以兴趣爱好、对中国了解程度、生活习惯等多维度标签取代传统刻板化属性归类。在社会属性方面，对受众数字行为以及影响受众的社交关系、意见气候等社会环境

① 喻国明，韩婷. 2018. 算法型信息分发：技术原理、机制创新与未来发展[J]. 新闻爱好者，（4）：8-13.

的分析也变得可行，通过对受众在脸书、YouTube等碎片化数字空间的浏览、互动等个性化操作行为的分析，构建受众的社交关系网络。受众画像不再是依据地理位置区分的平面化群像，而是基于行为、情感倾向勾勒的立体化形象。

（五）感知化：基于动态分析的实时反馈

传统的国家品牌信息传播，一般通过大众媒体扩大和增加形象曝光规模和频率，以达到提升国家品牌认知度与美誉度的目的。传播效果仿佛是难以预测和监控的“黑箱”。智媒技术的应用使国家品牌传播形成了一个精准、实时、可控、反馈的“闭环”模式，而闭环的关键在于信息效果研究的“感知化”。随着数字虚拟空间与现实生活的交融，海外受众的数字行为以数据形式留存，数据挖掘以非介入方式记录、分析受众，效果研究的数据体量也从抽样转化为全量。同时，智能算法的出现极大拓宽了群体、事件的分析维度，包括反馈海外受众可视行为、展现网络社会行为与社交情绪。

在瞬息万变的传播环境中，传统传播效果反馈滞后，难以灵活调整战略，大多数传播策略基于经验判断得出。数据、算法让我们有机会更精准地了解复杂传播环境中的受众行为、市场趋势、舆论风向。借用社会网络分析等技术搜集、整理、加工国家品牌舆情数据，建立数据之间的关联，从而分析受众感兴趣的中国内容、常接触的渠道，进行前瞻性的预判，实现智慧化的决策。

三、智媒时代中国国家品牌对外传播的路径创新

中国国家品牌的对外传播智能化不是跨国译介的简单数字化，也不是技术工具在传播领域的堆砌，而是一种从思维、意识到实践、路径全方位的转变，是在智媒技术的不断进化中，对信息内容、信息受众以及两者链接乃至全球传播体系的思考与预判。

（一）内容迭代：以产品意识打造信源数据库

在全媒体时代，传统的媒体内容在引入新媒体的互动基因后，都应成为

未来媒体的“产品”，这代表着对未来媒体的革命性认识。[①]以产品意识打造信息数据库和优化信息体验是实现中国国家品牌内容迭代的关键。在对外传播的信源方面要充分吸纳市场化力量，建构多元化、开放性的中国国家品牌信息数据库。充分利用市场化机制和公司化手段，在竞争合作中平衡政府机构与商业路径两种信息生产模式。在展现中国价值高度的同时，生产符合受众阅读体验习惯的内容，以接地气的故事去引发全球受众情感共鸣。同时，要与时俱进地为受众提供多种体验平台，增强国家品牌的吸引力。从文字、声音到短视频、VR、AR等，不断针对受众体验创新优化产品。运用受众喜闻乐见、有趣易懂的表述方式，结合时下流行的平台载体进行传播，是提高信息产品传播效果、增加受众黏性的关键。

（二）价值链接：以关系思维推动“人联网”形态建构

对于传媒业来说，掌控受众群体和传播平台，就意味着掌控未来。[②]针对受众提供定制化信息服务已成为传媒业的核心竞争力，而在环境更加复杂的全球传播中，关系思维要求在对外传播的过程中，将差异化、个性化的受众进行群体组合，将圈层化、分众化的群体进行场景建构，以建立以“人”为主体因素的“人联网”传播形态。[③]链接受众关系的基础在于了解不同受众的需求，构建海外受众数据库。不同背景的受众，在信息习惯、文化习俗等方面存在不同的禁忌与偏好,所以对外传播的各主体要充分借助网络平台，在合法、合理语境下利用可获取的受众数据分析受众的信息及背后的感情意义，了解传播环境下的社情民意，为个性化的信息生产提供支持。

在数据指导受众洞察的基础上，与受众建立信任关系是深度链接中国与海外受众的关键。在“人人都有麦克风”的时代，只有与海外受众保持良好互动关系，才能把握中国对外传播的“麦克风”。中国国家品牌应改变以往宣传化的单向思维，主动加入与海外受众的互动交流之中，积极回应关切，培养参与感，创造联系。

---

① 胡正荣. 2017. 智能化：未来媒体的发展方向[J]. 现代传播（中国传媒大学学报），39（6）：1-4.

② 彭兰. 2017. 未来传媒生态：消失的边界与重构的版图[J]. 现代传播（中国传媒大学学报），39（1）：8-14，29.

③ 陈昌凤. 2017. 未来的智能传播：从“互联网”到“人联网”[J]. 人民论坛·学术前沿，（23）：8-14.

（三）技术创新：以智能技术构建立体化传播体系

外交领域的专家曾指出，在信息技术上占优势的国家总能通过对全球信息流向的控制使之对本国国家形象塑造产生积极影响。当下利用社交媒体主动传播中国声音已经是最基本的操作，而未来国家品牌竞争的关键在于占领智能技术发展高地——推进技术创新，争夺信息技术的全球话语权；搭建、完善信息海外传播矩阵，探索未来传播语境下受众与信息的连接方式。

从决策角度看，政府应该大力推进人工智能、物联网等技术的建设，为智慧化传播打下技术基础，参与信息技术的话语权重构。智能化发展已经成为全球发展趋势，相关智能产业应用正在全球范围“落地开花”。对于中国而言，历史发展问题已使中国错失了前几次技术变革中主导话语权的机会，因此在新一轮科技革命和产业变革来临之际需要更加积极参与并争夺新信息技术话语权。

从执行角度看，各个传播主体、媒介需要充分理解、利用信息和数据技术，避免过度依赖经验积累的主观判断。借用算法技术的辅助，通过构建多层次、跨领域的表征现实模型，呈现客观世界超越人类认知能力的深层次联系。[①]技术上超前意识的本质是预测发展的趋势、预测经验背后的新方法。因此，这就要求我们形成技术思维，探索人工智能、算法等技术在传播上的应用，淡化传播主体的政治属性而强化传播渠道的对话机制和受众体验，实现海外受众、中国国家品牌信息、传播场景的深度融合，为中国国家品牌的海外传播构建立体化的传播体系。

（四）话语原创：以主动姿态设置中国议题

在全球舆论场中，中国相关议题常常成为世界关注的焦点，中国国家品牌的对外传播需要从回应关切的被动传播向原创话语设置议题的主动传播转变。第一，把握国家品牌传播的主导权，主动设置中国议题深化相关讨论。无论何种意识形态、何种社会制度，国家利益始终是对外传播的最高准则。[②]根据实践步调做好议程设置，引导舆论走向，仅仅回应外部的“关切”并不

① 喻国明，韩婷. 2018. 算法型信息分发：技术原理、机制创新与未来发展[J]. 新闻爱好者，（4）：8-13.
② 张恒军，唐润华. 2018. 中国价值观全球传播的新契机和新逻辑[J]. 社会科学战线，（3）：151-157.

能传播中国声音，只有积极输出中国形象，方有机会说自己的故事，打造自己的品牌，不至陷入被动局面。

第二，主动参与到全球信息传播的竞争中。进入全球舆论场，势必会面临与西方主流价值观以及其他国家品牌间的博弈。一方面，中国需要坚持社会主义核心价值观，融中国价值于一个个生动鲜活的中国故事、中国产品之中，不能将信息传播停留在表层化、碎片化的阶段。另一方面，要注意避免以自我为中心的信息输出，要从全球视角出发，寻找具有共鸣性的议题、共通性的表达方式。要充分激活广泛的市场化力量以实现多元化内容价值的释放，主动构建与海外受众的多样化连接方式，理解受众在认知、习惯、思维等维度的差异，创造具有普遍意义的叙事话语。

面对百年未有之大变局，中国国家品牌的构建需要实现从思维、意识到实践、路径等方面全方位的转变：以技术工具赋能信息生产环节，形成智能化、协同化的对外传播业态；以原创话语激活中国内容元素，打造多元化、特色化的传播产品矩阵；以关系思维链接海外受众，构建深度化、网络化的用户关系结构；以主动姿态设置中国议题，重塑现代化、系统化的中国国家形象。综合利用传统媒体与新兴媒体，创新传播方式与传播形态，优化传播效果与传播质量，展现一个真实、立体、全面的中国形象，讲好中国故事，传播好中国声音。

后　　记

2021 年 5 月 31 日，习近平总书记在中共中央政治局第三十次集体学习时再次强调“讲好中国故事，传播好中国声音，展示真实、立体、全面的中国，是加强我国国际传播能力建设的重要任务”①。当前中国故事全球叙事成为提升中国全球治理国际话语权和文化软实力的重要路径，其既是传递中国理念与中国方案的智慧之举，也是建构国际公共话语体系与大国形象的有益尝试。

在日趋复杂的国际环境下，中国故事对外传播的困境逐渐显现。一方面，中国故事传播面临着国际舆论格局失衡的困境，在国际话语空间的中国信息和声音处于“弱、小、少”的边缘状态。另一方面，异质文化群体的话语体系和文化背景的差异带来了中国故事传播的文化差异困境，中国故事传播过程中时常遭遇“文化折扣”，部分西方受众甚至对中国故事产生误读和对抗性解读。囿于一系列传播壁垒，中国故事国际传播任务依旧十分艰巨，如何建构中国故事话语体系以及中国故事如何有效传播，仍是未来相当长一段时间内需着重关注的研究方向。

站在“两个一百年”奋斗目标的历史交汇点上，中国故事国际叙事对我们提出了更高要求。向世界讲好中国故事不是跨国译介的简单数字化，也不是中国故事在传播领域的堆砌，而应转向一种涵盖故事理念、实践场域、互动路径的全方位、多层次的国家话语体系的建构，顺应“全球、全民、全媒”传播变局模式，以国家、媒体、民众多元主体联动合力，共同构建面向全球的中国故事话语体系。

本书作为中国故事传播研究新领域的一项探索尝试，为相关领域研究提供了一定理论参考。但随着中国在世界舞台的坐标不断从“近”到“进”，

①习近平在中共中央政治局第三十次集体学习时强调 加强和改进国际传播工作 展示真实立体全面的中国[EB/OL]. http://dangshi.people.com.cn/n1/2021/0601/c436975-32119507.html[2021-06-01].

国家叙事的核心讨论亟须展开更为广阔、创新、务实的视角，如何让国际社会听到并听清中国声音，亟待后续研究继续探求进路。

在本书写作过程中，雷月秋、尚丹蕊、王沛佳、李媛媛、韩天阳、龚雪玮、康敏晴、赵海燕、杨孟、王倩、董艳伟、赵照、涂文佳等同学参与书稿部分整理工作。在出版过程中受到华中科技大学新闻与信息传播学院张明新教授、张昆教授、陈先红教授、舒咏平教授等学界同仁的大力支持，科学出版社编辑也为本书的出版付出了辛勤汗水，在此一并表示感谢。

李华君

2022 年 6 月于华中科技大学喻园